Ernst Christian Trapp

# Auszüge aus den französischen Klassikern

Zur allgemeinen Schulenencyclopädie gehörig- Band 2

Ernst Christian Trapp

**Auszüge aus den französischen Klassikern**
*Zur allgemeinen Schulenencyclopädie gehörig- Band 2*

ISBN/EAN: 9783743322622

Hergestellt in Europa, USA, Kanada, Australien, Japan

Cover: Foto ©ninafisch / pixelio.de

Manufactured and distributed by brebook publishing software
(www.brebook.com)

Ernst Christian Trapp

# Auszüge aus den französischen Klassikern

# Auszüge
## aus den
# französischen Classikern

Zur
allgemeinen Schulencyclopädie
gehörig

Verfertiget
von
E. C. Trapp

Zweiter Theil
LA RACINE und CORNEILLE

Braunschweig
in der Schulbuchhandlung
1790.

# Vorrede.

In der Wahl der Stücke, die dieser Band enthält, habe ich mich nach dem Urtheile des französischen Publicums und seiner Sprecher, eines *Boileau*, eines *Voltaire* gerichtet. Sie haben diese vier Trauerspiele für die vorzüglichsten Arbeiten ihrer Verfasser erklärt.

Ueber den ersten Theil dieser Encyclopädie hat ein Jugendlehrer in einem

Briefe, der mir zu Gesichte gekommen, verschiedene Bedenklichkeiten geäussert, die Aufmerksamkeit verdienen. Ich werde im Braunschweigischen Journale darauf antworten. Hier ist kein schicklicher Ort und auch nicht Raum dazu.

Ich empfehle diese Auszüge ferner allen Sachverständigen zur Prüfung.

Wolfenbüttel, im October 1789.

Trapp.

---

Le-

# RACINE'S LEBEN.

Jean *Racine* ward 1639 zu *la Ferte-Milon*, einer kleinen Stadt im Herzogthum *Valois*, geboren. Sein Vater war hier Salzſchreiber. Er verlohr ſeine Eltern früh, die Mutter ſtarb ihm im zweiten, der Vater im vierten Jahr. Darauf nahm ihn der Grosvater zu ſich, der aber auch nur bis 1650 lebte. Nachher lieſs ihn die Grosmutter erſt zu *Beauvois*, darauf in der Abtei *Port-Royal* erziehen. Hier lernte er in einem Jahr ſo viel Griechiſch, daſs er

*Sophocle* und *Euripides* in der Grundſprache leſen konnte. Dieſe beiden Dichter erweckten früh eine Neigung zur Poeſie, beſonders zur dramatiſchen, in ihm. Er nahm ſie mit auf ſeinen einſamen Spaziergängen in die Wälder der Abtei. Er lernte ſie faſt auswendig. Sein Gedächtniſs war ſtark. Einſt fiel ihm der griechiſche Roman *Theagenes und Chariklea*, den *Meinhard* ins Deutſche überſetzt hat, in die Hände. Er verſchlang ihn. Einer ſeiner Lehrer, *Claude Lancelot*, der nicht wollte, daſs er Romane leſen ſollte, nahm ihm das Buch weg und warf es ins Feuer. Ein zweites Exemplar hatte daſſelbe Schickſal. Racine kaufte ſich den Roman zum drittenmale, lernte ihn auswendig und brachte ihn nun ſeinem Lehrer, daſs er ihn abermal verbrennen möchte.

Seine erſten Verſuche in der Poeſie gelangen ihm nicht ſonderlich. Aber die Ode betitelt: *die Nymphe der Seine;* die er 1660 bei Gelegenheit der Vermälung des Königs machte, erregte Aufſehen. Sie ward von allen Gedichdichten, die dieſes Feſt veranlaſst hatte, für das beſte gehalten. *Chapelain*, damals Preſident des Parnaſſes, und von Racine über ſeine Ode zu Rathe gezogen, redte von ihr und ihrem Verfaſſer ſo vortheilhaft gegen den Miniſter *Colbert*, daſs dieſer dem jungen Racine im Namen des Königs hundert Louisd'or ſchickte und ihn bald darauf mit 600 Livres auf die Liſte der Beſoldeten ſetzte.

Dieſer erſte glückliche Erfolg feſſelte ihn nun noch mehr an die Poeſie und machte ihn taub gegen alles Zureden, ſich der Rechtsgelehrſamkeit oder der Theologie zu widmen. Aus Gefälligkeit gegen einen Onkel, der ihm eine Pfründe im Kirchſprengel *Uzès* abtreten wollte, beſchäftigte er ſich indesſen an der Seite dieſes Onkels zu *Uzès* eine Zeitlang mit letzterer Wiſſenſchaft. Aber neben dem heiligen *Thomas*, *) las er den *Virgil* und *Arioſt*, ſtudirte die franzöſiſche Sprache,

 und

*) Einem berühmten Kirchenlehrer.

und vergaſs auch ſeine griechiſchen Dichter nicht.

Etwa um 1664 kehrte er nach Paris zurück. Hier machte er Bekanntſchaft mit *Moliere*. Er arbeitete ſein Trauerſpiel *la Thebaïde*, das er ſchon zu *Uzès* angefangen hatte, vollends aus. Er ſchrieb die Ode: *la Renommée aux Muſes*, trug ſie nach Hofe und erhielt von dem Könige ein Geſchenk von 600 Livres dafür. Dieſes Geſchenk ward ihm nachher unter dem Namen einer *penſion d'homme de lettres* jährlich gegeben und nach und nach bis auf 2000 Livres vermehrt. Seine Familie genoſs es noch nach ſeinem Tode. Auſser dieſem feſten Gehalte ſchenkte ihm *Ludwig* XIV von Zeit zu Zeit noch andere anſehnliche Summen, die ſich zuſammen auf mehr als 40000 Livres belaufen.

In eben dieſem Jahr 1664 knüpfte er mit *Boileau'n* das Band einer Freundſchaft, die bis zu ſeinem Tode in ihrer erſten Wärme ununterterbrochen fortdauerte. *Boileau* rühmte ſich, daſs er Racine'n *mit Mühe reimen* gelehrt habe. Vorher floſsen ihm die Verſe zu leicht aus der Feder und hatten nicht Stärke und Würde genug.

Man wird ſich vielleicht über das Urtheil wundern, das der groſse *Corneille* anfänglich von *Racine'n* fällte. *Racine* wollte 1665 ſein Trauerſpiel *Alexandre* herausgeben. Er las es *Corneille'n* vor. Dieſer ſagte: Ihr Stück zeigt, daſs Sie groſse poetiſche Talente aber keine Anlage zum Tragedienſchreiber haben.

1673 ward *Racine* Mitglied der Academie françoiſe. Vier Jahre darauf verheirathete er ſich. Von dieſer Zeit an ſchrieb er weiter nicht für die Schaubühne, auſser mehrere Jahre nachher die beiden Stücke *Eſther* und *Athalie*, und dis aus Gefälligkeit für die Frau *von Maintenon*, die zu Gunſten ihrer Erziehungsanſtalt zu Saint-Cyr die Dichtkunſt mit der Religion in Verbindung bringen wollte. Er war in den letzten zwanzig Jahren ſeines Lebens der Poeſie durchaus abgeneigt und verbannte ſie gleichſam aus ſeinem Hauſe. Seine Frau hat die theatraliſchen Stücke, die ihrem Manne ſo groſsen Ruf erworben hatten, nie vorſtellen ſehn, hat ſie nicht einmal geleſen. Seinen älteſten Sohn, bei dem er Neigung für die Dichtkunſt bemerkte, warnte er nachdrücklich davor wie vor einer gefährlichen Sirene. „Es iſt keine Freude dabei, pflegte er ihm zu ſagen; die ſchlechteſte Kritik hat mir immer weit mehr Verdruſs, als der ſchmeichelhafteſte Lobſpruch Vergnügen gemacht.“

Racine ſoll zuerſt die Idee gehabt haben, die *Académie des médailles* zu ſtiften, die anfänglich die *kleine Academie* hieſs und nachher, vergröſsert, unter dem Namen der *Académie des belles lettres* ſo berühmt ward.

Er ward nebſt *Boileau'n* zum Geſchichtſchreiber des Königs ernannt. Sie hatten auch wirk-

wirklich einen Theil der Geſchichte *Ludwigs* XIV zu Papier gebracht, aber dieſe Schrift ward 1726 unglücklicherweiſe ein Raub der Flammen.

Racine hatte ein offenes und ſchönes Geſicht. Er war ein ſehr angenehmer Geſellſchafter, im Umgange weder Dichter noch zerſtreut, und wuſste bei jedem, mit dem er ſich unterhielt, den rechten Ton zu treffen. Nur lieſs er in jüngern Jahren ſeinen Witz zu muthwillig auf Anderer Koſten ſpielen. Der harmloſe *la Fontaine* muſste ihn unter andern oft fühlen.

Racine's ſchönſte Seite iſt ſein häusliches Leben. Er war ein ſehr zärtlicher Gatte und Vater. Ihn mit ſeinen Kindern ſpielen zu ſehn, war ein rührender Anblick. Unter ihnen genoſs er ein Vergnügen, das ihm die auf dem Parnaſſe errungenen Lorbeeren nie gewährt hatten, nie gewähren konnten, die er daher auch in ihrer Geſellſchaft ſo gern

 ver-

vergafs. Seine Freunde fowohl als feine eignen Briefe bezeugen dies.

Er ftarb 1699 an einem Lebergefchwüre, das ihm die Furcht, beim Könige in Ungnade gefallen zu fein, foll zugezogen haben. *Boileau* hat folgende Grabfchrift auf ihn gemacht:

Du théatre françois l'honneur et la merveille,
Il fut reffufciter Sophocle en fes écrits;
Et dans l'art d'enchanter les cœurs et les efprits
Surpasfer Euripide et balancer Corneille.

---

# CORNEILLE'S LEBEN.

Corneille erwarb sich schon bei seinen Lebzeiten in seinem Vaterlande den Namen *des Grossen*. Er verdient ihn auch; er zog zuerst die französische Bühne aus der Barbarei. Er lieferte, unter vielen mittelmäsßigen Stücken, Meisterwerke, was nämlich *Franzosen* Meisterwerke im dramatischen Fache nennen. Seine schlechtesten Arbeiten waren noch immer besser als die besten seiner Vorgänger. Seine besten wurden von keinem seiner Zeitgenossen übertroffen, selbst von *Racine'n* nicht, wenn wir dem allgemeinern Urtheile seiner

Zeit-

Zeitgenossen glauben. *Boileau* hingegen, vielleicht von der Freundschaft verführt, behauptete, daſs *Racine* den Vorzug verdiene. Die letzte Zeile seiner Grabschrift auf diesen Dichter lautete ursprünglich so: *balancer Euripide et surpasser Corneille.* Um die Freunde *Corneille's* nicht wider sich aufzubringen, änderte er sie um, wie wir sie itzt lesen, sagte aber, es solle ihm nicht leid sein, wenn in der Folge irgend ein Kritiker sich die Freiheit nähme seinen Vers wieder so herzustellen als er ihn gemacht habe. Noch itzt, hundert Jahre nach dem Tode der beiden berühmten Nebenbuhler, dauert der Streit, wem der Vorzug gebühre, in Frankreich fort. In England und Deutschland hingegen, wo man sich übrigens auch sehr für das Theater interessirt, nimt man, besonders in unsern Zeiten, wenig Antheil mehr an diesem Streit. Die Engländer haben ihren *Shakspear*, die Deutschen ihren *Lessing*. Beide sind grössere tragische Dichter als Corneille und Racine. Der letztere hat überdis in seiner Dramaturgie gezeigt,

daſs

dafs die Franzofen die eigentliche Natur des Trauerfpiels überall nicht kennen und noch nie ein wahres Trauerfpiel gehabt haben. Indesfen wird *Corneille'n* dadurch nichts von feiner verhältnifsmäsfigen Grösfe entzogen. Man kann kleiner als *Shakfpear* und *Lesfing* und doch zu feiner Zeit und in feinem Lande mit Recht für einen grosfen tragifchen Dichter gelten. Dis ift der Fall mit Corneille'n.

Von feinem Privatleben wiffen wir nicht viel befondere Umftände. Das Allgemeine ift diefes: Er widmete fich anfänglich der Advocatur, aber ohne Neigung und Glück. Die Liebe machte ihn zum Dichter, oder vielmehr fie gab Veranlasfung, dafs er feinen eigentlichen Beruf fühlte und ihm folgte. Er war fein ganzes Leben lang nichts als Dichter. Zu Gefchäften war er eben fo untüchtig als ungeneigt; vor den allerleichteften bebte er zurück. Sein Talent brachte ihm nicht wenig ein, aber doch war er nicht reich. Nicht dafs ers nicht hätte feyn mögen; aber um

es

es zu werden bedarf es einer Geschicklichkeit, die er nicht hatte, einer Mühe, die er sich nicht geben mogte. Sein Geist war stolz und wollte nicht abhängig sein, war ohne Gewandheit, ohne Ränke, die Eigenschaften kleiner Seelen. Daher konnte er die Römische Tugend so treflich schildern. Aber was man nennt sein Glück in der Welt machen, ist einem solchen Charakter nicht gegeben. Er ging ungern an Hof. Auch war sein Gesicht da fremd obgleich sein Name berühmt. *Ludwig* XIV gab ihm, wie den meisten Dichtern seiner Zeit, einen Gehalt. Es soll nicht wahr sein, was *Boileau's* Freunde erzählen und ich in Boileau's Leben nacherzählt habe, daſs *Corneille* am Ende seiner Laufbahn in Gefahr gewesen sei diesen Gehalt zu verlieren, und daſs *Boileau* ihm denselben durch seine eifrige Fürsprache erhalten habe. Desto besser für *Ludwig* XIV und für seine Minister.

Die Prüfungen, welche *Corneille* seinen Stücken beigefügt hat, zeigen, daſs er die Feh-

Fehler ſeiner Werke ſo gut als ihre Schönheiten kannte, daſs er jene nicht zu verheimlichen oder zu beſchönigen ſuchte und es nicht unter ſeiner Würde hielt, ſie freimüthig und öffentlich zu geſtehn. Er war durch die Gewohnheit ſich loben zu hören nicht unempfindlich gegen das Lob geworden. Er liebte den Ruhm, aber er war nicht eitel. Manchmal trauete er ſeinen ſeltenen Verdienſten zu wenig und glaubte zu leicht, daſs man es ihm gleich oder zuvor thun mögte, An *Racine'n* hatte er einen gefährlichen Nebenbuhler. Dieſer erſchien in blühender Jugend des Geiſtes und Körpers, als *Corneille* ſich ſchon dem Alter näherte. Die aufgehende Sonne hatte von jeher mehr Anbeter als die untergehende. Der Reiz des Neuen ſiegt nur gar zu leicht, über die Gewohnheit des Alten. *Racine* wuſste meiſterhaft die zärtlichen, ſo wie *Corneille* die ſtarken Empfindungen auszudrücken und in den Seelen der Leſer und Zuſchauer zu erwecken. Kein Wunder, daſs jeder ſeine Partei hatte. Dazu kam die Ver-

ſchie-

ſchiedenheit ihrer Sitten und geſellſchaftlichen Tugenden. *Racine* heiter, geſprächig, zuvorkommend, fein, Allen Alles; *Corneille* düſter, in ſich gekehrt, geradezu und manchmal dem Scheine nach rauh. Beide laſen ihre Verſe mit dem Geiſte, womit ſie geſchrieben waren, *Racine* dem Ohre ſchmeichelnd, *Corneille* mit Nachdruck ohne Grazie.

*Corneille* hatte ſchon früh einen Nebenbuhler in ſeinem Beſchützer und Wohlthäter dem Cardinal *Richelieu.* Dieſer Mann hatte einen ungemesſenen Ehrgeiz. Er begnügte ſich nicht an dem Ruhme, Frankreich faſt unumſchränkt zu regieren, das furchtbare Haus Oeſterreich zu demüthigen und ganz Europa nach Belieben in Bewegung zu ſetzen, er wollte auch Schauſpieldichter ſeyn. Als *Corneille* ſeinen *Cid* herausgab, ward ihm ſo bange, als wenn die Spanier vor Paris geweſen wären. Er wiegelte, was ihm ſehr leicht ward, alle Schriftſteller gegen dis Stück auf, und ſtellte ſich an ihre Spitze. Er hieſs die

Aca-

Académie françoiſe, ſein Kind, über den Cid urtheilen. *Corneille* gab ſeine Einwilligung, die nach den Statuten der Academie dazu erfoderlich war, mit edelm Stolze. Die Academie ſchonte in ihrem Urtheile der Eitelkeit und Leidenſchaft des Cardinals ohne dem Werthe des Stücks und der Ehre ſeines Verfasſers etwas zu vergeben, und ohne das Publicum, das ſich laut dafür erklärt hatte, vor den Kopf zu ſtosſen. Sie überging keine Fehler des Stücks, aber ſie tadelte ſie mit Mäsſigung und rechnete ſie oft dem Autor ſogar zum Verdienſte an.

In ſeinem häuslichen Leben glich *Corneille* im Weſentlichen *Racine'n*: er war ein guter Ehemann, ein guter Vater, ein guter Bruder, Oheim und Vetter.

Er ward 1606 zu *Rouen* gebohren. Sein Vater war Forſtmeiſter. Eine Jeſuitenſchule, die an ſeinem Geburtsorte war, bildete den jungen Geiſt dieſes Dichters. Aus Dankbarkeit

keit gegen ſeine Lehrer war er dem ganzen Orden gut, wozu ſie gehörten. Er lebte nah an achtzig Jahr. Sein Taufname iſt *Pierre,* ſeines Bruders, der auch dramatiſcher Schriftſteller iſt, *Thomas.*

---

# BRITANNICUS,

## TRAGEDIE.

---

TIREE

DES OEUVRES DE RACINE.

# PREFACE.

Voici celle de mes tragédies que je puis dire que j'ai le plus travaillée. Cependant j'avoue que le ſuccès ne répondit pas d'abord à mes eſperances. A peine elle parut ſur le théatre, qu'ils s'éleva quantité de critiques qui ſemblaient la devoir détruire. Je crus moi-même que ſa deſtinée ſerait à l'avenir moins heureuſe que celle de mes autres tragédies. Mais enfin il eſt arrivé de cette pièce, ce qui arrivera toujours des ouvrages qui auront quelque bonté; les critiques ſe ſont évanouies, la pièce eſt demeurée. C'eſt maintenant celle des miennes que la cour et le public revoient le plus volontiers; et ſi j'ai fait quelque choſe de ſolide, et qui mérite quelque louange, la plûpart des connaiſſeurs demeurent d'accord que c'eſt ce même Britannicus.

A la vérité, j'avais travaillé ſur des modèles qui m'avaient extrêmement ſoutenu dans la peinture que je voulais faire de la cour d'Agrippine et de Néron. J'avais copié mes perſonnages d'après le plus grand peintre de l'antiquité, je veux dire d'après Tacite. Et j'étais alors ſi rempli de la lecture de cet excellent hiſtorien, qu'il n'y a preſque pas un trait éclatant dans ma tragédie, dont il ne m'ait donné l'idée. J'avais voulu mettre dans ce recueil un extrait des plus beaux endroits que j'ai tâché d'imiter. Mais j'ai trouvé que cet extrait tiendrait preſque autant de place que la tragédie. Ainſi le lecteur trouvera bon que je le renvoie à cet auteur, qui auſſi-bien eſt entre les mains de tout le monde; et je me contenterai de rapporter ici quelques-uns de ſes paſſages ſur chacun des perſonnages que j'introduis ſur la ſcène.

Pour commencer par Néron, il faut se souvenir qu'il est ici dans les premières années de son règne, qui ont été heureuses, comme l'on sait. Ainsi il ne m'a pas été permis de le représenter aussi méchant qu'il a été depuis. Je ne le représente pas non plus comme un homme vertueux; car il ne l'a jamais été. Il n'a pas encore tué sa mère, sa femme, ses gouverneurs; mais il a en lui les semences de tous ces crimes. Il commence à vouloir secouer le joug. Il les hait les uns & les autres; il leur cache sa haine sous de fausses caresses, *factus naturâ velare odium fallacibus blanditiis.* En un mot, c'est ici un monstre naissant; mais qui n'ose encore se déclarer, et qui cherche des couleurs à ses méchantes actions, *hactenus Nero flagitiis et sceleribus velamenta quæsivit.* Il ne pouvait souffrir Octavie *), Princesse d'une bonté et d'une vertu exemplaire: *fato quodam, an quia prævalent illicita. Metuebaturque ne in stupra fœminarum illustrium prorumperet.*



*) Seine Gemalin, eine Tochter des Kaisers Claudius.

Je lui donne Narciſſe pour confident. J'ai ſuivi en cela Tacite, qui dit que Néron porta impatiemment la mort de Narciſſe, parce que cet affranchi *) avait une conformité merveilleuſe avec les vices du Prince encore cachés; *cujus abditis adhuc vitiis mire congruebat.* Ce paſſage prouve deux choſes. Il prouve, et que Néron était déja vicieux, mais qu'il diſſimulait ſes vices; et que Narciſſe l'entretenait dans ſes mauvaiſes inclinations.

J'ai choiſi Burrhus pour oppoſer un honnête-homme à cette peſte de cour; et je l'ai choiſi plutôt que Sénèque. En voici la raiſon. Ils étaient tous deux gouverneurs de la jeuneſſe de Néron l'un pour les armes, et l'autre pour les lettres. Et ils étaient fameux, Burrhus pour ſon expérience dans les armes et pour la ſévérité de ſes mœurs, *militaribus curis et ſeveritate morum;* Sénèque pour ſon éloquence et le tour agréable de ſon eſprit, *Seneca præceptis eloquentiæ et comitate honeſtâ.* Burr-

*) Er war ein Freigelaſſener des K. Claudius.

hus, après sa mort, fut extrêmement regretté à cause de sa vertu: *civitati grande desiderium ejus mansit per memoriam virtutis.*

Toute leur peine était de résister à l'orgueil et à la férocité d'Agrippine *quæ cunctis malæ dominationis cupidinibus flagrans, habebat in partibus Pallantem.* Je ne dis que ce mot d'Agrippine; car il y aurait trop de choses à en dire. C'est elle que je me suis surtout efforcé de bien exprimer, et ma tragédie n'est pas moins la disgrace d'Agrippine que la mort de Britannicus. „Cette mort fut un coup „de foudre pour elle; et il parut, dit Tacite, „par sa frayeur et par sa consternation, qu'elle „était aussi innocente de cette mort qu'Octavie. „Agrippine perdait en lui sa dernière espérance, „et ce crime lui en faisait craindre un plus „grand.“ *Sibi supremum auxilium ereptum et parricidii exemplum intelligebat.*

L'âge de Britannicus était si connu qu'il ne m'a pas été permis de le représenter autrement que comme un jeune Prince qui avait beaucoup de cœur, beaucoup d'amour, et beaucoup de franchiſe, qualités ordinaires d'un jeune homme. Il avait quinze ans, et on dit qu'il avait beaucoup d'eſprit, ſoit qu'on diſe vrai, ou que ſes malheurs ayent fait croire cela de lui, ſans qu'il ait pû en donner des marques, *neque ſegnem ei fuiſſe indolem ferunt, ſive verum, ſeu periculis commendatus retinuit famam ſine experimento.*

Il ne faut pas s'étonner s'il n'a auprés de lui qu'un auſſi méchant homme que Narciſſe; car il y avait long tems qu'on avait donné ordre qu'il n'y eût auprès de Britannicus que des gens qui n'euſſent ni foi, ni honneur. *Nam ut proximus quisque Britannico neque fas neque fidem penſi haberet, olim proviſum erat.*

Il me reſte à parler de Junie. Il ne la faut pas confondre avec une vieille coquette qui s'appellait *Junia Silana.* C'eſt ici une autre Junie que Tacite appella *Junia Calvina,* de la famille d'Auguſte, ſœur de Silanus, à qui Claudius avait promis Octavie. Cette Junie était jeune, belle, et, comme dit Sénèque, *feſtiviſſima omnium puellarum.* Son frère et elle s'aimaient tendrement; et leurs ennemis, dit Tacite, les accuſèrent tous deux d'inceſte, quoiqu'ils ne fuſſent coupables que d'un peu d'indiſcrétion. Elle vécut jusqu'au règne de Veſpaſien.

Je la fais entrer dans les Veſtales, quoique, ſelon Aulugelle *), on n'y reçût jamais perſonne au-deſſous de ſix ans, ni au-deſſus de dix. Mais le peuple prend ici Junie ſous ſa protection; et j'ai cru qu'en conſidération de ſa naiſſance, de ſa vertu et de ſon malheur, il pouvait la diſpenſer de l'âge préſcrit par les loix, comme il a diſpenſé de l'âge pour le conſulat, tant de grands hommes qui avaient mérité ce privilège.

*) Aulus Gellius, ein lateiniſcher Schriftſteller.

# ACTEURS.

NERON, Empereur, fils d'Agrippine.

BRITANNICUS, Fils de l'Empereur Claudius.

AGRIPPINE, veuve de Domitius Enobarbus, père de Néron; et en ſecondes nôces, veuve de l'Empereur Claudius.

JUNIE, Amante de Britannicus.

BURRHUS, Gouverneur de Néron.

NARCISSE, Gouverneur de Britannicus.

ALBINE, Confidente d'Agrippine.

GARDES.

La Scène eſt à Rome, dans une chambre du palais de Néron.

# ACTE PREMIER.

## SCENE PREMIERE.

AGRIPPINE, ALBINE.

ALBINE.

Quoi, tandis que Néron s'abandonne au sommeil,
Faut-il que vous veniés attendre son réveil?
Qu'errant dans le palais, sans suite et sans escorte,
La mère de César veille seule à sa porte?
Madame, retournés dans votre appartement.

AGRIPPINE.

Albine, il ne faut pas s'éloigner un moment.
Je veux l'attendre ici. Les chagrins qu'il me cause
M'occuperont assés tout le tems qu'il repose.
Tout ce que j'ai prédit n'est que trop assuré.
Contre Britannicus Néron s'est déclaré.

L'impatient Néron ceſſe de ſe contraindre;
Las de ſe faire aimer, il veut ſe faire craindre.
Britannicus le gêne, Albine; et, chaque jour,
Je ſens que je deviens importune à mon tour.

ALBINE.

Quoi, vous à qui Néron doit le jour qu'il reſpire?
Qui l'avés apellé de ſi loin *) à l'Empire?
Vous qui, déshéritant le fils de Claudius,
Avés nommé Céſar l'heureux Domitius?
Tout lui parle, Madame, en faveur d'Agrippine.
Il vous doit ſon amour.

AGRIPPINE.

Il me le doit, Albine.
Tout, s'il eſt généreux, lui préſcrit cette loi!
Mais tout, s'il eſt ingrat, lui parle contre moi.

ALBINE.

S'il eſt ingrat, Madame! Ah, toute ſa conduite
Marque dans ſon devoir une ame trop inſtruite!
Depuis trois ans entiers, qu'a-t-il dit, qu'a-t-il fait,
Qui ne promette à Rome un Empereur parfait?
Rome, depuis trois ans, par ſes ſoins gouvernée,

*) Er ſtammte zwar von väterlicher Seite von Auguſts Schweſter, *Octavia*, ab; aber deren Kinder waren nicht wie die der Livia vom Auguſt adoptirt worden, und konnten alſo nur ſehr entfernte Hoffnung zum Thron haben.

Au tems de ſes conſuls croit être retournée;
Il la gouverne en père. Enfin, Néron naiſſant,
A toutes les vertus d'Auguſte vieilliſſant.

AGRIPPINE.

Non, non, mon intérêt ne me rend point injuſte.
Il commence, il eſt vrai, par où finit Auguſte;
Mais crains que, l'avenir détruiſant le paſſé,
Il ne finiſſe ainſi qu'Auguſte a commencé.
Il ſe déguiſe en vain. Je lis ſur ſon viſage
Des fiers Domitius l'humeur triſte et ſauvage.
Il mêle avec l'orgueil, qu'il a pris dans leur ſang,
La fiertê des Nérons, qu'il puiſa dans mon flanc.
Toujours la tyrannie a d'heureuſes prémices.
De Rome, pour un tems, Caïus fut les délices;
Mais ſa feinte bonté ſe tournant en fureur,
Les délices de Rome en devinrent l'horreur.
Que m'importe, après tout, que Néron plus fidèle,
D'une longue vertu laiſſe un jour le modèle?
Ai-je mis dans ſa main le timon de l'état,
Pour le conduire au gré du peuple et du ſénat?
Ah! que de la patrie il ſoit, s'il veut, le père:
Mais qu'il ſonge un peu plus qu'Agrippine eſt ſa mère.
De quel nom cependant pouvons-nous appeller
L'attentat que le jour vient de nous révéler?

Il ſait, car leur amour ne peut être ignorée,
Que de Britannicus Junie eſt adorée;
Et ce même Néron, que la vertu conduit,
Fait enlever Junie au milieu de la nuit.
Que veut-il? Eſt-ce haine, eſt-ce amour qui l'inſpire?
Cherche-t-il ſeulement le plaiſir de leur nuire?
Ou plutôt n'eſt-ce point que ſa malignité
Punit ſur eux l'appui que je leur ai prêté?

ALBINE.

Vous, leur appui, Madame?

AGRIPPINE.

Arrête, chère Albine.
Je ſais que j'ai moi ſeule avancé leur ruine;
Que du trône, où le ſang l'a dû faire monter,
Britannicus par moi s'eſt vû précipiter.
Par moi ſeule, éloigné de l'hymen d'Octavie,
Le frère de Junie abandonna la vie,
Silanus, ſur qui Claude avait jetté les yeux,
Et qui comptait Auguſte au rang de ſes ayeux.
Néron jouit de tout; et moi, pour récompenſe,
Il faut qu'entr'eux et lui je tienne la balance,
Afin que, quelque jour, par une même loi,
Britannicus la tienne entre mon fils et moi.

ALBINE.

Quel deſſein!

AGRIPPINE.

Je m'aſſure un port dans la tempête.
Néron m'échappera, ſi ce frein ne l'arrête.

ALBINE.

Mais, prendre contre un fils tant de ſoins ſuperflus?

AGRIPPINE.

Je le craindrais bientôt, s'il ne me craignait plus.

ALBINE.

Une juſte frayeur vous allarme peut-être.
Mais ſi Néron pour vous n'eſt plus ce qu'il doît être,
Du moins ſon changement ne vient pas jusqu'à nous;
Et ce ſont des ſecrets entre César et vous.
Quelques titres nouveaux que Rome lui défère,
Néron n'en reçoit point qu'il ne donne à ſa mère.
Sa prodigue amitié ne ſe réſerve rien;
Votre nom eſt dans Rome auſſi ſaint que le ſien.
A peine parle-t-on de la triſte Octavie:
Auguſte, votre ayeul, honora moins Livie. *)
Néron devant ſa mère a permis le premier

*) Seine Gemalin, die ſehr viel über ihn vermogte.

Qu'on portât les faiſceaux*) couronnés de laurier.
Quels effets voulés-vous de ſa reconnaiſſance?

AGRIPPINE.

Un peu moins de reſpect, et plus de confiance.
Tous ces préſens, Albine, irritent mon dépit.
Je vois mes honneurs craître, et tomber mon crédit.
Non, non, le tems n'eſt plus, que Néron jeune encore
Me renvoyait les vœux d'une cour qui l'adore;
Lorsqu'il ſe repoſait ſur moi de tout l'état;
Que mon ordre au palais aſſemblait le ſénat;
Et que derrière un voile, inviſible et préſente,
J'étais de ce grand corps l'ame toute-puiſſante.
Des volontés de Rome alors mal aſſuré,
Néron de ſa grandeur n'était point enivré.
Ce jour, ce triſte jour frappe encor ma mémoire,
Où Néron fut lui-même ébloui de ſa gloire;
Quand les ambaſſadeurs de tant de Rois divers
Vinrent le reconnaitre au nom de l'Univers.
Sur ſon trône, avec lui, j'allais prendre ma place.
J'ignore quel conſeil prépara ma disgrace.

*) Dieſe wurden ſonſt nur Männern und zwar obrigkeitlichen Perſonen, als einem Dictator, Conſul, Prætor vorgetragen.

Quoi qu'il en ſoit, Néron, d'auſſi loin qu'il
me vit,
Laiſſa ſur ſon viſage éclater ſon dépit.
Mon cœur même en conçut un malheureux
augure.
L'ingrat, d'un faux reſpect colorant ſon injure,
Se leva par avance; et, courant m'embraſſer,
Il m'écarta du trône où je m'allais placer. *)
Depuis ce coup fatal, le pouvoir d'Agrippine
Vers ſa chûte, à grands pas, chaque jour s'a-
chemine.
L'ombre ſeule m'en reſte; et l'on n'implore plus
Que le nom de Sénèque et l'appui de Burrhus.

ALBINE.

Ah! ſi de ce ſoupçon votre ame eſt prévenue,
Pourquoi nourriſſés-vous un venin qui vous tue?
Allés avec Céſar vous éclaircir, du moins.

AGRIPPINE.

Céſar ne me voit plus, Albine, ſans témoins.
En public, à mon heure, on me donne au-
dience;
Sa réponſe eſt dictée, et même ſon ſilence.
Je vois deux ſurveillans, ſes maîtres et les miens,
Préſider l'un ou l'autre à tous nos entretiens.

*) Dies erzählt Tacitus Annal. XIII, 5.

Mais je le pourſuivrai d'autant plus qu'il m'é-
vite.
De ſon déſordre, Albine, il faut que je pro-
fite.
J'entends du bruit; on ouvre. Allons ſubi-
tement
Lui demander raiſon de cet enlèvement.
Surprenons, s'il ſe peut, les ſecrets de ſon
ame.
Mais quoi, déja Burrhus ſort de chés lui?

---

## SCENE II.

AGRIPPINE, BURRHUS, ALBINE.

BURRHUS.

Madame,
Au nom de l'Empereur j'allais vous informer
D'un ordre qui, d'abord, a pû vous allarmer;
Mais qui n'eſt que l'effet d'une ſage conduite,
Dont Céſar a voulu que vous ſoyés inſtruite.

AGRIPPINE.

Puiſqu'il le veut, entrons; il m'en inſtruira
mieux.

BURRHUS.

Céſar pour quelque tems s'eſt ſouſtrait à nos yeux.
Déja, par une porte au public moins connue,
L'un et l'autre conſul vous avaient prévenue,
Madame. Mais ſouffrés que je retourne exprès....

AGRIPPINE.

Non, je ne trouble point ſes auguſtes ſecrets.
Cependant voulés-vous qu'avec moins de contrainte,
L'un et l'autre une fois nous nous parlions ſans feinte?

BURRHUS.

Burrhus pour le menſonge eût toujours trop d'honneur.

AGRIPPINE.

Prétendés-vous long-tems me cacher l'Empereur?
Ne le verrai-je plus qu'à titre d'importune?
Ai-je donc élevé ſi haut votre fortune,
Pour mettre une barrière entre mon fils et moi?
Ne l'oſés vous laiſſer un moment ſur ſa foi? *)
Entre Sénèque et vous, diſputés-vous la gloire
A qui m'effacera plutôt de ſa mémoire?

*) Sich ſelbſt, ſeiner eignen Leitung.

Vous l'ai-je confié pour en faire un ingrat?
Pour être, ſous ſon nom, les maîtres de l'état?
Certes, plus je médite, et moins je me figure
Que vous m'oſiés compter pour votre créature;
Vous, dont j'ai pû laiſſer vieillir l'ambition
Dans les honneurs obſcurs de quelque légion;
Et moi, qui ſur le trône ai ſuivi mes ancêtres;
Moi, fille, femme, ſœur, et mère de vos maîtres. *)
Que prétendés-vous donc? Penſés-vous que ma voix
Ait fait un Empereur pour m'en impoſer trois?
Néron n'eſt plus enfant. N'eſt-il pas tems qu'il règne?
Jusqu'à quand vouléz-vous que l'Empereur vous craigne?
Ne ſaurait-il rien voir qu'il n'emprunte vos yeux?
Pour ſe conduire enfin n'a-t-il pas ſes ayeux?
Qu'il choiſiſſe, s'il veut, d'Auguſte ou de Tibère;
Qu'il imite, s'il peut, Germanicus mon père.
Parmi tant de héros je n'oſe me placer;
Mais il eſt des vertus que je lui puis tracer.

*) Sie war die Tochter des Germanicus, der zwar nicht Kaiſer aber doch Imperator war, und, wie auch ſeine Gemalinn Agrippina, zu Auguſts Familie gehörte; die Gemalinn des Claudius, die Schweſter des Caligula, die Mutter des Nero.

Je puis l'inſtruire, au moins, combien ſa confidence
Entre un ſujet et lui doit laiſſer de diſtance.

BURRHUS.

Je ne m'étais chargé dans cette occaſion,
Que d'excuſer César d'une ſeule action.
Mais puisque, ſans vouloir que je le juſtifie,
Vous me rendés garant du reſte de ſa vie,
Je répondrai, Madame, avec la liberté
D'un ſoldat qui ſait mal farder la vérité.
Vous m'avés de Céſar confié la jeuneſſe;
Je l'avoue, et je dois m'en ſouvenir ſans ceſſe.
Mais vous avais-je fait ſerment de le trahir?
D'en faire un Empereur qui ne ſût qu'obéir?
Non. Ce n'eſt plus à vous qu'il faut que j'en réponde:
Ce n'eſt plus votre fils; c'eſt le Maître du Monde.
J'en dois compte, Madame, à l'Empire Romain,
Qui croit voir ſon ſalut ou ſa perte en ma main.
Ah! ſi dans l'ignorance il le fallait inſtruire,
N'avait-on que Sénèque et moi pour le ſéduire?
Pourquoi de ſa conduite éloigner les flatteurs?
Fallait-il dans l'exil chercher des corrupteurs?
La cour de Claudius, en eſclaves fertile,
Pour deux que l'on cherchait, en eût préſenté mille,
Qui tous auraient brigué l'honneur de l'avilir;

Dans une longue enfance ils l'auraient fait vieillir.
De quoi vous plaignés-vous, Madame? On vous révère.
Ainsi que par César, on jure par sa mère. *)
L'Empereur, il est vrai, ne vient plus chaque jour
Mettre à vos pieds l'Empire, et grossir votre cour.
Mais le doit-il, Madame? Et sa reconnaissance
Ne peut-elle éclater que dans sa dépendance?
Toujours humble, toujours le timide Néron
N'ose-t-il être Auguste et César que de nom?
Vous le dirai-je enfin? Rome le justifie.
Rome à trois affranchis **) si long-tems asservie,
A peine respirant du joug qu'elle a porté,
Du régne de Néron compte sa liberté.
Que dis-je? La vertu semble même renaître.
Tout l'Empire n'est plus la dépouille d'un Maître.

*) Ihr war der Ehrenname *Augusta* beigelegt, und sie dadurch zu dem Rang und zu der Würde der Personen erhoben worden, denen man mehr als menschliche Ehre erwies, denen man Altäre errichtete und bei deren Namen man, wie bei Götternamen, schwor.

**) Er meint ohne Zweifel die drei Freigelassenen des Claudius, den Callistus, Narcissus und Pallas, die unter diesem schwachen Fürsten so viel Einfluss auf die Regierung und den Hof hatten, und wovon der letzte mit Agrippina unerlaubten Umgang pflog.

Le peuple au champ de Mars nomme ſes magi-
ſtrats. *)
Céſar nomme les chefs ſur la foi des ſoldats. **)
Thraſéas au ſénat, Corbulon dans l'armée,
Sont encore innocens, malgré leur renom-
mée. ***)
Les déſerts, autrefois peuplés de ſénateurs,****)
Ne ſont plus habités que par leurs délateurs.
Qu'importe que Céſar continue à nous croire,
Pourvu que nos conſeils ne tendent qu'à ſa
gloire?
Pourvu que, dans le cours d'un règne floriſſant,

*) Wie zu der Zeit als Rom noch ein Freiſtaat war. Das *Feld des Mars* war ein dieſem Gott geheiligtes Stück Land, wo die Volksverſammlungen, *comitia* genannt, gehalten wurden, deren Zweck unter andern war neue Magiſtratsperſonen zu wählen. Dies Marsfeld war anfänglich auſſerhalb Rom. Julius Cæſar wollte es ſchon mit in die Mauern Roms einſchlieſsen, und Aurelian brachte dies im dritten Jahrhundert wirklich zu Stande. Es iſt heutiges Tages eine von den bewohnteſten Gegenden Roms, und begreift unter andern Merkwürdigkeiten den berühmten Obeliſk, den Benedict der XIV wieder in die Höhe richten lieſs, ferner das Pantheon, den Platz Borgheſe, die lange Straſſe Scrofa u. ſ. w. in ſich.

**) Ohne zu fürchten, daſs die Soldaten bei ihrer Wahl böſe Abſichten haben und ſolche Feldherren wählen mögten, die nach der Oberherrſchaft ſtrebten.

***) Ihr groſser und guter Ruf bringt ſie nicht in den Verdacht böſer Abſichten, wie das unter Tiberius beſonders der Fall war.

****) Die dahin, angeſchuldigter Verbrechen halber, verwieſen waren.

Rome ſoit toujours libre, et Céſar tout-puiſſant ?
Mais, Madame, Néron ſuffit pour ſe conduire.
J'obéis, ſans prétendre à l'honneur de l'inſtruire.
Sur ſes ayeux, ſans doute, il n'a qu'à ſe régler ;
Pour bien faire, Néron n'a qu'à ſe reſſembler.
Heureux ſi ſes vertus, l'une à l'autre enchaînées,
Ramènent tous les ans ſes premières années !

AGRIPPINE.

Ainſi, ſur l'avenir n'oſant vous aſſurer,
Vous croyés que, ſans vous, Néron va s'égarer.
Mais vous, qui, jusqu'ici content de votre ouvrage,
Venés de ſes vertus nous rendre témoignage,
Expliqués-nous, pourquoi, devenu raviſſeur,
Néron de Silanus fait enlever la ſœur ?
Ne tient-il qu'à marquer de cette ignominie
Le ſang de nos ayeux, qui brille dans Junie ?
De quoi l'accuſe-t-il ? Et par quel attentat
Devient-elle en un jour criminelle d'état ?
Elle qui, ſans orgueil jusqu'alors élevée ;
N'aurait point vû Néron, s'il ne l'eût enlevée ;
Et qui même aurait mis au rang de ſes bienfaits
L'heureuſe liberté de ne le voir jamais.

BURRHUS.

Je ſais que d'aucun crime elle n'eſt ſoupçonnée ;
Mais jusqu'ici Céſar ne l'a point condamnée,
Madame. Aucun objet ne bleſſe ici ſes yeux.

Elle eſt dans un palais tout plein de ſes ayeux.
Vous ſavés que les droits qu'elle porte avec elle,
Peuvent de ſon époux faire un Prince rébelle;
Que le ſang de Céſar ne ſe doit allier
Qu'à ceux à qui Céſar le veut bien confier;
Et vous-même avouerés *) qu'il ne ſerait pas juſte.
Qu'on diſpoſât ſans lui de la nièce d'Auguſte.

AGRIPPINE.

Je vous entends. Néron m'apprend par votre voix,
Qu'en vain Britannicus s'aſſure ſur mon choix.
En vain, pour détourner ſes yeux de ſa misère,
J'ai flatté ſon amour d'un hymen qu'il eſpère.
A ma confuſion Néron veut faire voir,
Qu'Agrippine promet par-delà ſon pouvoir.
Rome de ma faveur eſt trop préoccupée;
Il veut, par cet affront, qu'elle ſoit détrompée;
Et que tout l'Univers apprenne, avec terreur,
A ne confondre plus mon fils et l'Empereur.
Il le peut. Toutefois j'oſe encore lui dire,
Qu'il doit, avant ce coup, affermir ſon Empire;
Et qu'en me réduiſant à la néceſſité
D'éprouver contre lui ma faible autorité,
Il expoſe la ſienne; et que, dans la balance.
Mon nom peut-être aura plus de poids qu'il ne penſe.

*) Lies wie avoûrés.

BURRHUS.

Quoi, Madame, toujours ſoupçonner ſon reſpect?
Ne peut-il faire un pas qui ne vous ſoit ſuſpect?
L'Empereur vous croit-il du parti de Junie?
Avec Britannicus vous croit-il réunie?
Quoi, de vos ennemis devenés-vous l'appui,
Pour trouver un prétexte à vous plaindre de lui?
Sur le moindre diſcours qu'on pourra vous redire,
Serés-vous toujours prête à partager l'Empire?
Vous craindrés-vous ſans ceſſe? Et vos embraſſemens
Ne ſe paſſeront-ils qu'en éclairciſſemens?
Ah, quittés d'un cenſeur la triſte diligence!
D'une mère facile affectés l'indulgence.
Souffrés quelques froideurs ſans les faire éclater,
Et n'avertiſſés point la cour de vous quitter.

AGRIPPINE.

Et qui s'honorerait de l'appui d'Agrippine,
Lorsque Néron lui-même annonce ma ruine?
Lorsque de ſa préſence il ſemble me bannir?
Quand Burrhus à ſa porte oſe me retenir?

BURRHUS.

Madame, je vois bien qu'il eſt tems de me taire,
Et que ma liberté commence à vous déplaire.
La douleur eſt injuſte; et toutes les raiſons
Qui ne la flattent point, aigriſſent ſes ſoupçons.
Voici Britannicus. Je lui cède ma place.

Je vous laiſſe écouter et plaindre ſa disgrace;
Et peut-être, Madame, en accuſer les ſoins
De ceux que l'Empereur a conſultés le moins.

---

## SCENE III.

AGRIPPINE, BRITANNICUS, NARCISSE, ALBINE.

AGRIPPINE.

Ah, Prince, où courés-vous? Quelle ardeur inquiette
Parmi vos ennemis en aveugle vous jette?
Que venés-vous chercher?

BRITANNICUS.

Ce que je cherche? Ah, Dieu!
Tout ce que j'ai perdu, Madame, eſt en ces lieux.
De mille affreux ſoldats Junie environnée,
S'eſt vûe en ce palais indignement traînée.
Hélas! de quelle horreur ſes timides eſprits
A ce nouveau ſpectacle auront été ſurpris!
Enfin on me l'enlève. Une loi trop ſévère
Va ſéparer deux coeurs qu'aſſemblait leur misère.
Sans doute on ne veut pas que, mêlant nos douleurs,
Nous nous aidions l'un l'autre à porter nos malheurs.

AGRIPPINE.

Il ſuffit. Comme vous je reſſens vos injures!
Mes plaintes ont déja précédé vos murmures.
Mais je ne prétends pas qu'un impuiſſant courroux
Dégage ma parole, et m'acquitte envers vous.
Je ne m'explique point. Si vous voulés m'entendre,
Suivés-moi chés Pallas, où je vais vous attendre.

---

## *SCENE* IV.

### BRITANNICUS, NARCISSE.

BRITANNICUS.

La croirai-je, Narciſſe? Et dois-je, ſur ſa foi,
La prendre pour arbitre entre ſon fils et moi?
Qu'en dis-tu? N'eſt-ce pas cette même Agrippine,
Que mon père épouſa jadis pour ma ruine?
Et qui, ſi je t'en crois, a de ſes derniers jours,
Trop lents pour ſes deſſeins, précipité le cours?

NARCISSE.

N'importe. Elle ſe ſent comme vous outragée;
A vous donner Junie elle s'eſt engagée.

Unissés vos chagrins; liés vos intérêts.
Ce palais retentit en vain de vos regrets.
Tandis qu'on vous verra, d'une voix suppliante,
Semer ici la plainte, et non pas l'épouvante;
Que vos ressentimens se perdront en discours,
Il n'en faut point douter, vous vous plaindrés
toujours.

BRITANNICUS.

Ah! Narcisse, tu sais si de la servitude
Je prétends faire encore une longue habitude.
Tu sais si pour jamais, de ma chûte étonné,
Je renonce à l'Empire, où j'étais destiné.
Mais je suis seul encor. Les amis de mon père
Sont autant d'inconnus que glace ma misère.
Et ma jeunesse même écarte loin de moi
Tous ceux qui, dans le cœur, me réservent
leur foi.
Pour moi, depuis un an, qu'un peu d'expérience
M'a donné de mon sort la triste connaissance,
Que vois-je autour de moi que des amis vendus,
Qui sont de tous mes pas les témoins assidus;
Qui, choisis par Néron pour ce commerce infâme,
Trafiquent avec lui des secrets de mon ame?
Quoi qu'il en soit, Narcisse, on me vend tous
les jours;
Il prévoit mes desseins, il entend mes discours.
Comme roi, dans mon cœur il sait ce qui se passe.
Que t'en semble, Narcisse?

NARCISSE.

Ah, quelle ame assés basse!...
C'est à vous de choisir des confidens discrets,
Seigneur; et de ne pas prodiguer vos secrets.

BRITANNICUS.

Narcisse, tu dis vrai: mais cette défiance
Est toujours d'un grand cœur la dernière science;
On le trompe long-tems. Mais enfin je te croi,
Ou plutôt je fais vœu de ne croire que toi.
Mon père, il m'en souvient, m'assura de ton zèle;
Seul de ses affranchis tu m'es toujours fidèle.
Tes yeux, sur ma conduite incessamment ouverts,
M'ont sauvé jusqu'ici de mille écueils couverts.
Va donc voir si le bruit de ce nouvel orage
Aura de nos amis excité le courage.
Examine leurs yeux, observe leurs discours;
Vois si j'en puis attendre un fidèle secours.
Sur-tout, dans ce palais remarque avec adresse,
Avec quel soin Néron fait garder la Princesse.
Sache, si du péril ses beaux yeux sont remis,
Et si son entretien m'est encore permis.
Cependant de Néron je vais trouver la mère
Chés Pallas, comme toi l'affranchi de mon père.
Je vais la voir, l'aigrir, la suivre; et, s'il se peut,
M'engager sous son nom plus loin qu'elle ne veut.

*Fin du premier Acte.*

# ACTE II.

## SCENE PREMIERE.

NERON, BURRHUS, NARCISSE, GARDES.

NERON.

N'en doutés point, Burrhus, malgré ſes injuſtices,
C'eſt ma mère, et je veux ignorer ſes caprices.
Mais je ne prétends plus ignorer, ni ſouffrir
Le miniſtre inſolent qui les oſe nourrir.
Pallas de ſes conſeils empoiſonne ma mère;
Il ſéduit chaque jour Britannicus mon frère;
Ils l'écoutent lui ſeul: et qui ſuivrait leurs pas,
Les trouverait peut-être aſſemblés chés Pallas.
C'en eſt trop. De tous deux il faut que je l'écarte.
Pour la dernière fois qu'il s'éloigne, qu'il parte;
Je le veux, je l'ordonne; et que la fin du jour
Ne le retrouve pas dans Rome ou dans ma cour.
Allés; cet ordre importe au ſalut de l'Empire.
Vous, Narciſſe, approchés.
(Aux Gardes.)
Et vous, qu'on ſe retire.

## SCENE II.

NERON, NARCISSE.

NARCISSE.

Graces aux Dieux, Seigneur, Junie entre vos mains
Vous assure aujourd'hui du reste des Romains.
Vos ennemis, déchus de leur vaine espérance,
Sont allés chés Pallas pleurer leur impuissance.
Mais que vois-je? Vous-même inquiet, étonné,
Plus que Britannicus paraissés consterné.
Que présage à mes yeux cette tristesse obscure,
Et ces sombres regards errans à l'aventure?
Tout vous rit. La fortune obéit à vos vœux.

NERON.

Narcisse, c'en est fait; Néron est amoureux.

NARCISSE.

Vous?

NERON.

Depuis un moment; mais pour toute ma vie.
J'aime; que dis-je aimer? j'idolâtre Junie.

NARCISSE.

Vous l'aimés?

NERON.

Excité d'un desir curieux,
Cette nuit je l'ai vue arriver en ces lieux,

Trifte, levant au Ciel fes yeux mouillés de larmes,
Qui brillaient au travers des flambeaux et des
armes;
Belle fans ornement, dans le fimple appareil
D'une beauté qu'on vient d'arracher au fommeil.
Que veux-tu? Je ne fais fi cette négligence,
Les ombres, les flambeaux, les cris et le filence,
Et le farouche afpect de fes fiers raviffeurs,
Relevaient de fes yeux les timides douceurs.
Quoi qu'il en foit, ravi d'une fi belle vue,
J'ai voulu lui parler, et ma voix s'eft perdue;
Immobile, faifi d'un long étonnement,
Je l'ai laiffé paffer dans fon appartement.
J'ai paffé dans le mien. C'eft là que, folitaire,
De fon image en vain j'ai voulu me diftraire.
Trop préfente à mes yeux, je croyais lui parler.
J'aimais jusqu'à fes pleurs que je faifais couler.
Quelquefois, mais trop tard, je lui demandais
grace.
J'employais les foupirs, et même la menace.
Voilà comme occupé de mon nouvel amour,
Mes yeux, fans fe fermer, ont attendu le jour.
Mais je m'en fais peut-être une trop belle image.
Elle m'eft apparue avec trop d'avantage.
Narciffe, qu'en dis-tu?

NARCISSE.

Quoi, Seigneur, croira-t-on
Qu'elle ait pû fi long-tems fe cacher à Néron?

NERON.

Tu le ſais bien, Narciſſe. Et ſoit que ſa colère
M'imputât le malheur qui lui ravit ſon frère;
Soit que ſon cœur, jaloux d'une auſtère fierté,
Enviât à nos yeux ſa naiſſante beauté;
Fidèle à ſa douleur, et dans l'ombre enfermée,
Elle ſe dérobait même à ſa renommée:
Et c'eſt cette vertu, ſi nouvelle à la cour,
Dont la perſévérance irrite mon amour.
Quoi, Narciſſe! tandis qu'il n'eſt point de Romaine
Que mon amour n'honore, et ne rende plus vaine;
Qui, dès qu'à ſes regards elle oſe ſe fier,
Sur le cœur de Céſar ne les vienne eſſayer;
Seule dans ſon palais, la modeſte Junie
Regarde leurs honneurs comme une ignominie,
Fuit, et ne daigne pas peut-être s'informer
Si Céſar eſt aimable, ou bien s'il ſait aimer?
Dis-moi, Britannicus l'aime-t-il?

NARCISSE.

Quoi! s'il l'aime,
Seigneur?

NERON.

Si jeune encor, ſe connait-il lui même?
D'un regard enchanteur connait-il le poiſon?

NARCISSE.

Seigneur, l'amour toujours n'attend pas la raiſon.

N'en doutés point, il l'aime. Inſtruits par tant de charmes,
Ses yeux ſont déja faits à l'uſage des larmes.
A ſes moindres deſirs il ſait s'accommoder;
Et peut-être déja ſait-il perſuader.

NERON.

Que dis-tu? Sur ſon cœur il aurait quelque empire!

NARCISSE.

Je ne ſais. Mais, Seigneur, ce que je puis vous dire,
Je l'ai vû quelquefois s'arracher de ces lieux,
Le cœur plein d'un courroux qu'il cachait à vos yeux;
D'une cour qui le fuit pleurant l'ingratitude;
Las de votre grandeur et de ſa ſervitude;
Entre l'impatience et la crainte flottant,
Il allait voir Junie, et revenait content.

NERON.

D'autant plus malheureux qu'il aura ſû lui plaire,
Narciſſe, il doit plutôt ſouhaiter ſa colère.
Néron impunément ne ſera pas jaloux.

NARCISSE.

Vous? Et de quoi, Seigneur, vous inquiétés-vous?
Junie a pû le plaindre et partager ſes peines;
Elle n'a vû couler de larmes que les ſiennes.
Mais aujourd'hui, Seigneur, que ſes yeux deſſillés

Regardent de plus près l'éclat dont vous brillés,
Verront autour de vous les Rois ſans diadême,
Inconnus dans la foule, et ſon amant lui-même,
Attachés ſur vos yeux, s'honorer d'un regard
Que vous aurés ſur eux fait tomber au haſard;
Quand elle vous verra, de ce dégré de gloire,
Venir, en ſoupirant, avouer ſa victoire:
Maître, n'en doutés point, d'un cœur déja charmé,
Commandés qu'on vous aime, et vous ſerés aimé.

NERON.

A combien de chagrins il faut que je m'apprête!
Que d'importunités!

NARCISSE.

Quoi donc? Qui vous arréte, Seigneur?

NERON.

Tout. Octavie, Agrippine, Burrhus,
Sénèque, Rome entière, et trois ans de vertus.
Non que pour Octavie un reſte de tendreſſe
M'attache à ſon hymen et plaigne ſa jeuneſſe.
Mes yeux, depuis lon-tems, fatigués de ſes ſoins,
Rarement de ſes pleurs daignent être témoins.
Trop heureux, ſi bientôt la faveur d'un divorce
Me ſoulageait d'un joug qu'on m'impoſe par force!
Le Ciel même en ſecret ſemble la condamner.
Ses vœux, depuis quatre ans, ont beau l'importuner;

Les Dieux ne montrent point que ſa vertu les touche.
D'aucun gage, Narciſſe, ils n'honorent ſa couche;
L'Empire vainement demande un héritier.

NARCISSE.

Que tardés-vous, Seigneur, à la répudier?
L'Empire, votre cœur, tout condamne Octavie.
Auguſte, votre ayeul, ſoupirait pour Livie;
Par un double divorce ils s'unirent tous deux,
Et vous devés l'Empire à ce divorce heureux. *)
Tibère, que l'hymen plaça dans ſa famille,
Oſa bien à ſes yeux répudier ſa fille.
Vous ſeul, jusques ici contraire à vos deſirs,
N'oſés par un divorce aſſurer vos plaiſirs?

NERON.

Et ne connais-tu pas l'implacable Agrippine?
Mon amour inquiet déja ſe l'imagine,
Qui m'amène Octavie, et, d'un œil enflammé,
Atteſte les ſaints droits d'un nœud qu'elle a formé;
Et, portant à mon cœur des atteintes plus rudes,
Me fait un long récit de mes ingratitudes.
De quel front ſoutenir ce fâcheux entretien?



*) Seine Mutter war eine Tochter des Germanicus, dieſer ein Sohn des Druſus Nero, und dieſer einer von den beiden Söhnen, welche Livia dem Auguſt zubrachte, und dieſer adoptirte und das Reich auf ſie und ihre Nachkommen vererbte.

NARCISSE.

N'êtes-vous pas, Seigneur, votre maître et le ſien?
Vous verrons-nous toujours trembler ſous ſa tutelle?
Vivés, régnés pour vous. C'eſt trop régner pour elle.
Craignés-vous? Mais, Seigneur, vous ne la craignés pas.
Vous venés de bannir le ſuperbe Pallas;
Pallas, dont vous ſavés qu'elle ſoutient l'audace.

NERON.

Eloigné de ſes yeux, j'ordonne, je menace,
J'écoute vos conſeils, j'oſe les approuver;
Je m'excite contr'elle, et tâche à la braver:
Mais je t'expoſe ici mon ame toute nue,
Si-tôt que mon malheur me ramène à ſa vue,
Soit que je n'oſe encor démentir le pouvoir
Des ces yeux, oú j'ai lû ſi long-tems mon devoir;
Soit qu'à tant de bienfaits ma mémoire fidelle,
Lui ſoumette en ſecret tout ce que je tiens d'elle:
Mais enfin mes efforts ne me ſervent de rien,
Mon génie étonné tremble devant le ſien.
Et c'eſt pour m'affranchir de cette dépendance,
Que je la fuis par-tout, que même je l'offenſe;
Et que, de tems en tems, j'irrite ſes ennuis,
Afin qu'elle m'évite autant que je la fuis.
Mais je t'arrête trop; retire-toi, Narciſſe;
Britannicus pourrait t'accuſer d'artifice.

NARCISSE.

Non, non, Britannicus s'abandonne à ma foi.
Par ſon ordre, Seigneur, il croit que je vous voi;
Que je m'informe ici de tout ce qui le touche,
Et veut de vos ſecrets être inſtruit par ma bouche.
Impatient, ſur-tout, de revoir ſes amours,
Il attend de mes ſoins ce fidèle ſecours.

NERON.

J'y conſens; porte-lui cette douce nouvelle:
Il la verra.

NARCISSE.

Seigneur, banniſſes-le loin d'elle.

NERON.

J'ai mes raiſons. Narciſſe; et tu peux concevoir
Que je lui vendrai cher le plaiſir de la voir.
Cependant vante-lui ton heureux ſtratagême;
Dis-lui qu'en ſa faveur on me trompe moi-même,
Qu'il la voit ſans mon ordre. On ouvre, la voici.
Va retrouver ton Maître, et l'amener ici.

## SCENE III.

### NERON, JUNIE.

NERON.

Vous vous troublés, Madame, et changés de visage;
Lisés-vous dans mes yeux quelque triste présage?

JUNIE.

Seigneur, je ne vous puis déguiser mon erreur.
J'allais voir Octavie, et non pas l'Empereur.

NERON.

Je le sais bien, Madame, et n'ai pû sans envie,
Apprendre vos bontés pour l'heureuse Octavie.

JUNIE.

Vous, Seigneur?

NERON.

Pensés-vous, Madame, qu'en ces lieux,
Seule, pour vous connaître, Octavie ait des yeux?

JUNIE.

Et quel autre, Seigneur, voulés-vous que j'implore?
A qui demanderai-je un crime que j'ignore?
Vous qui le punissés, vous ne l'ignorés pas.
De grace, apprenés-moi, Seigneur, mes attentats.

NERON.

Quoi, Madame? eſt-ce donc une légère offenſe
De m'avoir ſi long-tems caché votre préſence?
Ces tréſors, dont le Ciel voulut vous embellir,
Les avés-vous reçus pour les enſevelir?
L'heureux Britannicus verra-t-il ſans allarmes
Craître, loin de nos yeux, ſon amour et vos charmes?
Pourquoi de cette gloire exclus jusqu'à ce jour,
M'avés-vous, ſans pitié, relégué dans ma cour?
On dit plus. Vous ſouffrés ſans en être offenſée,
Qu'il vous oſe, Madame, expliquer ſa penſée;
Car je ne croirai point que, ſans me conſulter;
La ſévère Junie ait voulu le flatter;
Ni qu'elle ait conſenti d'aimer et d'être aimée,
Sans que j'en ſois inſtruit que par la renommée.

JUNIE.

Je ne vous nierai point, Seigneur, que ſes ſoupirs
M'ont daigné quelquefois expliquer ſes deſirs.
Il n'a point détourné ſes regards d'une fille,
Seul reſte du débris d'une illuſtre famille.
Peut-être il ſe ſouvient qu'en un tems plus heureux,
Son père me nomma pour l'objet de ſes vœux.
Il m'aime, il obéit à l'Empereur ſon père,
Et j'oſe dire encore, à vous, à votre mère;
Vos deſirs ſont toujours ſi conformes aux ſiens....

NERON.

Ma mère a ſes deſſeins, Madame, et j'ai les miens.
Ne parlons plus ici de Claude et d'Agrippine.
Ce n'eſt point par leur choix que je me détermine.
C'eſt à moi ſeul, Madame, à répondre de vous;
Et je veux, de ma main, vous choiſir un époux.

JUNIE.

Ah! Seigneur, ſongés-vous que toute autre alliance
Fera honte aux Céſars auteurs de ma naiſſance?

NERON.

Non, Madame; l'époux dont je vous entretiens,
Peut, ſans honte, aſſembler vos ayeux et les ſiens;
Vous pouvés, ſans rougir, conſentir à ſa flamme.

JUNIE.

Et quel eſt donc, Seigneur, cet époux?

NERON.

Moi, Madame.

JUNIE.

Vous?

NERON.

Je vous nommerais, Madame, un autre nom,
Si j'en ſavais quelqu'autre au-deſſus de Néron.
Oui, pour vous faire un choix où vous puiſſiés ſouſcrire,
J'ai parcouru des yeux la cour, Rome et l'empire,

Plus j'ai cherché, Madame, et plus je cherche encor
En quelles mains je dois confier ce trésor;
Plus je vois que César, digne seul de vous plaire,
En doit être lui seul l'heureux dépositaire;
Et ne peut dignement vous confier qu'aux mains
A qui Rome a commis l'empire des humains.
Vous-même, consultés vos premières années.
Claudius à son fils les avoit destinées,
Mais c'étoit en un tems, où de l'empire entier,
Il croyait, quelque jour, le nommer l'héritier.
Les Dieux ont prononcé. Loin de leur contredire
C'est à vous de passer du côté de l'empire.
En vain de ce présent ils m'auraient honoré.
Si votre cœur devait en être séparé;
Si tant de soins ne sont adoucis par vos charmes;
Si, tandis que je donne aux veilles, aux allarmes.
Des jours toujours à plaindre et toujours enviés,
Je ne vais quelquefois respirer à vos pieds.
Qu'Octavie à vos yeux ne fasse point d'ombrage;
Rome, aussi-bien que moi, vous donne son suffrage,
Répudie Octavie, et me fait dénouer
Un hymen que le Ciel ne veut point avouer.
Songés-y donc, Madame, et pesés en vous-même
Ce choix digne des soins d'un Prince qui vous aime;
Digne de vos beaux yeux trop long-tems captivés,
Digne de l'Univers à qui vous vous devés.

JUNIE.

Seigneur, avec raiſon je demeure étonnée.
Je me vois, dans le cours d'une même journée,
Comme une criminelle amenée en ces lieux;
Et lorsqu'avec frayeur je parais à vos yeux,
Que ſur mon innocence à peine je me fie,
Vous m'offrés, tout d'un coup, la place d'Octavie.
J'oſe dire pourtant que je n'ai mérité
Ni cet excès d'honneur, ni cette indignité.
Et pouvés-vous, Seigneur, ſouhaiter qu'une fille,
Qui vit, presque en naiſſant, éteindre ſa famille;
Qui, dans l'obſcurité nourriſſant ſa douleur,
S'eſt fait une vertu conforme à ſon malheur,
Paſſe ſubitement de cette nuit profonde
Dans un rang qui l'expoſe aux yeux de tout le monde;
Dont je n'ai pû de loin ſoutenir la clarté,
Et dont une autre, enfin, remplit la majeſté?

NERON.

Je vous ai déja dit que je la répudie:
Ayés moins de frayeur, ou moins de modeſtie.
N'accuſés point ici mon choix d'aveuglement;
Je vous réponds de vous, conſentés ſeulement.
Du ſang dont vous ſortés rappellés la mémoire,
Et ne préférés point à la ſolide gloire

Des honneurs dont César prétend vous revêtir,
La gloire d'un refus sujet au repentir.

JUNIE.

Le Ciel connaît, Seigneur, le fond de ma pensée;
Je ne me flatte point d'une gloire insensée:
Je sais de vos présens mesurer la grandeur.
Mais plus ce rang sur moi répandrait de splendeur,
Plus il me ferait honte, et mettrait en lumière
Le crime d'en avoir dépouillé l'héritière.

NERON.

C'est de ses intérêts prendre beaucoup de soin,
Madame, et l'amitié ne peut aller plus loin.
Mais ne nous flattons point, et laissons le mystère:
La sœur vous touche ici beaucoup moins que le frère,
Et pour Britannicus....

JUNIE.

Il a sû me toucher,
Seigneur, et je n'ai point prétendu m'en cacher.
Cette sincérité, sans doute, est peu discrète;
Mais toujours de mon cœur ma bouche est l'interprète.
Absente de la cour, je n'ai pas dû penser,
Seigneur, qu'en l'art de feindre il fallût m'exercer.
J'aime Britannicus; je lui fus destinée

Quand l'empire devait ſuivre ſon hyménée.
Mais ces mêmes malheurs qui l'en ont écarté,
Ses honneurs abolis, ſon palais déſerté,
La fuite d'une cour que ſa chûte a bannie,
Sont autant de liens qui retiennent Junie.
Tout ce que vous voyés conſpire à vos deſirs;
Vos jours, toujours ſereins, coulent dans les plaiſirs;
L'empire en eſt pour vous l'inépuiſable ſource:
Ou, ſi quelque chagrin en interrompt la courſe,
Tout l'Univers, ſoigneux de les entretenir,
S'empreſſe à l'effacer de votre ſouvenir.
Britannicus eſt ſeul. Quelque ennui qui le preſſe,
Il ne voit, dans ſon ſort, que moi qui s'intéreſſe;
Et n'a pour tout plaiſir, Seigneur, que quelques pleurs,
Qui lui font quelquefois oublier ſes malheurs.

NERON.

Et ce ſont ces plaiſirs et ces pleurs que j'envie,
Que tout autre que lui me paierait *) de ſa vie;
Mais je garde à ce Prince un traitement plus doux.
Madame, il va bientôt paraître devant vous.

JUNIE.

Ah, Seigneur, vos vertus m'ont toujours raſſurée!

*) Lies wie paîrait.

NERON.

Je pouvais de ces lieux lui défendre l'entrée;
Mais, Madame, je veux prévenir le danger
Où ſon reſſentiment le pourrait engager.
Je ne veux point le perdre; il vaut mieux que lui-même
Entende ſon arrêt de la bouche qu'il aime.
Si ſes jours vous ſont chers, éloignés-le de vous,
Sans qu'il ait aucun lieu de me croire jaloux.
De ſon banniſſement prenés ſur vous l'offenſe;
Et, ſoit par vos diſcours, ſoit par votre ſilence,
Du moins, par vos froideurs, faites-lui concevoir
Qu'il doit porter ailleurs ſes vœux et ſon eſpoir.

JUNIE.

Moi, que je lui prononce un arrêt ſi ſévère!
Ma bouche mille fois lui jura le contraire.
Quand même jusques-là je pourrais me trahir,
Mes yeux lui défendront, Seigneur, de m'obéir.

NERON.

Caché près de ces lieux, je vous verrai, Madame.
Renfermés votre amour dans le fond de votre ame;
Vous n'aurés point pour moi de langages ſecrets;
J'entendrais des regards que vous croirés muets;

Et ſa perte ſera l'infaillible ſalaire
D'un geſte ou d'un ſoupir échappé pour lui
plaire.

JUNIE.

Hélas! ſi j'oſe encor former quelques ſouhaits,
Seigneur, permettés-moi de ne le voir jamais.

---

## SCENE IV.

### NERON, JUNIE, NARCISSE.

NARCISSE.

Britannicus, Seigneur, demande la Princeſſe;
Il approche.

NERON.

Qu'il vienne.

JUNIE.

Ah, Seigneur!

NERON.

Je vous laiſſe.
Sa fortune dépend de vous plus que de moi.
Madame, en le voyant, ſongés que je vous voi.

---

## SCENE V.

### JUNIE, NARCISSE.

JUNIE.

Ah! cher Narciſſe, cours au-devant de ton maître;
Dis-lui... Je ſuis perdue, et je le vois paraître.

## SCENE VI.

### JUNIE, BRITANNICUS, NARCISSE.

BRITANNICUS.

Madame, quel bonheur me rapproche de vous?
Quoi, je puis donc jouir d'un entretien ſi doux!
Mais parmi ce plaiſir, quel chagrin vous dévore?
Hélas! puis-je eſpérer de vous revoir encore!
Faut-il que je dérobe, avec mille détours,
Un bonheur que vos yeux m'accordaient tous les jours?
Quelle nuit! Quel réveil! Vos pleurs, votre préſence,
N'ont point de ces cruels déſarmé l'inſolence?
Que faiſait votre amant? Quel démon envieux
M'a refuſé l'honneur de mourir à vos yeux?

Hélas! dans la frayeur dont vous étiés atteinte,
M'avés-vous, en ſecret, adreſſé quelque plainte?
Ma Princeſſe, avés-vous daigné me ſouhaiter?
Songiés-vous aux douleurs que vous m'alliés couter?
Vous ne me dites rien? Quel accueil! Quelle glace!
Eſt-ce ainſi que vos yeux conſolent ma diſgrace?
Parlés. Nous ſommes ſeuls. Notre ennemi trompé,
Tandis que je vous parle, eſt ailleurs occupé.
Ménageons les momens de cette heureuſe abſence.

JUNIE.

Vous êtes en des lieux tout pleins de ſa puiſſance:
Ces murs mêmes, Seigneur, peuvent avoir des yeux,
Et jamais l'Empereur n'eſt abſent de ces lieux.

BRITANNICUS.

Et depuis quand, Madame, êtes vous ſi craintive?
Quoi! déja votre amour ſouffre qu'on le captive?
Qu'eſt devenu ce cœur, qui me jurait toujours
De faire à Néron même envier nos amours?
Mais banniſſés, Madame, une inutile crainte,

La foi dans tous les cœurs n'eſt pas encore éteinte;
Chacun ſemble des yeux approuver mon courroux;
La mère de Néron ſe déclare pour nous.
Rome, de ſa *) conduite elle-même offenſée...

JUNIE.

Ah, Seigneur, vous parlés contre votre penſée!
Vous-même vous m'avés avoué mille fois,
Que Rome le louait d'une commune voix;
Toujours à ſa vertu vous rendiés quelque hommage.
Sans doute la douleur vous dicte ce langage.

BRITANNICUS.

Ce diſcours me ſurprend, il le faut avouer.
Je ne vous cherchais pas pour l'entendre louer.
Quoi! pour vous confier la douleur qui m'accable,
A peine je dérobe un moment favorable;
Et ce moment ſi cher, Madame, eſt conſumé
A louer l'ennemi dont je ſuis opprimé!
Qui vous rend à vous-même en un jour ſi contraire?
Quoi! même vos regards ont appris à ſe taire?
Que vois-je? Vous craignés de rencontrer mes yeux?



*) Dies *ſa* geht auf Nero.

Néron vous plairait-il? Vous ſerais-je odieux?
Ah, ſi le croyais!.... Au nom des Dieux, Madame,
Eclairciſſés le trouble où vous jettés mon ame.
Parlés. Ne ſuis-je plus dans votre ſouvenir?

JUNIE.

Retirés-vous, Seigneur, l'Empereur va venir.

BRITANNICUS.

Après ce coup, Narciſſe, à quoi dois-je m'attendre?

---

## *SCENE* VII.

NERON, JUNIE, NARCISSE.

NERON.

Madame....

JUNIE.

Non, Seigneur, je ne puis rien entendre.
Vous êtes obéi. Laiſſés couler, du moins,
Des larmes dont ſes yeux ne feront pas témoins.

---

## SCENE VIII.

### NERON, NARCISSE.

NERON.

Hé bien! de leur amour tu vois la violence,
Narcisse, elle a paru jusques dans son silence:
Elle aime mon rival, je ne puis l'ignorer;
Mais je mettrai ma joie à le désespérer.
Je me fais de sa peine une image charmante;
Et je l'ai vû douter du cœur de son amante.
Je la suis. Mon rival t'attend pour éclater.
Par de nouveaux soupçons, va, cours le tourmenter.
Et tandis qu'à mes yeux on le pleure, on l'adore.
Fais-lui payer bien cher un bonheur qu'il ignore.

NARCISSE. seul.

La fortune t'appelle une seconde fois,
Narcisse; voudrais-tu résister à sa voix?
Suivons jusques au bout ses ordres favorables;
Et, pour nous rendre heureux, perdons les misérables.

*Fin du second Acte.*

# ACTE III.

## *SCENE PREMIERE.*

NERON, BURRHUS.

BURRHUS.

Pallas obéira, Seigneur.

NERON.

Et de quel œil
Ma mère a-t-elle vû confondre ſon orgueil?

BURRHUS.

Ne doutés point, Seigneur, que ce coup ne la frappe;
Qu'en reproches bientôt ſa douleur ne s'échappe.
Ses transſports, dès long-tems, commencent d'éclater;
A d'inutiles cris puiſſent-ils s'arrêter!

NERON.

Quoi! de quelque deſſein la croyés-vous capable?

BURRHUS.

Agrippine, Seigneur, eſt toujours redoutable.
Rome et tous vos ſoldats révèrent ſes ayeux;
Germanicus, ſon père, eſt préſent à leurs yeux.
Elle ſait ſon pouvoir; vous ſavés ſon courage:
Et ce qui me la fait redouter d'avantage,

C'eſt que vous appuyés vous-même ſon courroux,
Et que vous lui donnés des armes contre vous.

NERON.

Moi, Burrhus?

BURRHUS.

Cet amour, Seigneur, qui vous poſsède...

NERON.

Je vous entends, Burrhus, le mal eſt ſans remède.
Mon cœur s'en eſt plus dit que vous ne m'en dirés;
Il faut que j'aime enfin.

BURRHUS.

Vous vous le figurés,
Seigneur, et, ſatisfait de quelque réſiſtance,
Vous redoutés un mal faible dans ſa naiſſance.
Mais ſi dans ſon devoir votre cœur affermi
Voulait ne point s'entendre avec ſon ennemi;
Si de vos premiers ans vous conſultiés la gloire;
Si vous daigniés, Seigneur, rappeller la mémoire
Des vertus d'Octavie, indigne de ce prix,
Et de ſon chaſte amour, vainqueur de vos mépris;
Sur-tout, ſi, de Junie évitant la préſence,
Vous condamniés vos yeux à quelques jours d'abſence

Croyés-moi, quelque amour qui ſemble vous charmer,
On n'aime point, Seigneur, ſi l'on ne veut aimer.

NERON.

Je vous croirai, Burrhus, lorsque, dans les allarmes,
Il faudra ſoutenir la gloire de nos armes;
Ou, lorsque plus tranquille aſſis dans le ſénat,
Il faudra décider du deſtin de l'état,
Je m'en repoſerai ſur votre expérience.
Mais, croyés-moi, l'amour eſt une autre ſcience,
Burrhus; et je ferais quelque difficulté
D'abaiſſer jusques-là votre ſévérité.
Adieu. Je ſouffre trop éloigné de Junie.

---

## SCENE II.

BURRHUS ſeul.

Enfin, Burrhus, Néron découvre ſon génie.
Cette férocité que tu croyais fléchir,
De tes faibles liens eſt prête à s'affranchir.
En quels excès peut-être elle va ſe répandre!
O Dieux! en ce malheur quel conſeil dois-je prendre?

Sénèque, dont les ſoins me devraient ſoulager,
Occupé loin de Rome, ignore ce danger.
Mais quoi! Si, d'Agrippine excitant la tendreſſe,
Je pouvais.... La voici; mon bonheur me l'adreſſe.

---

## SCENE III.

### AGRIPPINE, BURRHUS, ALBINE.

AGRIPPINE.

Hé bien, je me trompais, Burrhus, dans mes ſoupçons!
Et vous vous ſignalés par d'illuſtres leçons.
On exile Pallas, dont le crime, peut-être,
Eſt d'avoir à l'empire élevé votre maître.
Vous le ſavés trop bien. Jamais, ſans ſes avis,
Claude qu'il gouvernait n'eût adopté mon fils.
Que dis je? A ſon épouſe on donne une rivale;
On affranchit Néron de la foi conjugale.
Digne emploi d'un miniſtre, ennemi des flatteurs,
Choiſi pour mettre un frein à ſes jeunes ardeurs,
De les flatter lui-même, et nourrir dans ſon ame
Le mépris de ſa mère, et l'oubli de ſa femme!

BURRHUS.

Madame, jusqu'ici c'eſt trop tôt m'accuſer.
L'Empereur n'a rien fait qu'on ne puiſſe excuſer.
N'imputés qu'à Pallas un exil néceſſaire.
Son orgueil, dès long-tems, exigeait ce ſalaire;
Et l'Empereur ne fait qu'accomplir à regret
Ce que toute la cour demandait en ſecret.
Le reſte eſt un malheur qui n'eſt point ſans reſſource;
Des larmes d'Octavie on peut tarir la ſource:
Mais calmés vos transports. Par un chemin plus doux,
Vous lui pourrés plutôt ramener ſon époux.
Les menaces, les cris le rendront plus farouche.

AGRIPPINE.

Ah! l'on s'efforce en vain de me fermer la bouche.
Je vois que mon ſilence irrite vos dédains;
Et c'eſt trop reſpecter l'ouvrage de mes mains.
Pallas n'emporte pas tout l'appui d'Agrippine;
Le Ciel m'en laiſſe aſſés pour venger ma ruine.
Le fils de Claudius commence à reſſentir
Des crimes, dont je n'ai que le ſeul repentir.
J'irai, n'en doutés point, le montrer à l'armée;
Plaindre aux yeux des ſoldats ſon enfance opprimée;
Leur faire, à mon exemple, expier leur erreur.

On verra d'un côté le fils d'un Empereur,
Rédemandant la foi jurée à sa famille,
Et de Germanicus on entendra la fille;
De l'autre, l'on verra le fils d'Enobarbus,
Appuyé de Sénèque et du tribun Burrhus,
Qui tous deux, de l'exil rappellés par moi-même,
Partagent à mes yeux l'autorité suprême.
De nos crimes communs je veux qu'on soit instruit;
On saura les chemins par où je l'ai conduit.
Pour rendre sa puissance et la vôtre odieuses,
J'avouerai les rumeurs les plus injurieuses.
Je confesserai tout, exils, assassinats,
Poison même....

BURRHUS.

Madame, ils ne vous croiront pas.
Ils sauront récuser l'injuste stratageme
D'un témoin irrité qui s'accuse lui-même.
Pour moi, qui le premier secondai vos desseins,
Qui fis même jurer l'armée entre ses mains,
Je ne me repens point de ce zèle sincère:
Madame, c'est un fils qui succède à son père.
En adoptant Néron, Claudius par son choix
De son fils et du vôtre a confondu les droits.
Rome l'a pû choisir. Ainsi, sans être injuste,
Elle choisit Tibère adopté par Auguste;

Et le jeune Agrippa, de ſon ſang deſcendu; *)
Se vit exclus d'un rang vainement prétendu.
Sur tant de fondemens ſa puiſſance établie,
Par vous-même aujourd'hui ne peut être affaiblie;
Et, s'il m'écoute encor, Madame, ſa bonté.
Vous en fera bientôt perdre la volonté.
J'ai commencé, je vais pourſuivre mon ouvrage.

---

## SCENE IV.

### AGRIPPINE, ALBINE.

ALBINE.

Dans quel emportement la douleur vous engage,
Madame! L'Empereur puiſſe-t-il l'ignorer!

AGRIPPINE.

Ah, lui-même à mes yeux puiſſe-t-il ſe montrer!

ALBINE.

Madame, au nom des Dieux cachés votre colère.
Quoi! pour les intérêts de la ſœur ou du frère,
Faut-il ſacrifier le repos de vos jours?
Contraindrés-vous Céſar jusques dans ſes amours?

*) Er war der Sohn ſeiner Tochter Julia.

AGRIPPINE.

Quoi! tu ne vois donc pas jusqu'où l'on me ravale,
Albine! C'eſt à moi qu'on donne une rivale.
Bientôt, ſi je ne romps ce funeſte lien,
Ma place eſt occupée, et je ne ſuis plus rien.
Jusqu'ici d'un vain titre Octavie honorée,
Inutile à la cour, en était ignorée.
Les graces, les honneurs par moi ſeule verſés,
M'attiraient des mortels les vœux intéreſſés.
Une autre de Céſar a ſurpris la tendreſſe;
Elle aura le pouvoir d'épouſe et de maîtreſſe.
Le fruit de tant de ſoins, la pompe des Céſars,
Tout deviendra le prix d'un ſeul de ſes regards,
Que dis-je? L'on m'évite, et déja délaiſſée...
Ah, je ne puis, Albine, en ſouffrir la penſée!
Quand je devrais du Ciel hâter l'arrêt fatal,
Néron, l'ingrat Néron... Mais voici ſon rival.

---

## SCENE V.

BRITANNICUS, AGRIPPINE, NARCISSE, ALBINE.

BRITANNICUS.

Nos ennemis communs ne ſont pas invincibles,
Madame, nos malheurs trouvent des cœurs ſenſibles;

Vos amis et les miens, jusqu'alors si secrets,
Tandis que nous perdions le tems en vains regrets,
Animés du courroux qu'anime l'injustice,
Viennent de confier leur douleur à Narcisse.
Néron n'est pas encor tranquille possesseur
De l'ingrate qu'il aime au mépris de ma sœur.
Si vous êtes toujours sensible à son injure,
On peut dans son devoir ramener le parjure.
La moitié du sénat s'intéresse pour nous;
Silla, Pison, Plautus....

AGRIPPINE.

Prince, que dites-vous?
Silla, Pison, Plautus, les chefs de la noblesse?

BRITANNICUS.

Madame, je vois bien que ce discours vous blesse;
Et que votre courroux, tremblant, irrésolu,
Craint déja d'obtenir tout ce qu'il a voulu.
Non, vous avés trop bien établi ma disgrace;
D'aucun ami pour moi ne redoutés l'audace:
Il ne m'en reste plus; et vos soins trop prudens,
Les ont tous écartés ou séduits dès long-tems.

AGRIPPINE.

Seigneur, à vos soupçons donnés moins de créance;
Votre salut dépend de notre intelligence.

J'ai promis, il ſuffit. Malgré vos ennemis,
Je ne révoque rien de ce que j'ai promis.
Le coupable Néron fuit en vain ma colère.
Tôt ou tard il faudra qu'il entende ſa mère.
J'eſſairai tour-à-tour la force et la douceur;
Ou moi-même, avec moi conduiſant votre ſœur,
J'irai ſemer par-tout ma crainte et ſes allarmes,
Et ranger tous les cœurs du parti de ſes larmes,
Adieu. J'aſſiégerai *) Néron de toutes parts.
Vous, ſi vous m'en croyés, évités ſes regards.

---

## *S C E N E* VI.

### BRITANNICUS, NARCISSE.

BRITANNICUS.

Ne m'as-tu pas flatté d'une fauſſe eſpérance?
Puis-je ſur ton récit fonder quelque aſſurance,
Narciſſe?

NARCISSE.

Oui. Mais, Seigneur, ce n'eſt pas en ces lieux
Qu'il faut développer ce myſtère à vos yeux.
Sortons. Qu'attendés-vous?

BRITANNICUS.

Ce que j'attends, Narciſſe?
Hélas!

*) Hier wird ie, wie ſo oft ſonſt, als Eine Sylbe geleſen.

NARCISSE.

Expliqués-vous.

BRITANNICUS.

Si, par ton artifice,
Je pouvais revoir....

NARCISSE.

Qui?

BRITANNICUS.

J'en rougis. Mais, enfin
D'un cœur moins agité j'attendrais mon deſtin.

NARCISSE

Après tous mes diſcours vous la croyés fidelle?

BRITANNICUS.

Non, je la crois, Narciſſe, ingrate, criminelle,
Digne de mon courroux. Mais je ſens, malgré moi,
Que je ne le crois pas autant que je le doi.
Dans ſes égaremens mon cœur opiniâtre,
Lui prête des raiſons, l'excuſe, l'idolâtre.
Je voudrais vaincre enfin mon incrédulité.
Je la voudrais haïr avec tranquillité.
Et qui croira qu'un cœur, ſi grand en apparence,
D'une infidelle cour ennemi dès l'enfance,
Renonce à tant de gloire, et dès le premier jour,
Trame une perfidie inouie à la cour?

NARCISSE.

Et qui ſait ſi l'ingrate, en ſa longue retraite,
N'a point de l'Empereur médité la défaite?

Trop fûre que fes yeux ne pouvaient fe cacher,
Peut-être elle fuyait pour fe faire chercher;
Pour exciter Néron par la gloire pénible
De vaincre une fierté jusqu'alors invincible.

BRITANNICUS.

Je ne la puis donc voir?

NARCISSE.

Seigneur, en ce moment,
Elle reçoit les vœux de fon nouvel amant.

BRITANNICUS.

Hé bien, Narciffe, allons! Mais que vois-je?
C'eft elle.

NARCISSE à part.

Ah, Dieux! A l'Empereur portons cette nouvelle.

---

## *SCENE* VII.

### JUNIE, BRITANNICUS.

JUNIE.

Retirés-vous, Seigneur, et fuyés un courroux
Que ma perfévérance allume contre vous.
Néron eft irrité. Je me fuis échappée,
Tandis qu'à l'arrêter fa mère eft occupée.
Adieu. Réfervés-vous, fans bleffer mon amour,
Au plaifir de me voir juftifier un jour.

Votre image, sans cesse, est présente à mon ame,
Rien ne l'en peut bannir,

BRITANNICUS.

Je vous entends, Madame.
Vous voulés que ma fuite assure vos desirs;
Que je laisse un champ libre à vos nouveaux soupirs.
Sans doute, en me voyant, une pudeur secrette
Ne vous laisse goûter qu'une joie inquiette.
Hé bien, il faut partir.

JUNIE.

Seigneur, sans m'imputer....

BRITANNICUS.

Ah, vous deviés, du moins, plus long-tems disputer!
Je ne murmure point qu'une amitié commune
Se range du parti que flatte la fortune;
Que l'éclat d'un Empire ait pû vous éblouir
Qu'aux dépens de ma sœur vous en vouliés jouir.
Mais que de ces grandeurs comme une autre occupée,
Vous m'en ayés paru si long-tems détrompée;
Non, je l'avoue encor, mon cœur désespéré
Contre ce seul malheur n'était point préparé.
J'ai vu sur ma ruine élever l'injustice.
De mes persécuteurs j'ai vu le Ciel complice.

Tant d'horreurs n'avaient point épuisé son courroux,
Madame. Il me restait d'être oublié de vous.

JUNIE.

Dans un tems plus heureux ma juste impatience
Vous ferait repentir de votre défiance.
Mais Néron vous menace. En ce pressant danger,
Seigneur, j'ai d'autres soins que de vous affliger.
Allés, rassurés-vous, et cessés de vous plaindre;
Néron nous écoutait, et m'ordonnait de feindre.

BRITANNICUS.

Quoi! le cruel....

JUNIE.

Témoin de tout notre entretien,
D'un visage sévère examinait le mien,
Prêt à faire sur vous éclater la vengeance
D'un geste confident de notre intelligence.

BRITANNICUS.

Néron nous écoutait, Madame? Mais, hélas!
Vos yeux auraient pû feindre, et ne m'abuser pas.
Ils pouvaient me nommer l'auteur de cet outrage.
L'amour est-il muet, ou n'a-t-il qu'un langage?
De quel trouble un regard pouvait me préserver?
Il fallait....

JUNIE.

Il fallait me taire, et vous sauver.
Combien de fois, hélas! puisqu'il faut vous le dire,

Mon cœur de ſon déſordre allait-il vous inſtruire!
De combien de ſoupirs irterrompant le cours,
Ai-je évité vos yeux que je cherchais toujours!
Quel tourment de ſe taire, en voyant ce qu'on aime!
De l'entendre gémir, de l'affliger ſoi-même,
Lorsque par un regard on peut le conſoler!
Mais quels pleurs ce regard aurait-il fait couler!
Ah, dans ce ſouvenir, inquiette, troublée,
Je ne me ſentais pas aſſés diſſimulée.
De mon front effrayé je craignais la pâleur.
Je trouvais mes regards trop pleins de ma douleur.
Sans ceſſe il me ſemblait que Néron en colère
Me venait reprocher trop de ſoin de vous plaire.
Je craignais mon amour vainement renfermé;
Enfin, j'aurais voulu n'avoir jamais aimé.
Hélas! pour ſon bonheur, Seigneur, et pour le nôtre,
Il n'eſt que trop inſtruit de mon cœur et du vôtre!
Allés, encore un coup, cachés-vous à ſes yeux.
Mon cœur plus à loiſir vous éclaircira mieux,
De mille autres ſecrets j'aurais compte à vous rendre.

BRITANNICUS.

Ah, n'en voilà que trop! C'eſt trop me faire entendre,

Madame, mon bonheur, mon crime, vos bontés.
Et ſavés-vous pour moi tout ce que vous quittés?

(Se jettant aux pieds de Junie.)

Quand pourrai-je à vos pieds expier ce reproche?

JUNIE.

Que faites-vous? Hélas, votre rival s'approche!

---

## SCENE VIII.

NERON, BRITANNICUS, JUNIE.

NERON.

Prince, continués des tranſports ſi charmans;
Je conçois vos bontés par ſes remercimens,
Madame; à vos genoux je viens de le ſurprendre.
Mais il aurait auſſi quelque grace à me rendre;
Ce lieu le favoriſe, et je vous y retiens
Pour lui faciliter de ſi doux entretiens.

BRITANNICUS.

Je puis mettre à ſes pieds ma douleur ou ma joie,
Par-tout où ſa bonté conſent que je la voie;
Et l'aſpect de ces lieux, où vous la retenés,
N'a rien dont mes regards doivent être étonnés.

NERON.

Et que vous montrent-ils qui ne vous avertiſſe,
Qu'il faut qu'on me reſpecte et que l'on m'o-
béiſſe?

BRITANNICUS.

Ils ne nous ont pas vus l'un et l'autre élever,
Moi pour vous obéir, et vous pour me braver.
Et ne s'attendaient pas, lorsqu'ils nous virent naître,
Qu'un jour Domitius me dût parler en maître.

NERON.

Ainſi par le deſtin nos vœux ſont traverſés;
J'obéiſſais alors, et vous obéiſſés.
Si vous n'avés appris à vous laiſſer conduire,
Vous êtes jeune encore, et l'on peut vous inſtruire.

BRITANNICUS.

Et qui m'en inſtruira?

NERON.

Tout l'Empire à la fois,
Rome....

BRITANNICUS.

Rome met-elle au nombre de vos droits,
Tout ce qu'a de cruel l'injuſtice et la force,
Les empriſonnemens, le rapt et le divorce?

NERON.

Rome ne porte point ſes regards curieux
Jusques dans des ſecrets que je cache à ſes yeux.
Imités ſon reſpect.

BRITANNICUS.

On ſait ce qu'elle en penſe.

NERON.

Elle ſe tait du moins, imités ſon ſilence.

BRITANNICUS.

Ainſi Néron commence à ne ſe plus forcer.

NERON.

Néron de vos diſcours commence à ſe laſſer.

BRITANNICUS.

Chacun devait bénir le bonheur de ſon règne.

NERON.

Heureux ou malheureux, il ſuffit qu'on me craigne.

RRITANNICUS.

Je connais mal Junie, ou de tels ſentimens
Ne mériteront pas ſes applaudiſſemens.

NERON.

Du moins, ſi je ne ſais le ſecret de lui plaire,
Je ſais l'art de punir un rival téméraire.

BRITANNICUS,

Pour moi, quelque péril qui me puiſſe accabler,
Sa ſeule inimitié peut me faire trembler.

NERON.

Souhaités-la. C'eſt tout ce que je vous puis dire.

BRITANNICUS.

Le bonheur de lui plaire eſt le ſeul où j'aſpire.

NERON.

Elle vous l'a promis, vous lui plairés toujours.

BRITANNICUS.

Je ne ſais pas, du moins, épier ſes diſcours.
Je la laiſſe expliquer ſur tout ce qui me touche,
Et ne me cache point pour lui fermer la bouche.

NERON.

Je vous entends. Hé bien, Gardes.

JUNIE.

Que faites-vous?
C'eſt votre frère. Hélas, c'eſt un amant jaloux!
Seigneur, mille malheurs perſécutent ſa vie:
Ah, ſon bonheur peut-il exciter votre envie?
Souffrés que de vos cœurs rapprochant les liens,
Je me cache à vos yeux, et me dérobe aux ſiens.
Ma fuite arrêtera vos discordes fatales;
Seigneur, j'irai remplir le nombre des Veſtales
Ne lui diſputés plus mes vœux infortunés,
Souffrés que les Dieux ſeuls en ſoient importunés,

NERON.

L'entrepriſe, Madame, eſt étrange et ſoudaine.
Dans ſon appartement, Gardes, qu'on la ramène,
Gardés Britannicus dans celui de ſa ſœur.

BRITANNICUS.

C'eſt ainſi que Néron ſait diſputer un cœur.

JUNIE.

Prince, ſans l'irriter, cédons à cet orage.

NERON.

Gardes, obéiſſés ſans tarder d'avantage.

## SCENE IX.

NERON, BURRHUS.

BURRHUS.

Que vois-je? O Ciel!

NERON *sans voir Burrhus.*

Ainsi leurs feux sont redoublés,
Je reconnais la main qui les a rassemblés.
Agrippine ne s'est présentée à ma vue,
Ne s'est dans ses discours si long-tems étendue,
Que pour faire jouer ce ressort odieux.
Qu'on sache si ma mère est encore en ces lieux.
Burrhus, dans ce palais je veux qu'on la retienne,
Et qu'au lieu de sa garde on lui donne la mienne.

BURRHUS.

Quoi, Seigneur, sans l'ouïr? Une mère?

NERON.

Arrêtés.
J'ignore quel projet, Burrhus, vous médités.
Mais, depuis quelques jours, tout ce que je desire
Trouve en vous un censeur prêt à me contredire.
Répondés-m'en, vous dis-je; ou, sur votre refus,
D'autres me répondront et d'elle, et de Burrhus.

*Fin du troisième Acte.*

# ACTE IV.

## SCENE PREMIERE.

AGRIPPINE, BURRHUS.

BURRHUS.

Oui, Madame, à loiſir vous pourrés vous défendre.
Céſar lui-même ici conſent de vous entendre.
Si ſon ordre au palais vous a fait retenir,
C'eſt peut-être à deſſein de vous entretenir:
Quoi qu'il en ſoit, ſi j'oſe expliquer ma penſée,
Ne vous ſouvenés plus qu'il vous ait offenſée,
Préparés-vous plutôt à lui tendre les bras.
Défendés-vous; Madame, et ne l'accuſés pas.
Vous voyés, c'eſt lui ſeul que la cour enviſage.
Quoiqu'il ſoit votre fils, et même votre ouvrage,
Il eſt votre Empereur. Vous êtes, comme nous,
Sujette à ce pouvoir qu'il a reçu de vous.
Selon qu'il vous menace ou bien qu'il vous careſſe,
La cour autour de vous, ou s'écarte, ou s'empreſſe.
C'eſt ſon appui qu'on cherche, en cherchant votre appui.
Mais voici l'Empereur.

AGRIPPINE.

Qu'on me laiſſe avec lui.

## SCENE II.

### NERON, AGRIPPINE.

AGRIPPINE *s'asseyant.*

Approchés-vous, Néron, et prenés votre place;
On veut sur vos soupçons que je vous satisfasse.
J'ignore de quel crime on a pû me noircir.
De tous ceux que j'ai faits je vais vous éclaircir.
Vous régnés. Vous savés combien votre naissance
Entre l'Empire et vous avait mis de distance.
Les droits de mes ayeux, que Róme a consacrés,
Etaient même sans moi d'inutiles dégrés.
Quand de Britannicus la mère condamnée,
Laissa de Claudius disputer l'hyménée,
Parmi tant de beautés qui briguèrent son choix.
Qui de ses affranchis mendièrent les voix,
Je souhaitai son lit, dans la seule pensée
De vous laisser au trône où je serais placée.
Je fléchis mon orgueil, j'allai trouver Pallas.
Son maître, chaque jour caressé dans mes bras,
Prit insensiblement dans les yeux de sa nièce
L'amour où je voulais amener sa tendresse.
Mais ce lien*) du sang, qui nous joignait tous deux,



*) *Lien* ist zweisylbig.

Ecartait Claudius d'un lit inceſtueux.
Il n'oſait épouſer la fille de ſon frère.
Le ſénat fut ſéduit. Une loi moins ſévère
Mit Claude dans mon lit, et Rome à mes genoux.
C'était beaucoup pour moi, ce n'était rien pour vous.
Je vous fis ſur més pas entrer dans ſa famille,
Je vous nommai ſon gendre, et vous donnai ſa fille.
Silanus, qui l'aimait,*) s'en vit abandonné,
Et marqua de ſon ſang ce jour infortuné.**)
Ce n'était rien encore. Euſſiés-vous pû prétendre
Qu'un jour Claude à ſon fils dût préférer ſon gendre?
De ce même Pallas j'implorai le ſecours:
Claude vous adopta, vaincu par ſes diſcours,
Vous appella Néron; et du pouvoir ſuprême
Voulut, avant le tems, vous faire part lui-même.
C'eſt alors que chacun, rappellant le paſſé,
Découvrit mon deſſein déja trop avancé;
Que de Britannicus la diſgrace future
Des amis de ſon père excita le murmure.
Mes promeſſes aux uns éblouirent les yeux;
L'exil me délivra des plus ſéditieux.

*) Und mit dem ſie verſprochen war.

**) Er brachte ſich an Neros Hochzeittage ſelbſt um.

Claude même, laſſé de ma plainte éternelle,
Eloigna de ſon fils tous ceux de qui le zèle,
Engagé, dès long-tems, à ſuivre ſon deſtin,
Pouvait du trône encor lui rouvrir le chemin.
Je fis plus. Je choiſis moi-même, dans ma ſuite,
Ceux à qui je voulais qu'on livrât ſa conduite.
J'eus ſoin de vous nommer, par un contraire choix,
Des Gouverneurs que Rome honorait de ſa voix.
Je fus ſourde à la brigue, et crus la Renommée.
J'appellai de l'exil, je tirai de l'armée
Et ce même Sénèque, et ce même Burrhus,
Qui depuis... Rome alors eſtimait leurs vertus.
De Claude en même tems épuiſant les richeſſes,
Ma main, ſous votre nom, répandait ſes largeſſes.
Les ſpectacles, les dons, invincibles appas,
Vous attiraient les cœurs du peuple et des ſoldats,
Qui d'ailleurs réveillant leur tendreſſe première,
Favoriſaient en vous Germanicus mon père.
Cependant Claudius penchait vers ſon déclin.
Ses yeux, long-tems fermés, s'ouvrirent à la fin.
Il connut ſon erreur. Occupé de ſa crainte,
Il laiſſa pour ſon fils échapper quelque plainte;

Et voulut, mais trop tard, aſſembler ſes amis.
Ses Gardes, ſon palais, ſon lit m'étaient ſoumis.
Je lui laiſſai ſans fruit conſumer ſa tendreſſe;
De ſes derniers ſoupirs je me rendis maîtreſſe.
Mes ſoins, en apparence, épargnant ſes douleurs,
De ſon fils, en mourant, lui cachérent les pleurs.
Il mourut. Mille bruits en courent à ma honte.*)
J'arrêtai de ſa mort la nouvelle trop prompte.
Et tandis que Burrhus allait ſecrettement
De l'armée en vos mains exiger le ſerment,
Que vous marchiés au camp conduit ſous mes auſpices,
Dans Rome les autels fumaient de ſacrifices:
Par mes ordres trompeurs tout le peuple excité,
Du Prince déja mort demandait la ſanté.
Enfin des Légions l'entière obéiſſance
Ayant de votre Empire affermi la puiſſance,
On vit Claude; et le peuple, étonné de ſon ſort,
Apprit en méme tems votre règne et ſa mort.
C'eſt la ſincère aveu que je voulais vous faire.
Voilà tous mes forfaits. En voici le ſalaire.
Du fruit de tant de ſoins à peine jouiſſant,
En avés-vous ſix mois paru reconnoiſſant,

*) Nämlich daſs ſie ihn umgebracht habe, wie ſie auch gethan.

Que, laſſé d'un reſpect qui vous génait peut-être,
Vous avés affecté de ne me plus connaître?
J'ai vû Burrhus, Sénèque, aigriſſant vos ſoupçons,
De l'infidélité vous tracer des leçons,
Ravis d'être vaincus dans leur propre ſcience.*)
J'ai vû favoriſer de votre confiance,
Othon, Sénécion, jeunes voluptueux,
Et de tous vos plaiſirs flatteurs reſpectueux.
Et lorſque, vos mépris excitant mes murmures,
Je vous ai demandé raiſon de tant d'injures,
Seul recours d'un ingrat qui ſe voit confondu,
Par de nouveaux affronts vous m'avés répondu.
Aujourd'hui je promets Junie à votre frère;
Ils ſe flattent tous deux du choix de votre mère:
Que faites-vous? Junie enlevée à la cour,
Devient, en une nuit, l'objet de votre amour.
Je vois de votre cœur Octavie effacée,
Prête à ſortir du lit où je l'avais placée.
Je vois Pallas banni, votre frère arrêté;
Vous attentés enfin jusqu'à ma liberté.
Burrhus oſe ſur moi porter ſes mains hardies.
Et lorſque, convaincu de tant de perfidies,
Vous deviés ne me voir que pour les expier,



*) Sie freuen ſich nun, daſs ihr Schüler es ihnen noch zuvor thut; ſo gut ſind ihre Lehren bei dir angeſchlagen.

C'eſt vous qui m'ordonnés de me juſtifier.

NERON.

Je me ſouviens toujours que je vous dois
l'empire,
Et ſans vous fatiguer du ſoin de le redire,
Votre bonté, Madame, avec tranquillité,
Pouvait ſe repoſer ſur ma fidèlité.
Auſſi-bien, ces ſoupçons, ces plaintes aſſidues,
Ont fait croire à tous ceux qui les ont en-
tendues,
Que jadis (j'oſe ici vous le dire entre nous)
Vous n'aviés, ſous mon nom, travaillé que
pour vous.
*Tant d'honneurs*, diſaient-ils, *et tant de défé-
rences,*
*Sont-ce de ſes bienfaits de faibles récompenſes?*
*Quel crime a donc commis ce fils tant condamné?*
*Eſt-ce pour obéir qu'elle l'a couronné?*
*N'eſt-il de ſon pouvoir que le depoſitaire?*
Non que, ſi jusques-là j'avais pû vous com-
plaire,
Je n'euſſe pris plaiſir, Madame, à vous céder
Ce pouvoir que vos cris ſemblaient redemander.
Mais Rome veut un Maître, et non une Maî-
treſſe.
Vous entendiés les bruits qu'excitait ma faibleſſe,
Le ſénat, chaque jour, et le peuple irrités
De s'ouïr par ma voix dicter vos volontés,

Publiaient qu'en mourant, Claude avec ſa puiſſance
M'avait encor laiſſé ſa ſimple obéiſſance.
Vous avés vû cent fois nos ſoldats en courroux,
Porter, en murmurant, leurs aigles devant vous;
Honteux de rabaiſſer par cet indigne uſage,
Les Héros dont encore elles portent l'image.
Toute autre ſe ſerait rendue a leurs diſcours:
Mais, ſi vous ne régnés vous vous plaignés toujours.
Avec Britannicus contre moi réunie,
Vous le fortifiés du parti de Junie,
Et la main de Pallas trame tous ces complots.
Et lorſque, malgré moi, j'aſſure mon repos,
On vous voit de colère et de haine animée.
Vous voulés préſenter mon rival à l'armée.
Déja juſques au camp le bruit en a couru.

AGRIPPINE.

Moi, le faire Empereur! Ingrat, l'avés-vous cru!
Quel ſerait mon deſſein? Qu'aurais-je pû prétendre?
Quels honneurs dans ſa cour, quel rang pourrais-je attendre?
Ah, ſi ſous votre empire on ne m'épargne pas;
Si mes accuſateurs obſervent tous mes pas;
Si de leur Empereur ils pourſuivent la mère,

Que ferais-je au milieu d'une cour étrangère?
Ils me reprocheraient, non des cris impuissans,
Des desseins étouffés aussitôt que naissans;
Mais des crimes pour vous commis à votre vue,
Et dont je ne serais que trop tôt convaincue.
Vous ne me trompés point, je vois tous vos détours:
Vous êtes un ingrat, vous le fûtes toujours.
Dès vos plus jeunes ans, mes soins et mes tendresses
N'ont arraché de vous que de feintes caresses.
Rien ne vous a pû vaincre, et votre dureté
Aurait dû dans son cours arrêter ma bonté.
Que je suis malheureuse! Et par quelle infortune
Faut-il que tous mes soins me rendent importune?
Je n'ai qu'un fils. O Ciel! qui m'entends aujourd'hui,
T'ai-je fait quelques vœux qui ne fussent pour lui?
Remords, crainte, périls, rien ne m'a retenue.
J'ai vaincu ses mépris, j'ai détourné ma vue
Des malheurs qui dès-lors me furent annocés.
J'ai fait ce que j'ai pû. Vous régnés, c'est assés.
Avec ma liberté, que vous m'avés ravie,
Si vous le souhaités, prenés encor ma vie.
Pourvu que par ma mort tout le peuple irrité,
Ne vous ravisse pas ce qui m'a tant coûté.

NERON.

Hé bien donc, prononcés. Que voules-vous qu'on faſſe!

AGRIPPINE.

De mes accuſateurs qu'on puniſſe l'audace;
Que de Britannicus on calme le courroux;
Que Junie, à ſon choix puiſſe prendre un époux;
Qu'ils ſoient libres tous deux, et que Pallas demeure;
Que vous me permettiés de vous voir à toute heure;
(Appercevant Burrhus dans le fond du théâtre.)
Que ce même Burrhus, qui nous vient écouter,
A votre porte enfin n'oſe plus m'arrêter.

NERON.

Oui, Madame, je veux que ma reconnaiſſance
Déſormais dans les cœurs grave votre puiſſance;
Et je bénis déja cette heureuſe froideur,
Qui de notre amitié va rallumer l'ardeur.
Quoi que Pallas ait fait, il ſuffit, je l'oublie;
Avec Brittannicus je me réconcilie.
Et, quant à cet amour qui nous a ſéparés,
Je vous fais notre arbitre, et vous nous jugerés.
Allés donc, et portés cette joie à mon frère.
Gardes, qu'on obéiſſe aux ordres de ma mère.

---

## SCENE III.

### NERON, BURRHUS.

BURRHUS.

Que cette paix, Seigneur, et ces embraſſemens
Vont offrir à mes yeux des ſpectacles charmans !
Vous ſavés ſi jamais ma voix lui fut contraire ;
Si de ſon amitié j'ai voulu vous diſtraire,
Et ſi j'ai mérité cet injuſte courroux.

NERON.

Je ne vous flatte point, je me plaignais de vous,
Burrhus ; je vous ai cru tous deux d'intelligence.
Mais ſon inimitié vous rend ma confiance.
Elle ſe hâte trop, Burrhus, de triompher.
J'ambraſſe mon rival, mais c'eſt pour l'étouffer.

BURRHUS.

Quoi, Seigneur!

NERON.

C'en eſt trop. Il faut que ſa ruine
Me délivre à jamais des fureurs d'Agrippine.
Tant qu'il reſpirera je ne vis qu'à demi.
Elle m'a fatigué de ce nom ennemi ;
Et je ne prétends pas que ſa coupable audace
Une ſeconde fois lui promette ma place.

BURRHUS.

Elle va donc bientôt pleurer Britannicus ?

NERON.

Avant la fin du jour je ne le craindrai plus,

BURRHUS.

Et qui de ce dessein vous inspire l'envie?

NERON.

Ma gloire, mon amour, ma sûreté, ma vie.

BURRHUS.

Non, quoi que vous disiés, cet horrible dessein
Ne fut jamais, Seigneur, conçu danc votre sein.

NERON.

Burrhus!

BURRHUS.

De votre bouche, ô Ciel, puis-je l'apprendre?
Vous-même, sans frémir, avés-vous pû l'entendre?
Songés-vous dans quel sang vous allés vous baigner?
Néron dans tous les cœurs est-il las de régner?
Que dira-t-on de vous? Quelle est votre pensée?

NERON.

Quoi! toujours enchaîné de ma gloire passée,
J'aurai devant les yeux je ne sais quel amour,
Que le hasard nous donne et nous ôte en un jour!
Soumis à tous leurs vœux, à mes desirs contraires,
Suis-je leur Empereur seulement pour leur plaire?

BURRHUS.

Et ne suffit-il pas, Seigneur, à vos souhaits,

Que le bonheur public ſoit un de vos bienfaits ?
C'eſt à vous à choiſir, vous êtes encor maître.
Vertueux juſqu'ici, vous pouvés toujours l'être.
Le chemin eſt tracé, rien ne vous retient plus.
Vous n'avés qu'à marcher de vertus en vertus.
Mais ſi de vos flatteurs vous ſuivés la maxime,
Il vous faudra, Seigneur, courir de crime en crime ;
Soutenir vos rigueurs par d'autres cruautés,
Et laver dans le ſang vos bras enſanglantés.
Brittannicus mourant excitera le zèle
De ſes amis, tout prêts à prendre ſa querelle.
Ces vengeurs trouveront de nouveaux défenſeurs,
Qui, même après leur mort, auront des ſucceſſeurs.
Vous allumés un feu qui ne pourra s'éteindre.
Craint de tout l'Univers, il vous faudra tout craindre ;
Toujours punir, toujours trembler dans vos projets,
Et pour vos ennemis compter tous vos ſujets.
Ah ! de vos premiers ans l'heureuſe expérience
Vous fait-elle, Seigneur, haïr votre innocence ?
Songés-vous au bonheur qui les a ſignalés ?
Dans quel repos, ô Ciel, les avés-vous coulés ?
Quel plaiſir de penſer et de dire en vous-même :
*Par-tout, en ce moment, on me bénit, on m'aime.*

*On ne voit point le peuple à mon nom s'alarmier;*
*Le Ciel dans tous leurs pleurs ne m'entend point nommer;*
*Leur ſombre inimitié ne fuit point mon viſage;*
*Je vois voler par-tout les cœurs à mon paſſage!*
Tels étaient vos plaiſirs. Quel changement, ô Dieux!
Le ſang le plus abject vous était précieux.
Un jour, il m'en ſouvient, le ſénat équitable
Vous preſſait de ſouſcrire à la mort d'un coupable:
Vous réſiſtiés, Seigneur, à leur ſévérité;
Votre cœur s'accuſait de trop de cruauté;
Et plaignant les malheurs attachés à l'Empire,
*Je voudrais,* diſiés-vous, *ne ſavoir pas écrire.*
Non, ou vous me croirés, ou bien de ce malheur
Ma mort m'épargnera la vue et la douleur.
On ne me verra point ſurvivre à votre gloire,
Si vous allés commettre une action ſi noire.

(Se jettant aux pieds de Néron.)

Me voilà prêt, Seigneur. Avant que de partir,
Faites percer ce cœur qui n'y peut conſentir.
Appellés les cruels qui vous l'ont inſpirée;
Qu'ils viennent eſſayer leur main mal aſſurée.
Mais je vois que mes pleurs touchent mon Empereur;
Je vois que ſa vertu frémit de leur fureur.
Ne perdés point de tems, nommés-moi les perſides

Qui vous osent donner ces conseils parricides.
Appellés votre frère, oubliés dans ses bras...

NERON.

Ah, que demandés-vous?

BURRHUS.

Non, il ne vous hait pas,
Seigneur, on le trahit, je sais son innocence;
Je vous réponds pour lui de son obéissance.
J'y cours. Je vais presser un entretien si doux.

NERON.

Dans mon appartement qu'il m'attende avec vous.

---

## *SCENE* IV.

### NERON, NARCISSE.

NARCISSE.

Seigneur, j'ai tout prévu pour une mort si juste;
Le poison est tout prêt. La fameuse Locuste *)
A redoublé pour moi ses soins officieux;
Elle a fait expirer un esclave à mes yeux;
Et le fer est moins promt pour trancher une vie,
Que le nouveau poison que sa main me confie.

NERON.

Narcisse, c'est assés, je reconnais ce soin,
Et ne souhaite pas que vous alliés plus loin.

*) Eine berüchtigte Giftmischerinn.

NARCISSE.

Quoi! pour Britannicus votre haine affaiblie
Me défend...

NERON.

Oui, Narciſſe, on nous réconcilie.

NARCISSE.

Je me garderai bien de vous en détourner,
Seigneur. Mais il s'eſt vû tantôt empriſonner.
Cette offenſe en ſon cœur ſera long-tems nouvelle.
Il n'eſt point de ſecrets que le tems ne révele.
Il ſaura que ma main lui devait préſenter
Un poiſon que votre ordre avait fait apprêter.
Les Dieux de ce deſſein puiſſent-ils le diſtraire!
Mais peut-être il fera ce que vous n'oſés faire.

NERON.

On répond de ſon cœur, et je vaincrai le mien.

NARCISSE.

Et l'hymen de Junie en eſt-il le lien?
Seigneur, lui faites-vous encor ce ſacrifice?

NERON.

C'eſt prendre trop de ſoin.*) Quoi qu'il en ſoit, Narciſſe,
Je ne le comte plus parmi mes ennemis.

NARCISSE.

Agrippine, Seigneur, ſe l'était bien promis.
Elle a repris ſur vous ſon ſouverain empire.

*) Das heiſst zu viel fragen. Nero war hierüber mit ſeinem Herzen noch nicht einig, darum wies er die Frage ab.

NERON.

Quoi donc ? Qu'a-t-elle dit ? Et que voulés-
vous dire ?

NARCISSE.

Elle s'en eſt vantée aſſés publiquement.

NERON.

De quoi ?

NARCISSE.

Qu'elle n'avait qu'à vous voir un moment ;
Qu'à tout ce grand éclat, à ce courroux funeſte,
On verrait ſuccèder un ſilence modeſte ;
Que vous-même à la paix ſouſcririés le premier :
Heureux, que ſa bonté daignât tout oublier.

NERON.

Mais, Narciſſe, dis-moi, que veux-tu que je
faſſe ?
Je n'ai que trop de pente à punir ſon audace ;
Et, ſi je m'en croyais, ce triomphe indiſcret
Serait bientôt ſuivi d'un éternel regret.
Mais de tout l'Univers quel ſera le langage ?
Sur les pas des tyrans veux-tu que je m'en-
gage ?
Et que Rome, effaçant tant de titres d'honneur,
Me laiſſe, pour tous noms, celui d'empoiſon-
neur !
Ils mettront ma vengeance au rang des par-
ricides.

NARCISSE.

Et prenés-vous, Seigneur, leurs caprices pour guides?
Avés-vous prétendu qu'ils ſe tairaient toujours?
Eſt-ce à vous de prêter l'oreille à leurs diſcours?
De vos propres deſirs perdés-vous la mémoire?
Et ſerés-vous le ſeul que vous n'oſerés croire?
Mais, Seigneur, les Romains ne vous ſont pas connus;
Non, non, dans leurs diſcours ils ſont plus retenus.
Tant de précaution affaiblit votré règne;
Ils croiront, en effet, mériter qu'on les craigne.
Au joug, depuis long-tems, ils ſe ſont façonnés;
Ils adorent la main qui les tient enchaînés.
Vous les verrés toujours ardens à vous complaire.
Leur promte ſervitude a fatigué Tibère. *)
Moi-même, revêtu d'un pouvoir emprunté,
Que je reçus de Claude avec la liberté,
J'ai cent fois, dans le cours de ma gloire paſſée,
Tenté leur patience, et ne l'ai point laſſée.
D'un empoiſonnement vous craignés la noirceur:

*) Iſt ſelbſt dem Tiber läſtig geworden, der doch im Grunde nichts lieber ſah.

Faites périr le frère, abandonnés la sœur ;
Rome, sur les autels prodiguant les victimes,
Fussent-ils innocens, leur trouvera des crimes.
Vous verrés mettre au rang des jours infortunés,
Ceux où jadis la sœur et le frère sont nés.

NERON.

Narcisse, encore un coup, je ne puis l'entreprendre.
J'ai promis à Burrhus, il a fallu me rendre.
Je ne veux point encore, en lui manquant de foi,
Donner à sa vertu des armes contre moi.
J'oppose à ses raisons un courage inutile ;
Je ne l'écoute point avec un cœur tranquille.

NARCISSE.

Burrhus ne pense pas, Seigneur, tout ce qu'il dit :
Son adroite vertu ménage son credit ;
Ou plutôt ils n'ont tous qu'une même pensée.
Ils verraient, par ce coup, leur puissance abaissée ;
Vous seriés libre alors, Seigneur ; et, devant vous,
Ces maîtres orgueilleux flechiraient comme nous.
Quoi donc ! Ignorés-vous tout ce qu'ils osent dire ?
*Néron*, s'ils en sont crus, *n'est point né pour l'Empire*,

*Il ne dit, il ne fait que ce qu'on lui prescrit:*
*Burrhus conduit son cœur, Sénèque son esprit.*
*Pour toute ambition, pour vertu singulière,*
*Il excelle à conduire un char dans la carrière;*
*A disputer des prix indignes de ses mains;*
*A se donner lui-même en spectacle aux Romains;*
*A venir prodiguer sa voix sur un théâtre;*
*A réciter des chants qu'il veut qu'on idolâtre;*
*Tandis que des soldats, de momens en momens,*
*Vont arracher pour lui des applaudissemens.*
Ah, ne voulés-vous pas les forcer à se taire?

NERON.

Viens, Narcisse. Allons voir ce que nous devons faire.

*Fin du quatrième Acte.*

# ACTE V.

## SCENE PREMIERE.

BRITANNICUS, JUNIE,

BURRHUS.

Oui, Madame, Néron, qui l'aurait pû penſer?
Dans ſon appartement m'attend pour m'embraſſer.
Il y fait de ſa cour inviter la jeuneſſe.
Il veut que d'un feſtin la pompe et l'allégreſſe,
Confirment à leurs yeux la foi de nos ſermens,
Et réchauffent l'ardeur de nos embraſſemens.
Il éteint cet amour, ſource de tant de haine;
Il vous fait de mon ſort arbitre ſouveraine.
Pour moi, quoique banni du rang de mes ayeux,
Quoique de leur dépouille il ſe pare à mes yeux:
Depuis qu'à mon amour ceſſant d'être contraire,
Il ſemble me céder la gloire de vous plaire,
Mon cœur, je l'avouerai, lui pardonne en ſecret,
Et lui laiſſe le reſte avec moins de regret.
Quoi, je ne ſerai plus ſéparé de vos charmes!
Quoi, même en ce moment, je puis voir ſans allarmes
Ces yeux que n'ont émus ni ſoupirs ni terreur,
Qui m'ont ſacrifié l'empire et l'Empereur?

Ah, Madame! Mais quoi? Quelle nouvelle crainte
Tient, parmi mes transports, votre joie en contrainte?
D'où vient qu'en m'écoutant, vos yeux, vos tristes yeux,
Avec de longs regards se tournent vers les Cieux?
Qu'est-ce que vous craignés?

JUNIE.

Je l'ignore moi-même;
Mais je crains.

BRITANNICUS.

Vous m'aimés?

JUNIE.

Hélas, si je vous aime!

BRITANNICUS.

Néron ne trouble plus notre felicité.

JUNIE.

Mais me répondés-vous de sa sincérité?

BRITANNICUS.

Quoi! vous le soupçonnés d'une haine couverte?

JUNIE.

Néron m'aimait tantôt, il jurait votre perte;
Il me fuit, il vous cherche. Un si grand changement
Peut-il être, Seigneur, l'ouvrage d'un moment?

BRITANNICUS.

Cet ouvrage, Madame, est un coup d'Agrippine:

Elle a cru que ma perte entraînait ſa ruine.
Graces aux préventions de ſon eſprit jaloux,
Nos plus grands ennemis ont combattu pour nous.
Je m'en fie aux tranſports qu'elle m'a fait paraître.
Je m'en fie à Burrhus. J'en crois même ſon Maître.
Je crois qu'à mon exemple, impuiſſant à trahir,
Il hait à cœur ouvert, ou ceſſe de haïr.

JUNIE.

Seigneur, ne jugés pas de ſon cœur par le vôtre.
Sur des pas différens vous marchés l'un et l'autre.
Je ne connais Néron et la cour que d'un jour:
Mais, ſi j'oſe le dire, hélas! dans cette cour,
Combien tout ce qu'on dit eſt loin de ce qu'on penſe!
Que la bouche et le cœur ſont peu d'intelligence!
Avec combien de joie on y trahit ſa foi!
Quel ſéjour étranger et pour vous et pour moi!

JUNIE.

Mais que ſon amitié ſoit véritable ou feinte,
Si vous craignés Néron, lui-même eſt-il ſans crainte?
Non, non, il n'ira point, par un lâche attentat,
Soulever contre lui le peuple et le ſénat.
Que dis-je? Il reconnaît ſa dernière injuſtice;
Ses remords ont paru, même aux yeux de Narciſſe.
Ah, s'il vous avait dit, ma Princeſſe, à quel point.

JUNIE.

Mais Narciſſe, Seigneur, ne vous trahit-il point?

BRITANNICUS.

Et pourquoi voulés-vous que mon cœur s'en défie?

JUNIE.

Et que ſais-je! Il y va, Seigneur, de votre vie.
Tout m'eſt ſuſpect. Je crains que tout ne ſoit ſéduit.
Je crains Néron. Je crains le malheur qui me ſuit.
D'un noir preſſentiment, malgré moi prévenue,
Je vous laiſſe à regret éloigner de ma vue.
Hélas! ſi cette paix, dont vous vous repaiſſés,
Couvrait contre vos jours quelques pièges dreſſés;
Si Néron, irrité de notre intelligence,
Avait choiſi la nuit pour cacher ſa vengeance;
S'il préparait ſes coups tandis que je vous vois;
Ah, Prince!

BRITANNICUS.

Vous pleurés! Ah, ma chère Princeſſe!
Et pour moi jusques-là votre cœur s'intéreſſe?
Quoi, Madame, en un jour, où, plein de ſa grandeur,
Néron croit éblouir vos yeux de ſa ſplendeur;
Dans des lieux où chacun me fuit et le révère!
Aux pompes de ſa cour préférer ma misère!

Quoi, dans ce même jour, et dans ces mêmes lieux,
Refuſer un Empire, et pleurer à mes yeux!
Mais, Madame, arrêtes ces précieuſes larmes;
Mon retour va bientôt diſſiper vos allarmes.
Je me rendrais ſuſpect par un plus long ſéjour.
Adieu. Je vais, le cœur tout plein de mon amour,
Au milieu des tranſports d'une aveugle jeuneſſe,
Ne voir, n'entretenir que ma belle Princeſſe.
Adieu.

JUNIE.

Prince...

BRITANNICUS.

On m'attend, Madame; il faut partir.

JUNIE.

Mais, du moins, attendés qu'on vous vienne avertir.

---

## SCENE II.

### AGRIPPINE, BRITANNICUS, JUNIE.

AGRIPPINE.

Prince, que tardés-vous? Partés en diligence;
Néron impatient ſe plaint de votre abſence.
La joie et le plaiſir de tous les conviés
Attend, pour éclater, que vous vous embraſſiés.
Ne faites point languir une ſi juſte envie.
Allés. Et nous, Madame, allons chés Octavie.

BRITANNICUS.

Allés, belle Junie; et d'un esprit content,
Hâtés-vous d'embrasser ma sœur qui vous attend.
Dès que je le pourrai, je reviens sur vos traces,
Madame, et de vos soins j'irai vous rendre graces,

## SCENE III.

### AGRIPPINE, JUNIE.

AGRIPPINE.

Madame, ou je me trompe, ou durant vos adieux,
Quelques pleurs répandus ont obscurci vos yeux.
Puis-je savoir quel trouble a formé ce nuage?
Doutés-vous d'une paix dont je fais mon ouvrage?

JUNIE.

Après tous les ennuis que ce jour m'a coûtés,
Ai-je pû rassurer mes esprits agités?
Hélas, à peine encor je conçois ce miracle!
Quand même à vos bontés je craindrais quelque obstacle,
Le changement, Madame, est commun à la cour;
Et toujours quelque crainte accompagne l'amour.

AGRIPPINE.

Il suffit; j'ai parlé, tout a changé de face.
Mes soins à vos soupçons ne laissent point de place.
Je réponds d'une paix jurée entre mes mains;

Néron m'en a donné des gages trop certains.
Ah, ſi vous aviés vû par combien de careſſes
Il m'a renouvellé la foi de ſes promeſſes!
Par quels embraſſemens il vient de m'arrêter!
Ses bras, dans nos adieux, ne pouvaient me quitter,
Sa facile bonté, ſur ſon front répandue,
Jusqu'aux moindres ſecrets eſt d'abord deſcendue;
Il s'épanchait en fils qui vient, en liberté,
Dans le ſein de ſa mère oublier*) ſa fierté.
Mais bientôt reprenant un viſage ſévère,
Tel que d'un Empereur qui conſulte ſa mère,
Sa confidence auguſte a mis entre mes mains
Des ſecrets d'où dépend le deſtin des humains.
Non, il le faut ici confeſſer à ſa gloire,
Son cœur n'enferme point une malice noire;
Et nos ſeuls ennemis, altérant ſa bonté,
Abuſaient contre nous de ſa facilité.
Mais enfin, à ſon tour, leur puiſſance décline;
Rome encore une fois va connaître Agrippine.
Déja de ma faveur on adore le bruit.
Cependant en ces lieux n'attendons pas la nuit.
Paſſons chés Octavie, et donnons-lui le reſte
D'un jour autant heureux que je l'ai cru funeſte.
Mais qu'eſt-ce que j'entends? Quel tumulte confus?
Que peut-on faire?

*) *Oublier* iſt dreiſylbig und *fierté* zweiſylbig.

JUNIE.

O Ciel, ſauvés Britannicus!

---

## SCENE IV.

AGRIPPINE, JUNIE, BURRHUS.

AGRIPPINE.

Burrhus, où courés-vous? Arrêtés. Que veut dire...

BURRHUS.

Madame, c'én eſt fait, Britannicus expire.

JUNIE.

Ah, mon Prince!

AGRIPPINE.

Il expire!

BURRHUS.

Ou plutôt il eſt mort, Madame.

JUNIE.

Pardonnés, Madame, à ce tranſport.
Je vais le ſecourir ſi je puis, ou le ſuivre.

---

## SCENE V.

### AGRIPPINE, BURRHUS.

AGRIPPINE.

Quel attentat, Burrhus!

BURRHUS.

Je n'y pourrai ſurvivre,
Madame; il faut quitter la cour et l'Empereur.

AGRIPPINE.

Quoi, du ſang de ſon frère il n'a point eu d'horreur!

BURRHUS.

Ce deſſein s'eſt conduit avec plus de myſtère.
A peine l'Empereur a vu venir ſon frère,
Il ſe lève, il l'embraſſe, on ſe tait, et ſoudain
Céſar prend le premier une coupe à la main.
*Pour achever ce jour ſous de meilleurs auſpices,*
*Ma main de cette coupe épanche les premices,*
Dit-il: *Dieux! que j'appelle à cette effuſion,*
*Venés favoriſer notre réunion.*
Par les mêmes ſermens Britannicus ſe lie.
La coupe, dans ſes mains, par Narciſſe eſt remplie;
Mais ſes lèvres à peine en ont touché les bords,

Le fer ne produit point de ſi puiſſans efforts,
Madame la lumière à ſes yeux eſt ravie,
Il tombe ſur ſon lit*) ſans chaleur et ſans vie.
Jugés combien ce coup frappe tous les eſprits;
La moitié s'épouvante, et ſort avec des cris.
Mais ceux qui de la Cour ont un plus long uſage,
Sur les yeux de Céſar compoſent leur viſage.
Cependant ſur ſon lit il demeure panché;
D'aucun étonnement il ne parait touché.
*Ce mal dont vous craignés*, dit-il, *la violence,*
*A ſouvent, ſans péril, attaqué ſon enfance.*
Narciſſe veut en vain affecter quelque ennui,
Et ſa perfide joie éclate malgré lui.
Pour moi, dût l'Empereur punir ma hardieſſe,
D'une odieuſe cour j'ai traverſé la preſſe;
Et j'allais, accablé de cet aſſaſſinat,
Pleurer Britannicus, Céſar et tout l'Etat.

AGRIPPINE.

Le voici. Vous verrés ſi c'eſt moi qui l'inſpire.

*) Sein Lager, d. i. ſein Sitz bei Tiſche.

## SCENE VI.

AGRIPPINE, NERON, BURRHUS, NARCISSE.

NÉRON, voyant Agrippine.

Dieux!

AGRIPPINE.

Arrêtés, Néron. J'ai deux mots à vous dire.
Britannicus est mort; je reconnais les coups:
Je connais l'assassin.

NERON.

Et qui, Madame?

AGRIPPINE.

Vous.

NERON.

Moi! Voilà les soupçons dont vous êtes capable.
Il n'est point de malheur dont je ne sois comptable.
Et si l'on veut, Madame, écouter vos discours,
Ma main de Claude même aura tranché les jours.

Son fils vous était cher, sa mort peut vous confondre;
Mais des coups du Destin je ne puis pas répondre.

AGRIPPINE.

Non, non, Britannicus est mort empoisonné.
Narcisse a fait le coup; vous l'avés ordonné.

NERON.

Madame, mais qui peut vous tenir ce langage?

NARCISSE.

Hé, Seigneur! ce soupçon vous fait-il tant d'outrage?
Britannicus, Madame, eut des desseins secrets,
Qui vous auraient coûté deplus justes regrets.
Il aspirait plus loin qu'à l'hymen de Junie:
De vos propres bontés il vous aurait punie.
Il vous trompait vous même, et son cœur offensé
Prétendait, tôt ou tard, rappeller le passé.
Soit donc que, malgré vous, le sort vous ait servie;
Soit qu'instruit des complots qui menaçaient sa vie,
Sur ma fidélité César s'en soit remis,

Laiſſés les pleurs, Madame, à vos ſeuls ennemis.
Qu'ils mettent ce malheur au rang des plus ſiniſtres;
Mais vous...

AGRIPPINE.

Pourſuis, Néron: avec de tels Miniſtres,
Par des faits glorieux tu vas te ſignaler.
Pourſuis. Tu n'as pas fait ce pas pour reculer.
Ta main a commencé par le ſang de ton frère;
Je prévois que tes coups viendront jusqu'à ta mère.
Dans le fond de ton cœur, je ſais que tu me hais.
Tu voudras t'affranchir du joug de mes bienfaits,
Mais je veux que ma mort te ſoit même inutile;
Ne crois pas qu'en mourant je te laiſſe tranquille.
Rome, ce ciel, ce jour, que tu reçus de moi,
Par-tout, à tout moment, m'offriront devant toi.
Tes remords te ſuivront comme autant de furies.
Tu croiras les calmer par d'autres barbaries.
Ta fureur, s'irritant ſoi-même dans ſon cours,
D'un ſang toujours nouveau marquera tous tes jours.
Mais j'eſpère qu'enfin le Ciel, las de tes crimes,
Ajoutera ta perte à tant d'autres victimes;
Qu'après t'être couvert de leur ſang et du mien,

Tu te verras forcé de répandre le tien;
Et ton nom paraîtra dans la race future,
Aux plus cruels tyrans une cruelle injure.
Voilà ce que mon cœur se présage de toi.
Adieu. Tu peux sortir.

NERON.

Narcisse, suivés moi.

---

## *SCENE* VII.

### AGRIPPINE, BURRHUS

AGRIPPINE.

Ah, Ciel, de mes soupçons quelle était l'injustice?
Je condamnais Burrhus pour écouter Narcisse.
Burrhus, avés-vous vû quels regards furieux
Néron, en me quittant, m'a laissé pour adieux?
C'en est fait. Le cruel n'a plus rien qui l'arrête;
Le coup qu'on m'a prédit va tomber sur ma tête:
Il vous accablera vous-meme à votre tour.

BURRHUS.

Ah! Madame, pour moi j'ai vécu trop d'un jour.
Plût au ciel que sa main, heureusement cruelle,
Eût fait sur moi l'essai de sa fureur nouvelle!

Qu'il ne m'eût pas donné, par ce trifte attentat,
Un gage trop certain des malheurs de l'Etat!
Son crime feul n'eft pas ce qui me déſeſpère;
Sa jaloufie a pu l'armer contre fon frère.
Mais s'il vous faut, Madame, expliquer ma douleur,
Néron l'a vu mourir fans changer de couleur.
Ses yeux indifférens ont déja la conftance
D'un tyran, dans le crime endurci dès l'enfance.
Qu'il achève, Madame, et qu'il faffe périr
Un miniftre importun qui ne le peut fouffrir.
Hélas loin de vouloir éviter fa colère,
La plus foudaine mort me fera la plus chère.

---

## *SCENE* VIII.

AGRIPPINE, BURRHUS, ALBINE.

ALBINE.

Ah, Madame! ah, Seigneur, courés vers l'Empereur!
Venés fauver Céfar de fa propre fureur;
Il fe voit pour jamais féparé de Junie.

AGRIPPINE.

Quoi, Junie elle-même a terminé fa vie?

ALBINE.

Pour accabler Céfar d'un éternel ennui,

Madame, ſans mourir, elle eſt morte pour lui.
Vous ſavés de ces lieux comme elle s'eſt ravie.
Elle a feint de paſſer chés la triſte Octavie;
Mais bientôt elle a pris des chemins écartés,
Où mes yeux ont ſuivi ſes pas précipités.
Des portes du palais elle ſort éperdue,
D'abord elle a d'Auguſte apperçu la ſtatue:
Et mouillant de ſes pleurs le marbre de ſes pieds,
Que de ſes bras preſſans elle tenait liés:
*Prince, par ces genoux*, dit-elle, *que j'embraſſe,*
*Protège, en ce moment, le reſte de ta race.*
*Rome, dans ton palais, vient de voir immoler*
*Le ſeul de tes neveux, qui te pût reſſembler.*
*On veut, après ſa mort, que je lui ſois parjure:*
*Mais, pour lui conſerver une foi toujours pure,*
*Prince, je me dévoue à ces Dieux immortels,*
*Dont ta vertu t'a fait partager les autels.*
Le peuple cependant, que ce ſpectacle étonne,
Vole de toutes parts, ſe preſſe, l'environne,
S'attendrit à ſes pleurs; et plaignant ſon ennui,
D'une commune voix la prend ſous ſon appui.
Ils la menent au temple, où depuis tant d'années,
Au culte des autels nos vierges deſtinées,
Gardent fidèlement le dépôt précieux
Du feu toujours ardent qui brûle pour nos Dieux.
Céſar les voit partir, ſans oſer les diſtraire.
Narciſſe, plus hardi, s'empreſſe pour lui plaire,
Il vole vers Junie; et ſans s'épouvanter,

D'une profane main commence à l'arrêter.
De mille coups mortels ſon audace eſt punie;
Son infidèle ſang rejaillit ſur Junie.
Céſar, de tant d'objets en même tems frappé,
Le laiſſe entre les mains qui l'ont enveloppé.
Il rentre. Chacun fuit ſon ſilence farouche;
Le ſeul nom de Junie échappe de ſa bouche;
Il marche ſans deſſein; ſes yeux mal aſſurés
N'oſent lever au ciel leurs regards égarés;
Et l'on craint, ſi la nuit, jointe à la ſolitude,
Vient de ſon déſeſpoir aigrir l'inquiétude;
Si vous l'abandonnés plus long tems ſans ſecours,
Que ſa douleur bientôt n'attente ſur ſes jours.
Le tems preſſe. Courés. Il ne faut qu'un caprice,
Il ſe perdrait, Madame.

AGRIPPINE.

Il ſe ferait juſtice.
Mais, Burrhus, allons voir jusqu'où vont ſes transports.
Voyons quel changement produiront ſes remords;
S'il voudra déſormais ſuivre d'autres maximes.

BURRHUS.

Plût aux Dieux que ce fût le dernier de ſes crimes!

FIN.

# ATHALIE,

## TRAGEDIE.

---

TIREE

DE L'ECRITURE SAINTE.

# PREFACE.

Tout le monde ſait que le royaume de Juda était composé des deux tribus de Juda et de Benjamin, et que les dix autres tribus, qui ſe révoltèrent contre Roboam, composaient le royaume d'Iſraël. Comme les Rois de Juda étaient de la maiſon de David, et qu'ils avaient dans leur partage la ville et le temple de Jéruſalem, tout ce qu'il y avait de prêtres et de Lévites ſe retirèrent auprès d'eux, et leur demeurèrent toujours attachés. Car, depuis que le temple de Salomon fût bâti, il n'était plus permis de ſacrifier ailleurs; et tous ces autres autels qu'on élevait à Dieu ſur des montagnes, appellées par cette raiſon dans l'écriture *les hauts lieux*, ne lui étaient point agréables. Ainſi le culte légitime ne ſubſiſtait plus que dans Juda. Les dix tribus, excepté un très-petit nombre de perſonnes, étaient ou idolâtres, ou ſchismatiques.

Au reſte, ces prêtres et ces Lévites faiſaient eux-mêmes une tribu fort nombreuſe. Ils furent partagés en diverſes claſſes pour ſervir tour-à-tour dans le temple, d'un jour de ſabbat à l'autre. Les prêtres étaient de la famille d'Aaron; et il n'y avoit que ceux de cette famille, lesquels puſſent exercer la ſacrificature. Les Lévites leur étaient ſubordonnés, et avaient ſoin, entr'autres choſes, du chant, de la préparation des victimes, et de la garde du temple. Ce nom de Lévite ne laiſſe pas d'être donné quelquefois indifféremment à tous ceux de la tribu. Ceux qui étaient en ſemaine avaient, ainſi que le Grand-Prêtre, leur logement dans les portiques ou galleries, dont le temple était environné, et qui faiſaient partie du temple même. Tout l'édifice s'appellait en général *le lieu ſaint*. Mais on appellait plus particulièrement de ce nom, cette partie du temple intérieur où était le chandelier d'or, l'autel des parfums, et les tables des pains de propoſition. Et cette partie était encore diſtinguée du Saint des Saints, où était l'Arche, et où le Grand-Prêtre ſeul avait droit d'entrer une fois l'année. C'était une tradition aſſés conſtante, que la montagne, ſur laquelle le temple fut bâti, était la même montagne, où Abraham avait autrefois offert en ſacrifice ſon fils Iſaac.

J'ai cru devoir expliquer ici ces particularités, afin que ceux à qui l'hiſtoire de l'ancienteſtament ne ſera pas aſſés préſente, n'en ſoient point arrêtés en liſant cette tragédie. Elle a pour ſujet Joas, reconnu et mis ſur le trône; et j'aurais dû dans les règles, l'intituler JOAS. Mais la plûpart du monde n'en ayant entendu parler que ſous le nom d'ATHALIE, je n'ai pas jugé à propos de la leur préſenter ſous un autre titre, puisque d'ailleurs Athalie y joue un perſonnage ſi conſidérable, et que c'eſt ſa mort qui termine la pièce. Voici une partie des principaux évènemens qui devancèrent cette grande action.

Joram, Roi de Juda, fils de Joſaphat, et le ſeptième Roi de la race de David, épouſa Athalie, fille d'Achab et de Jézabel, qui régnaient en Iſraël, fameux l'un et l'autre, mais principalement Jézabel, par leurs ſanglantes perſécutions contre les prophètes. Athalie, non moins impie que ſa mère, entraine bientôt le Roi ſon mari dans l'idolâtrie, et fit même conſtruire dans Jéruſalem un temple à Baal, qui était le Dieu du païs de Tyr et de Sidon, où Jézabel avait pris naiſſance. Joram, après avoir vû perir, par les mains des Arabes et des Philiſtins, tous les Princes ſes enfans, à la réſerve d'Okoſias,*) mourut lui-même miſérablement d'une longue maladie qui lui conſuma les entrailles.

*) *Akasja* heiſst er in der deutſchen Bibel.

Sa mort funeste n'empêcha pas Okosias d'imiter son impiété et celle d'Athalie sa mère. Mais ce Prince, après avoir régné seulement un an, étant allé rendre visite au Roi d'Israël, frère d'Athalie, fut enveloppé dans la ruine de la maison d'Achab, et tué par l'ordre de Jéhu, que Dieu avait fait sacrer par ses prophètes, pour régner sur Israël, et pour être le ministre de ses vengeances. Jéhu extermina toute la postérité d'Achab, et fit jetter par les fenêtres Jézabel, qui, selon la prédiction d'Elie, fut mangée des chiens dans la vigne de ce même Naboth, qu'elle avait fait mourir autrefois pour s'emparer de son héritage. Athalie ayant appris à Jérusalem tous ces massacres, entreprit de son côté d'éteindre entièrement la race royale de David, en faisant mourir tous les enfans d'Okosias ses petits fils. Mais heureusement Josabet, sœur d'Okosias et fille de Joram, mais d'une autre mère qu'Athalie, étant arrivée lorsqu'on égorgeait les Princes ses neveux, elle trouva moyen de dérober du milieu des morts le petit Joas encore à la mammelle, et le confia avec sa nourrice au Grand-Prêtre son mari, qui les cacha tous deux dans le temple, où l'enfant fut élevé secrettement jusqu'au jour qu'il fut proclamé Roi de Juda. L'histoire des Rois dit que ce fut la septième année d'après. Mais le texte Grec des Paralipomènes, que Sévère Sulpice a ſuivi, dit que ce fut la huitième. C'eſt ce qui m'a autoriſé à donner à ce Prince neuf à dix ans, pour le mettre déjà en état de répondre aux queſtions qu'on lui fait.

Je crois ne lui avoir rien fait dire qui ſoit audeſſus de la portée d'un enfant de cet âge, qui a de l'eſprit et de la mémoire. Mais quand j'aurais été un peu au-delà, il faut conſidérer que c'eſt ici un enfant tout extraordinaire, élevé dans le temple par un Grand-Prêtre, qui, le regardant comme l'unique eſpérance de ſa nation, l'avait inſtruit de bonne heure dans tous les devoirs de la religion et de la royauté. Il n'en était pas de même des enfans des Juifs que de la plûpart des nôtres. On leur apprenait les ſaintes lettres, nonſeulement dès qu'ils avaient atteint l'uſage de la raiſon, mais, pour me ſervir de l'expreſſion de Saint Paul, dès la mammelle. Chaque Juif était obligé d'écrire une fois en ſa vie, de ſa propre main, le volume de la loi tout entier. Les Rois étaient même obligés de l'écrire deux fois; et il leur était enjoint de l'avoir continuellement devant les yeux. Je puis dire ici que la France voit en la perſonne d'un Prince de huit ans et demi, qui fait aujourd'hui ſes plus chères délices, un exemple illuſtre de ce que peut dans un enfant un heureux naturel aidé d'une excellente éducation; et que ſi j'avais donné au petit Joas la même vivacité et le même diſcernement qui brille dans les reparties de ce jeune Prince, on m'aurait accuſé avec raiſon d'avoir péché contre les règles de la vraiſemblance.

L'âge de Zacharie, fils du Grand-Prêtre, n'étant point marqué, on peut lui ſuppoſer, ſi l'on veut, deux ou trois ans de plus qu'a Joas.

J'ai ſuivi l'explication de pluſieurs commentateurs fort habiles, qui prouvent, par le texte même de l'écriture, que tous ces ſoldats à qui Joïada ou Joad, comme il eſt appellé dans Joſephe, fit prendre les armes conſacrées à Dieu par David, étaient autant de prêtres et de Lévites, auſſi-bien que les cinq centeniers qui les commandaient. En effet, diſent ces interprêtes, tout devait être ſaint dans une ſi ſainte action, et aucun profane n'y devait être employé. Il s'y agiſſait, non-ſeulement de conſerver le ſceptre dans la maiſon de David, mais encore de conſerver à ce grand Roi cette ſuite de deſcendans, dont devait naître le Meſſie. *Car ce Meſſie, tant de fois promis comme fils d'Abraham, devait auſſi être fils de David, et de tous les Rois de Juda.* De-là vient que l'illuſtre et ſavant prélat, *) de qui j'ai emprunté ces paroles, appelle Joas *le précieux reſte de la maiſon de Da-*

*) *M. de Meaux*, d. i. Boſſuet.

*vid.* Josephe en parle dans les mêmes termes. Et l'écriture dit expressément que Dieu n'extermina pas toute la famille de Joram, voulant conserver à David la lampe qu'il lui avait promise. Or cette lampe, qu'était-ce autre chose que la lumière qui devait être un jour révélée aux nations?

L'histoire ne spécifie point le jour où Joas fut proclamé. Quelques interprêtes veulent que ce fût un jour de fête. J'ai choisi celle de la Pentecôte, qui etait l'une des trois grandes fêtes des Juifs. On y célébrait la mémoire de la publication de la loi sur le mont de Sinaï, et on y offrait aussi à Dieu les premiers pains de la nouvelle moisson; ce qui faisait qu'on la nommait encore la *fête des prémices.* J'ai songé que ces circonstances me fourniraient quelque variété pour les chants du chœur.

Ce chœur est composé de jeunes filles de la tribu de Lévi, et je mets à leur tête une fille que je donne pour sœur à Zacharie. C'est elle qui introduit le chœur chés sa mère. Elle chante avec lui, porte la parole pour lui, et fait enfin les fonctions de ce personnage des anciens chœurs qu'on appellait *le coriphée.* J'ai aussi essayé d'imiter des anciens cette continuité d'action, qui fait que leur théâtre ne demeure jamais vuide; les intervalles des actes n'étant marqués que par des hymnes et par des moralités du chœur, qui ont rapport à ce qui se passe.

On me trouvera peut-être un peu hardi d'avoir osé mettre sur la scène un prophète inspiré de Dieu, et qui prédit l'avenir. Mais j'ai eu la précaution de ne mettre dans sa bouche que des expressions tirées des prophètes même. Quoique l'écriture ne dise pas, en termes exprès, que Joïada ait eu l'esprit de prophétie, comme elle le dit de son fils, elle le présente comme un homme tout plein de l'esprit de Dieu. Et d'ailleurs ne paraît-il pas par l'evangile qu'il a pû prophétiser en qualité de souverain pontife? Je suppose donc qu'il voit en esprit le funeste changement de Joas, qui, après trente années d'un régne fort pieux, s'abandonna aux mauvais conseils des flatteurs, et se souilla du meurtre de Zacharie, fils et successeur de ce Grand-Prètre. Ce meurtre commis dans le temple, fut une des principales causes de la colère de Dieu contre les Juifs, et de tous les malheurs qui leur arrivèrent dans la suite. On prétend même que depuis ce jour-là les réponses de Dieu cessèrent entièrement dans le sanctuaire. C'est ce qui m'a donné lieu de faire prédire tout de suite à Joad, et la destruction du temple et la ruine de Jérusalem. Mais comme les prophètes joignent d'ordinaire les consolations aux menaces, et que d'ailleurs il s'agit de mettre ſur le trône un des ancêtres du Meſſie, j'ai pris occaſion de faire entrevoir la venue de ce conſolateur, après lequel tous les anciens juſtes ſoupiraient.

Cette ſcène, qui eſt une eſpèce d'épiſode, amène très-naturellement la muſique, par la coutume qu'avaient pluſieurs prophètes d'entrer dans leurs ſaints tranſports au ſon des instrumens: témoin cette troupe de prophètes, qui vinrent audevant de Saül avec des harpes et des lyres qu'on portait devant eux; et témoin Eliſée lui-même, qui, étant conſulté ſur l'avenir par le Roi de Juda et par le Roi d'Iſraël, dit comme fait ici Joad, *Adducite mihi pſaltem.* Ajoutés à celà que cette prophétie ſert beaucoup à augmenter le trouble dans la pièce, par la conſternation et par les différens mouvemens où elle jette le chœur et les principaux acteurs.

# ACTEURS.

JOAS, Roi de Juda, fils d'Okosias.

ATHALIE, veuve de Joram, ayeule de Joas.

JOAD, *autrement* JOIADA, Grand-Prêtre.

JOSABET, tante de Joas, femme du Grand-Prêtre.

ZACHARIE, fils de Joad et de Josabet.

SALOMITH, sœur de Zacharie.

ABNER, l'un des principaux officiers des Rois de Juda.

AZARIAS.

ISMAEL,

ET LES TROIS AUTRES CHEFS des prêtres et des Lévites.

MATHAN, prêtre apostat, sacrificateur de Baal.

NABAL, confident de Mathan.

AGAR, femme de la suite d'Athalie.

TROUPE DE PRETRES ET DE LEVITES.

SUITE D'ATHALIE.

LA NOURRICE de Joas.

CHOEUR de jeunes filles de la tribu de Lévi.

---

La scène est dans le temple de Jérusalem, dans un vestibule de l'appartement du Grand-Prêtre.

# ACTE PREMIER.

---

## *SCENE PREMIERE.*

### JOAD, ABNER.

ABNER.

Oui, je viens dans ſon temple adorer l'Eternel.
Je viens,, ſelon l'uſage antique et ſolemnel,
Célébrer avec vous la fameuſe journée,
Où, ſur le mont Sina, la loi nous fut donnée.
Que les tems ſont changés! Si tôt que de ce jour
La trompette ſacrée annonçait le retour,
Du temple, orné par-tout de feſtons magnifiques,
Le peuple ſaint en foule inondait les portiques;
Et tous devant l'autel avec ordre introduits,
De leurs champs dans leurs mains portant les nouveaux fruits,
Au Dieu de l'Univers conſacraient ces prémices.
Les prêtres ne pouvaient ſuffire aux ſacrifices.
L'audace d'une femme, arrêtant ce concours,
En des jours ténébreux a changé ces beaux jours,

F 2

D'adorateurs zélés à peine un petit nombre
Ose des premiers tems nous retracer quelque
ombre :
Le reste pour son Dieu montre un oubli fatal ;
Ou même s'empressant aux autels de Baal,
Se fait initier à ses honteux mystères,
Et blasphême le nom qu'ont invoqué leurs pères,
Je tremble qu'Athalie, à ne vous rien cacher,
Vous-même de l'autel vous faisant arracher,
N'achève enfin sur vous ses vengeances funestes,
Et d'un respect forcé ne dépouille les restes.

JOAD.

D'où vous vient aujourd'hui ce noir pressenti-
ment ?

ABNER.

Pensés-vous être saint et juste impunément ?
Dès long-tems elle hait cette fermeté rare
Qui rehausse en Joad l'éclat de la thiare.
Dès longtems votre amour pour la religion
Est traité de révolte et de sédition.
Du mérite éclatant cette Reine jalouse,
Hait sur tout Josabet votre fidèle épouse.
Si du Grand-Prêtre Aaron Joad est successeur,
De notre dernier Roi Josabet est la sœur.
Mathan d'ailleurs, Mathan, ce prêtre sacrilège,
Plus méchant qu'Athalie, à toute heure l'assiège ;
Mathan de nos autels infâme déserteur,
Et de toute vertu zélé persécuteur.

C'eſt peu que, le front ceint d'une mître étrangère,
Ce Lévite à Baal prête ſon miniſtère.
Ce temple l'importune, et ſon impiété
Voudrait anéantir le Dieu qu'il a quitté.
Pour vous perdre, il n'eſt point de reſſorts qu'il n'invente;
Quelquefois il vous plaint, ſouvent même il vous vante.
Il affecte pour vous une fauſſe douceur;
Et par là, de ſon fiel colorant la noirceur,
Tantôt à cette Reine il vous peint redoutable,
Tantôt, voyant pour l'or ſa ſoif inſatiable,
Il lui feint qu'en un lieu, que vous ſeul connaiſſés,
Vous cachés des tréſors par David amaſſés.
Enfin, depuis deux jours, la ſuperbe Athalie
Dans un ſombre chagrin parait enſevelie.
Je l'obſervais hier, et je voyais ſes yeux
Lancer ſur le lieu ſaint des regards furieux;
Comme ſi, dans le fond de ce vaſte édifice,
Dieu cachait un vengeur armé pour ſon ſupplice.
Croyes-moi, plus j'y penſe et moins je puis douter
Que ſur vous ſon courroux ne ſoit prêt d'éclater;
Et que de Jézabel la fille ſanguinaire
Ne vienne attaquer Dieu juſqu'en ſon ſanctuaire.

JOAD.

Celui qui met un frein à la fureur des flots,

Sait aussi des méchans arrêter les complots.
Soumis avec respect à sa volonté sainte,
Je crains Dieu, cher Abner, et n'ai point d'autre crainte.
Cependant je rends grace au zèle officieux
Qui sur tous mes périls vous fait ouvrir les yeux.
Je vois que l'injustice en secret vous irrite,
Que vous avés encor le cœur Israélite.
Le Ciel en soit béni. Mais ce secret courroux,
Cette oisive vertu vous en contentés-vous ?
La foi qui n'agit point, est-ce une foi sincére ?
Huit ans déja passés, une impie étrangère
Du sceptre de David usurpe tous les droits,
Se baigne impunément dans le sang de nos Rois,
Des enfans de son fils détestable homicide,
Et même contre Dieu lève son bras perfide.
Et vous, l'un des soutiens de ce tremblant état,
Vous, nourri dans les camps du saint Roi Josaphat,
Qui sous son fils Joram commandiés nos armées,
Qui rassurâtes seul nos villes allarmées,
Lorsque d'Okosias le trépas imprévu
Dispersa tout son camp à l'aspect de Jéhu ;
Je crains Dieu, dites-vous, sa vérité me touche.
Voici comme ce Dieu vous répond par ma bouche:
*Du zèle de ma loi que sert de vous parer ?*
*Par de stériles vœux pensés-vous m'honorer ?*
*Quel fruit me revient-il de tous vos sacrifices ?*
*Ai-je besoin du sang des boucs et des génisses ?*

*Le ſang de vos Rois crie, et n'eſt point écouté.*
*Rompés, rompés tout pacte avec l'impiété.*
*Du milieu de mon peuple exterminés les crimes,*
*Et vous viendrés alors m'immoler vos victimes.*

ABNER.

Hé, que puis-je au milieu de ce peuple abattu?
Benjamin eſt ſans force, et Juda ſans vertu.
Le jour qui de leurs Rois vit éteindre la race,
Eteignit tout le feu de leur antique audace.
*Dieu même,* diſent-ils, *s'eſt retiré de nous,*
De l'honneur des Hébreux autrefois ſi jaloux,
Il voit ſans intérêt leur grandeur terraſſée,
Et ſa miſericorde à la fin s'eſt laſſée.
On ne voit plus pour nous ſes redoutables mains
De merveilles ſans nombre effrayer les humains.
L'arche ſainte eſt muette, et ne rend plus d'oracles.

JOAD.

Et quel tems fut jamais ſi fertile en miracles?
Quand Dieu, par plus d'effets, montra-t-il ſon pouvoir?
Auras-tu donc toujours des yeux pour ne point voir,
Peuple ingrat? Quoi, toujours les plus grandes merveilles,
Sans ébranler ton cœur frapperont tes oreilles?
Faut-il, Abner, faut-il vous rappeller le cours
Des prodiges fameux accomplis en nos jours?

Des tyrans d'Ifraël les célèbres disgraces,
Et Dieu trouvé fidèle en toutes fes menaces;
L'impie Achab détruit, et, de fon fang trempé
Le champ que par le meurtre il avait ufurpé;
Près de ce champ fatal Jézabel immolée,
Sous les pieds des chevaux cette Reine foulée,
Dans fon fang inhumain les chiens défaltérés,
Et de fon corps hideux les membres déchirés;
Des prophètes menteurs la troupe confondue,
Et la flamme du ciel fur l'autel defcendue;
Elie aux élémens parlant en fouverain,
Les cieux par lui fermés et devenus d'airain,
Et la terre trois ans fans pluie et fans rofée;
Les morts fe ranimant à la voix d'Elifée:
Reconnaiffés, Abner, à ces traits éclatans,
Un Dieu, tel aujourd'hui qu'il fut dans tous les tems.
Il fait, quand il lui plait, faire éclater fa gloire,
Et fon peuple eft toujours préfent à fa mémoire.

ABNER.

Mais où font ces honneurs à David tant promis,
Et prédits même encor à Salomon fon fils?
Hélas! nous efpérions que de leur race heureufe
Devait fortir de Rois une fuite nombreufe;
Que, fur toute tribu, fur toute nation,
L'un d'eux établirait fa domination,
Ferait ceffer par-tout la difcorde et la guerre,
Et verrait à fes pieds tous les Rois de la terre.

JOAD.

Aux promeſſes du Ciel pourquoi renoncés-vous ?

ABNER.

Ce Roi, fils de David, où le chercherons-nous ?
Le Ciel même peut-il réparer les ruines
De cet arbre ſéché jusques dans ſes racines ?
Athalie étouffa l'enfant même au berceau.
Les morts, après huit ans, ſortent-ils du tombeau ?
Ah ! ſi dans ſa fureur elle s'était trompée ;
Si du ſang de nos Rois quelque goutte échappée...

JOAD.

Hé bien, que feriés-vous ?

ABNER.

O jour heureux pour moi !
De quelle ardeur j'irais reconnaître mon Roi !
Doutés-vous qu'a ſes pieds nos tribus empreſſées...
Mais pourquoi me flatter de ces vaines penſées ?
Déplorable héritier de ces Rois triomphans,
Okoſias reſtait ſeul avec ſes enfans.
Par les traits de Jéhu je vis percer le père ;
Vous avés vû les fils maſſacrés par la mère.

JOAD.

Je ne m'explique point. Mais quand l'aſtre du jour
Aura ſur l'horiſon fait le tiers de ſon tour,
Lorsque la troiſième heure aux prières rappelle,
Retrouvés-vous au temple avec ce même zèle.

Dieu pourra vous montrer, par d'importans bienfaits,
Que ſa parole eſt ſtable, et ne trompe jamais.
Allés, pour ce grand jour il faut que je m'apprête,
Et du temple déjà l'aube blanchit le faîte.

ABNER.

Quel ſera ce bienfait que je ne comprends pas?
L'illuſtre Joſabet porte vers vous ſes pas.
Je ſors, et vais me joindre à la troupe fidelle
Qu'attire de ce jour la pompe ſolemnelle.

---

## *SCENE* II.

### JOAD, JOSABET.

JOAD.

Les tems ſont accomplis, Princeſſe, il faut parler,
Et vôtre heureux larcin ne ſe peut plus céler.
Des ennemis de Dieu la coupable inſolence,
Abuſant contre lui de ce profond ſilence,
Accuſe trop long-tems ſes promeſſes d'erreur.
Que dis-je? Le ſuccès animant leur fureur,
Jusques ſur notre autel votre injuſte marâtre
Veut offrir à Baal un encens idolâtre.
Montrons ce jeune Roi que vous mains ont ſauvé,
Sous l'aile du Seigneur dans le temple élevé.

De nos Princes Hébreux il aura le courage,
Et déjà ſon eſprit a devancé ſon âge.
Avant que ſon deſtin s'explique par ma voix,
Je vais l'offrir au Dieu par qui règnent les Rois.
Auſſi-tôt aſſemblant nos Lévites, nos prêtres,
Je leur déclarerai l'héritier de leurs maîtres.

JOSOBET.

Sait-il déja ſon nom, et ſon noble deſtin?

JOAD.

Il ne répond encor qu'au nom d'Eliacin,
Et ſe croit quelque enfant rejetté par ſa mère,
A qui j'ai, par pitié, daigné ſervir de pére.

JOSABET.

Hélas, de quel péril je l'avais ſû tirer?
Dans quel péril encor eſt-il prêt de rentrer?

JOAD.

Quoi, déja vôtre foi s'affaiblit et s'étonne?

JOSABET.

A vos ſages conſeils, Seigneur, je m'abandonne.
Du jour que j'arrachai cet enfant à la mort,
Je remis en vos mains tout le ſoin de ſon ſort.
Même, de mon amour craignant la violence,
Autant que je le puis, j'évite ſa préſence,
De peur qu'en le voyant, quelque trouble indiſcret
Ne faſſe avec mes pleurs échapper mon ſecret.
Sur-tout j'ai cru devoir aux larmes, aux prières,
Conſacrer ces trois jours et ces trois nuits
entières.

Cependant aujourd'hui puis-je vous demander
Quels amis vous avés prêts à vous feconder?
Abner, le brave Abner viendra-t-il nous défendre?
A-t-il près de fon Roi fait ferment de fe rendre?

JOAD.

Abner, quoiqu'on fe pût affurer fur fa foi,
Ne fait pas même encor fi nous avons un Roi.

JOSABET.

Mais à qui de Joas confiés-vous la garde?
Eft-ce Obède, eft-ce Amnon que cet honneur regarde?
De mon père fur eux les bienfaits répandus...

JOAD.

A l'injufte Athalie ils fe font tous vendus.

JOSABET.

Qui donc oppofés-vous contre fes fatellites?

JOAD.

Ne vous l'ai-je pas dit? Nos prêtres, nos Lévites.

JOSABET.

Je fais que, près de vous en fecret affemblé,
Par vos foins prévoyans leur nombre eft redoublé;
Que pleins d'amour pour vous, d'horreur pour Athalie,
Un ferment folemnel par avance les lie
A ce fils de David qu'on leur doit révéler.
Mais quelque noble ardeur dont ils puiffent brûler,
Peuvent-ils de leurs Rois venger feuls la querelle?
Pour un fi grand ouvrage eft-ce affés de leur zèle?

Doutés vous qu'Athalie, au premier bruit ſemé
Qu'un fils d'Okoſias eſt ici renfermé,
De ſes fiers étrangers aſſemblant les cohortes,
N'environne le temple, et n'en briſe les portes?
Suffira-t-il contre eux de vos miniſtres ſaints,
Qui, levant au Seigneur leurs innocentes mains,
Ne ſavent que gémir, et prier pour nos crimes,
Et n'ont jamais verſé que le ſang des victimes?
Peut-être dans leurs bras Joas percé de coups. . .

JOAD.

Et comptés-vous pour rien Dieu qui combat pour nous?
Dieu, qui de l'orphelin protège l'innocence,
Et fait dans la faibleſſe éclater ſa puiſſance;
Dieu, qui hait les tyrans, et qui, dans Jezraël,
Jura d'exterminer Achab et Jézabel;
Dieu qui, frappant Joram le mari de leur fille,
A jusques ſur ſon fils pourſuivi leur famille;
Dieu, dont le bras vengeur, pour un tems ſuſpendu,
Sur cette race impie eſt toujours étendu?

JOSABET.

Et c'eſt ſur tous ces Rois ſa juſtice ſévère,
Que je crains pour le fils de mon malheureux frère.
Qui ſait ſi cet enfant par leur crime entraîné,
Avec eux, en naiſſant, ne fut pas condamné?
Si Dieu, le ſéparant d'une odieuſe race,

En faveur de David voudra lui faire grace?
Hélas, l'état horrible où le Ciel me l'offrit,
Revient à tout moment effrayer mon esprit!
De Princes égorgés la chambre était remplie.
Un poignard à la main l'implacable Athalie
Au carnage animait ses barbares soldats,
Et poursuivait le cours de ses assassinats.
Joas laissé pour mort frappa soudain ma vue.
Je me figure encor sa nourrice éperdue,
Qui devant les bourreaux s'était jettée envain,
Et faible le tenait renversé sur son sein.
Je le pris tout sanglant. Et, baignant son visage,
Mes pleurs du sentiment lui rendirent l'usage;
Et, soit frayeur encore, ou pour me caresser,
De ses bras innocens je me sentis presser,
Grand Dieu, que mon amour ne lui soit point funeste!
Du fidèle David c'est le précieux reste.
Nourri dans ta maison en l'amour de ta loi,
Il ne connait encor d'autre père que toi.
Sur le point d'attaquer une Reine homicide,
A l'aspect du péril si ma foi s'intimide,
Si la chair et le sang, se troublant aujourd'hui,
Ont trop de part aux pleurs que je répands pour lui;
Conserve l'heritier de tes saintes promesses,
Et ne punis que moi de toutes mes faiblesses.

JOAD.

Vos larmes, Josabet, n'ont rien de criminel.
Mais Dieu veut qu'on espère en son soin paternel.
Il ne recherche point, aveugle en sa colère,
Sur le fils qui le craint, l'impiété du père.
Tout ce qui reste encor de fidèles Hébreux
Lui viendront aujourd'hui renouveller leurs vœux.
Autant que de David la race est respectée,
Autant de Jézabel la fille est détestée.
Joas les touchera par sa noble pudeur,
Où semble de son sang reluire la splendeur.
Et Dieu par sa voix même, appuyant nôtre exemple,
De plus près à leur cœur parlera dans son temple.
Deux infidèles Rois tour-à-tour l'ont bravé,
Il faut que sur le trône un Roi soit élevé,
Qui se souvienne un jour qu'au rang de ses ancêtres
Dieu l'a fait remonter par la main de ses prêtres,
L'a tiré par leur main de l'oubli du tombeau,
Et de David éteint rallumé le flambeau.
Grand Dieu, si tu prévois, qu'indigne de sa race,
Il doive de David abandonner la trace;
Qu'il soit comme le fruit en naissant arraché,
Ou qu'un souffle ennemi dans sa fleur a séché;
Mais si ce même enfant, à tes ordres docile,
Doit être à tes desseins un instrument utile,

Fais qu'au juſte héritier le ſceptre ſoit remis,
Livre en mes foibles mains ſes puiſſans ennemis.
Confonds dans ſes conſeils une Reine cruelle.
Daigne, daigne, mon Dieu, ſur Mathan et ſur elle,
Répandre cet eſprit d'imprudence et d'erreur,
De la chûte des Rois funeſte avant-coureur.
L'heure me preſſe. Adieu. Des plus ſaintes familles
Votre fils et ſa ſœur vous amènent les filles.

---

## SCENE III.

JOSABET, ZACHARIE, SALOMITH, LE CHOEUR.

JOSABET.

Cher Zacharie, allés, ne vous arrêtés pas,
De votre auguſte père accompagnés les pas.
O filles de Lévi troupe jeune et fidèle,
Que déjà le Seigneur embraſe de ſon zèle,
Qui venés ſi ſouvent partager mes ſoupirs,
Enfans, ma ſeule joie en mes longs déplaiſirs;
Ces feſtons dans vos mains, et ces fleurs ſur vos têtes,
Autrefois convenaient à nos pompeuſes fêtes.
Mais, hélas, en ce tems d'opprobre et de douleurs,
Quelle offrande ſied mieux que celle de nos pleurs!
J'entends déjà, j'entends la trompette ſacrée,

Et du temple bientôt on permettra l'entrée.
Tandis que je me vais préparer à marcher,
Chantés, loués le Dieu que vous venés chercher.

---

## SCENE IV.

### LE CHOEUR.

TOUT LE CHOEUR chante.

Tout l'Univers eſt plein de ſa magnificence,
Qu'on l'adore ce Dieu, qu'on l'invoque à jamais.
Son empire a des tems précédé la naiſſance.
Chantons, publions ſes bienfaits.

UNE VOIX ſeule.

Envain l'injuſte violence
Au peuple qui le loue imposerait ſilence:
Son nom ne périra jamais.
Le jour annonce au jour ſa gloire et ſa puiſſance.
Tout l'Univers eſt plein de ſa magnificence.
Chantons, publions ſes bienfaits.

TOUT LE CHOEUR répete.

Tout l'Univers eſt plein de ſa magnificence.
Chantons, publions ſes bienfaits.

UNE VOIX ſeule.

Il donne aux fleurs leur aimable peinture,
Il fait naître et mûrir les fruits.
Il leur diſpenſe avec meſure

Et la chaleur des jours et la fraîcheur des nuits.
Le champ, qui les reçut, les rend avec uſure.

UNE AUTRE.

Il commande au ſoleil d'animer la nature,
Et la lumière eſt un don de ſes mains.
Mais ſa loi sainte, ſa loi pure
Eſt le plus riche don qu'il ait fait aux humains.

UNE AUTRE.

O mont de Sinaï, conſerve la mémoire
De ce jour à jamais auguſte et renommé,
Quand, ſur ton ſommet enflammé,
Dans un nuage épais le Seigneur enfermé
Fit luire aux yeux mortels un rayon de ſa gloire :
Dis-nous pourquoi ces feux et ces éclairs,
Ces torrens de fumée, et ce bruit dans les airs,
Ces trompettes et ce tonnerre?
Venait-il renverſer l'ordre des élémens?
Sur ſes antiques fondemens
Venait-il ébranler la terre?

UNE AUTRE.

Il venait révéler aux enfans des Hébreux
De ſes préceptes ſaints la lumière immortelle.
Il venait à ce peuple heureux
Ordonner de l'aimer d'une amour éternelle.

TOUT LE CHOEUR.

O divine, ô charmante loi!
O juſtice! O bonté ſuprême!

Que de raiſons, quelle douceur extrême,
D'engager à ce Dieu ſon amour et ſa foi!

UNE VOIX ſeule.

D'un joug cruel il ſauva nos ayeux;
Les nourrit au déſert d'un pain délicieux.
Il nous donne ſes loix, il ſe donne lui-même.
Pour tant de biens il commande qu'on l'aime.

LE CHOEUR.

O juſtice O bonté ſuprême!

LA MEME VOIX.

Des mers pour eux il entr'ouvrit les eaux;
D'un aride rocher fit ſortir des ruiſſeaux.
Il nous donne ſes loix, il ſe donne lui-même.
Pour tant de biens il commande qu'on l'aime.

LE CHOEUR

O divine, O charmante loi!
Que de raiſons, quelle douceur extrême,
D'engager à ce Dieu ſon amour et ſa foi!

UNE AUTRE VOIX ſeule.

Vous qui ne connaiſſés qu'une crainte ſervile,
Ingrats, un Dieu ſi bon ne peut-il vous charmer?
Eſt-il donc à vos cœurs, eſt-il ſi difficile
Et ſi pénible de l'aimer?

L'esclave craint le tyran qui l'outrage;
Mais des enfans l'amour est le partage.
Vous voulés que ce Dieu vous comble de bienfaits,
Et ne l'aimer jamais.

TOUT LE CHOEUR.

O divine, ô charmante loi!
Que de raisons, quelle douceur extrême,
D'engager à ce Dieu son amour et sa foi!

*Fin du premier acte.*

---

# ACTE II.

## SCENE PREMIERE.

JOSABET, SALOMITH, LE CHOEUR,

JOSABET.

Mes filles, c'eſt aſſés, ſuſpendés vos cantiques.
Il eſt tems de nous joindre aux prières publiques.
Voici nôtre heure. Allons célébrer ce grand jour,
Et devant le Seigneur paraître à nôtre tour.

## SCENE II.

ZACHARIE, JOSABET, SALOMITH, LE CHOEUR.

JOSABET.

Mais que vois-je, mon fils; quel ſujet vous ramène?
Où courés-vous ainſi tout pâle et hors d'haleine?

ZACHARIE.

O ma mère!

JOSABET.

Hé bien, quoi?

ZACHARIE.

Le temple eſt profané,

JOSABET.

Comment?

ZACHARIE.

Et du Seigneur l'autel abandonné.

JOSABET.

Je tremble. Hâtés-vous d'éclair cir vôtre mère.

ZACNARIE.

Déjà, ſelon la loi, le Grand-Prêtre mon père,
Après avoir au Dieu qui nourrit les humains,
De la moiſſon nouvelle offert les premiers pains,
Lui préſentait encore entre ſes mains ſanglantes
Des victimes de paix les entrailles fumantes.
Debout à ſes côtés le jeune Eliacin,
Comme moi, le ſervait en long habit de lin;
Et cependant du ſang de la chair immolée,
Les prêtres arroſaient l'autel et l'aſſemblée.
Un bruit confus s'élève, et du peuple ſurpris
Détourne tout-à-coup les yeux et les eſprits.
Une femme... Peut-on la nommer ſans blaſ-
phême?
Une femme... C'était Athalie elle-même.

JOSABET.

Ciel!

ZACHARIE.

Dans un des parvis aux hommes réſervé,
Cette femme ſuperbe entre, le front levé,

Et ſe préparait même à paſſer les limites
De l'enceinte ſacrée ouverte aux ſeuls Lévites.
Le peuple s'épouvante, et fuit de toutes parts.
Mon père... Ah, quel courroux animait ſes regards!
Moïſe à Pharaon parut moins formidable.
*Reine, ſors*, a-t-il dit, *de ce lieu redoutable,*
*D'où te bannit ton ſexe et ton impiété.*
*Viens-tu du Dieu vivant braver la majeſté?*
La Reine alors ſur lui jettant un œil farouche,
Pour blaſphêmer, ſans doute, ouvrait déjà la bouche.
J'ignore ſi de Dieu l'ange ſe dévoilant,
Eſt venu lui montrer un glaive étincelant;
Mais ſa langue en ſa bouche à l'inſtant s'eſt glacée,
Et toute ſon audace a paru terraſſée.
Ses yeux comme effrayés n'oſaient ſe detourner,
Sur-tout Eliacin paraiſſait l'étonner.

JOSABET.

Quoi donc! Eliacin a paru devant elle?

ZACHARIE.

Nous regardions tous deux cette Reine cruelle,
Et d'une égale horreur nos cœurs étaient frappés,
Mais les prêtres biéntôt nous ont enveloppés.
On nous a fait ſortir. J'ignore tout le reſte,
Et venais vous conter ce déſordre funeſte.

JOSABET.

Ah, de nos bras, ſans doute, elle vient l'arracher.

Et c'est lui qu'à l'autel sa fureur vient chercher.
Peut-être en ce moment l'objet de tant de larmes...
Souviens-toi de David, Dieu qui vois mes alarmes!

SALOMITH.

Quel est-il cet objet des pleurs que vous versés?

ZACHARIE.

Les jours d'Eliacin seraient-ils menacés?

SALOMIT.

Aurait-il de la Reine attiré la colère?

ZACHARIE.

Que craint-on d'un enfant sans support et sans père?

JOSABET.

Ah, la voici! Sortons. Il la faut éviter.

---

## SCENE III.

### ATHALIE, AGAR, ABNER.

Suite d'Athalie.

AGAR.

Madame, dans ces lieux pourquoi vous arrêter?
Ici tous les objets vous blessent, vous irritent.
Abandonnés ce temple aux prêtres qui l'habitent,

Fuyés tout ce tumulte, et, dans votre palais,
A vos ſens agités venés rendre la paix.

ATHALIE.

Non, je ne puis; tu vois mon trouble et ma faibleſſe.
Va, fais dire à Mathan qu'il vienne, qu'il ſe preſſe.
Heureuſe, ſi je puis trouver par ſon ſecours
Cette paix que je cherche, et qui me fuit toujours.
(Elle s'aſſied.)

---

## SCENE IV.

ATHALIE, ABNER, Suite d'Athalie.

ABNER.

Madame, pardonnés ſi j'oſe le défendre.
Le zèle de Joad n'a point du vous ſurprendre.
Du Dieu que nous ſervons tel eſt l'ordre éternel.
Lui-même il nous traça ſon temple et ſon autel,
Aux ſeuls enfans d'Aaron commit ſes ſacrifices,
Aux Lévites marqua leur place et leurs offices,
Et ſur tout défendit à leur poſtérité
Avec tout autre Dieu toute ſociété.
Hé quoi! Vous de nos Rois et la femme et la mère,
Etes-vous à ce point parmi nous étrangère,
Ignorés-vous nos loix? Et faut-il qu'aujourd'hui...
Voici votre Mathan, je vous laiſſe avec lui.

ATHALIE.

Votre présence, Abner, est ici nécessaire.
Laissons-là de Joad l'audace téméraire,
Et tout ce vain amas de superstitions
Qui ferment votre temple aux autres nations.
Un sujet plus pressant excite mes allarmes.
Je sais que dès l'enfance élevé dans les armes,
Abner a le cœur noble, et qu'il rend à la fois
Ce qu'il doit à son Dieu, ce qu'il doit à ses Rois.
Demeurés.

---

## SCENE V.

### MATHAN, ATHALIE, ABNER.

Suite d'Athalie.

MATHAN.

Grande Reine, est-ce ici votre place?
Quel trouble vous agite, et quel effroi vous glace?
Parmi vos ennemis que venés-vous chercher?
De ce temple profane osés-vous approcher?
Avés-vous dépouillé cette haine si vive?...

ATHALIE.

Prêtés-moi l'un et l'autre une oreille attentive.
Je ne veux point ici rappeller le passé,
Ni vous rendre raison du sang que j'ai versé.
Ce que j'ai fait, Abner, j'ai cru le devoir faire.

Je ne prends point pour juge un peuple téméraire.
Quoi que ſon inſolence ait oſé publier,
Le Ciel même a pris ſoin de me juſtifier,
Sur d'éclatans ſuccès ma puiſſance établie,
A fait jusqu'aux deux mers *) reſpecter Athalie.
Par moi Jéruſalem goûte un calme profond.
Le Jourdain ne voit plus l'Arabe vagabond.
Ni l'altier Philiſtin, par d'eternels ravages,
Comme au tems de vos Rois déſoler ſes rivages.
Le Syrien me traite et de Reine et de ſœur.
Enfin de ma maiſon le perfide oppreſſeur,
Qui devait jusqu'à moi pouſſer ſa barbarie,
Jéhu, le fier Jéhu tremble dans Samarie.
De toutes parts preſſé par un puiſſant voiſin,
Que j'ai ſû ſoulever contre cet aſſaſſin,
Il me laiſſe en ces lieux ſouveraine maîtreſſe.
Je jouiſſais en paix du fruit de ma ſageſſe.
Mais un trouble importun vient depuis quelques jours
De mes proſpérités interrompre le cours.
Un ſonge (me devrais - je inquiéter d'un ſonge?)
Entretient dans mon cœur un chagrin qui le ronge.
Je l'évite par-tout, par-tout il me pourſuit.
C'était pendant l'horreur d'une profonde nuit.
Ma mère Jézabel devant moi s'eſt montrée,



*) Das mittelländiſche und das rothe Meer.

Comme au jour de sa mort pompeusement parée.
Ses malheurs n'avaient point abattu sa fierté,
Même elle avait encor cet éclat emprunté,
Dont elle eut soin de peindre et d'orner son visage,
Pour réparer des ans l'irréparable outrage.
*Tremble*, m'a-t-elle dit, *fille digne de moi.*
*Le cruel Dieu des Juifs l'emporte aussi sur toi.*
*Je te plains de tomber dans ses mains redoutables,*
*Ma fille.* En achevant ces mots épouvantables,
Son ombre vers mon lit a paru se baisser;
Et moi, je lui tendais les mains pour l'embrasser.
Mais je n'ai plus trouvé qu'un horrible mélange
D'os et de chair meurtris, et traînés dans la fange;
Des lambeaux pleins de sang et des membres affreux,
Que des chiens dévorans se disputaient entre eux.

ABNER.

Grand Dieu!

ATHALIE.

Dans ce désordre à mes yeux se présente
Un jeune enfant couvert d'une robe éclatante,
Tels qu'on voit des Hébreux les prêtres revêtus.
Sa vue a ranimé mes esprits abattus.
Mais, lorsque revenant de mon trouble funeste,
J'admirais sa douceur, son air noble et modeste,
J'ai senti tout-à-coup un homicide acier,
Que le traître en mon sein a plongé tout entier.
De tant d'objets divers le bisarre assemblage

Peut-être du hasard vous paraît un ouvrage;
Moi-même, quelque tems honteuse de ma peur,
Je l'ai pris pour l'effet d'une sombre vapeur.
Mais de ce souvenir mon ame possédée,
A deux fois, en dormant, revû la même idée.
Deux fois mes tristes yeux se sont vûs retracer
Ce même enfant toujours tout prêt à me percer.
Lasse enfin des horreurs dont j'étais poursuivie,
J'allais prier Baal de veiller sur ma vie,
Et chercher du repos aux pieds de ses autels.
Que ne peut la frayeur sur l'esprit des mortels!
Dans le temple des Juifs un instinct m'a poussée,
Et d'appaiser leur Dieu j'ai conçu la pensée.
J'ai cru que des présens calmeraient son courroux;
Que ce Dieu, quel qu'il soit, en deviendrait plus doux.
Pontife de Baal, excusés ma faiblesse.
J'entre. Le peuple fuit. Le sacrifice cesse.
Le Grand-Prêtre vers moi s'avance avec fureur.
Pendant qu'il me parlait, ô surprise! ô terreur!
J'ai vû ce même enfant dont je suis ménacée,
Tel qu'un songe effrayant l'a peint à ma pensée.
Je l'ai vû. Son même air, son même habit de lin,
Sa démarche, ses yeux, et tous ses traits enfin.
C'est lui-même. Il marchait à côté du Grand-Prêtre.
Mais bientôt à ma vue on l'a fait disparaître.

Voilà quel trouble ici m'oblige à m'arrêter,
Et ſur quoi j'ai voulu tous deux vous conſulter.
Que préſage, Mathan, ce prodige incroyable?

MATHAN.

Ce ſonge et ce rapport, tout me ſemble effroyable.

ATHALIE.

Mais cet enfant fatal, Abner, vous l'avés vû.
Quel eſt-il? De quel ſang? Et de quelle tribu?

ABNER.

Deux enfans à l'autel prêtaient leur miniſtère.
L'un eſt fils de Joad, Joſabet eſt ſa mère.
L'autre m'eſt inconnu.

MATHAN.

Pourquoi délibérer?
De tous les deux, Madame, il ſe faut aſſurer.
Vous ſavés pour Joad mes égards, mes meſures;
Que je ne cherche point à venger mes injures;
Que la ſeule équité règne en tous mes avis.
Mais lui-même, après tout, fût-ce ſon propre fils,
Voudrait-il un moment laiſſer vivre un coupable?

ABNER.

De quel crime un enfant peut-il être capable?

MATHAN.

Le Ciel nous le fait voir un poignard à la main.
Le Ciel eſt juſte et ſage, et ne fait rien envain.
Que cherchés-vous de plus?

ABNER.

Mais, ſur la foi d'un ſonge,

Dans le ſang d'un enfant voulés-vous qu'on ſe plonge?
Vous ne ſavés encor de quel père il eſt né;
Quel il eſt....

MATHAN.

On le craint, tout eſt examiné.
A d'illuſtres parens s'il doit ſon origine,
La ſplendeur de ſon ſort doit hâter ſa ruine.
Dans le vulgaire obſcur ſi le ſort l'a placé,
Qu'importe qu'au haſard un ſang vil ſoit verſé?
Eſt-ce aux Rois à garder cette lente juſtice?
Leur ſûreté ſouvent dépend d'un prompt ſuplice.
N'allons point les gêner d'un ſoin embaraſſant.
Dès qu'on leur eſt ſuſpect, on n'eſt plus innocent.

ABNER.

Hé quoi, Mathan! d'un prêtre eſt-ce là le langage?
Moi, nourri dans la guerre aux horreurs du carnage,
Des vengeances des Rois miniſtre rigoureux,
C'eſt moi qui prête ici ma voix aux malheureux?
Et vous, qui leur devés des entrailles de père;
Vous, miniſtre de paix dans les tems de colère,
Couvrant d'un zèle faux votre reſſentiment,
Le ſang, à vôtre gré, coule trop lentement?
Vous m'avés commandé de vous parler ſans feinte,
Madame. Quel eſt donc ce grand ſujet de crainte?

Un ſonge, un faible enfant, que votre œil prévenu
Peut-être ſans raiſon croit avoir reconnu.

ATHALIE.

Je le veux croire, Abner, je puis m'être trompée.
Peut-être un ſonge vain m'a trop préoccupée.
Hé bien, il faut revoir cet enfant de plus près;
Il en faut à loiſir examiner les traits.
Qu'on les faſſe tous deux paraître en ma préſence.

ABNER.

Je crains...

ATHALIE.

Manquerait-on pour moi de complaiſance?
De ce refus biſarre où ſeraient les raiſons?
Il pourrait me jetter en d'étranges ſoupçons.
Que Joſabet, vous dis-je, ou Joad les amène.
Je puis, quand je voudrai, parler en Souveraine,
Vos prêtres, je veux bien, Abner, vous l'avouer,
Des bontés d'Athalie ont lieu de ſe louer.
Je ſais ſur ma conduite et contre ma puiſſance,
Juſqu'où de leurs diſcours ils portent la licence.
Ils vivent cependant, et leur temple eſt debout.
Mais je ſens que bientôt ma douceur eſt à bout.
Que Joad mette un frein à ſon zèle ſauvage,
Et ne m'irrite point par un ſecond outrage.
Allés.

## SCENE VI.

ATALIE, MATHAN, Suite d'Athalie.

MATHAN.

Enfin, je puis parler en liberté..
Je puis dans tout ſon jour mettre la vérité.
Quelque monſtre naiſſant dans ce temple s'élève,
Reine, n'attendés pas que le nuage crève.
Abner chés le Grand-Prêtre a devancé le jour.
Pour le ſang de ſes Rois vous ſavés ſon amour.
Et qui ſait ſi Joad ne veut point en leur place
Subſtituer l'enfant dont le Ciel vous menace?
Soit ſon fils, ſoit quelqu'autre...

ATHALIE.

Oui, vous m'ouvrés les yeux.
Je commence à voir clair dans cet avis des Cieux.
Mais je veux de mon doute être débarraſſée.
Un enfant eſt peu propre à trahir ſa penſée.
Souvent d'un grand deſſein un mot nous fait juger.
Laiſſés-moi, cher Mathan, le voir, l'interroger.
Vous cependant, allés; et, ſans jetter d'allarmes,
A tous mes Tyriens faites prende les armes.

## SCENE VII.

JOAS, JOSABET, ATHALIE, ZACHARIE, ABNER, SALOMITH, DEUX LEVITES, LE CHOEUR, Suite d'Athalie.

JOSABET aux deux Lévites.

O vous, ſur ces enfans ſi chers, ſi précieux,
Miniſtres du Seigneur, ayés toujours les yeux.

ABNER à Joſabet.

Princeſſe, aſſurés-vous, je les prends ſous ma
garde.

ATHALIE.

O Ciel, plus j'examine, et plus je le regarde,
C'eſt lui! D'horreur encor tous mes ſens ſont
ſaiſis.

(Montrant Joas)

Epouſe de Joad, eſt-ce là vôtre fils?

JOSABET.

Qui? Lui Madame?

ATHALIE.

Lui.

JOSABET.

Je ne ſuis point ſa mère.

(Montrant Zacharie.)

Voilà mon fils.

ATHALIE à Joas.

Et vous, quel eſt donc vôtre père?
Jeune enfant, répondés.

JOSABET.

Le Ciel jusqu'aujourd'hui...

ATHALIE à Joſabet.

Pourquoi vous preſſés-vous de répondre pour lui?
C'eſt à lui de parler.

JOSABET.

Dans un âge ſi tendre,
Quel éclairciſſement en pouvés-vous attendre?

ATHALIE.

Cet âge eſt innocent. Son ingénuité
N'altère point encor la ſimple vérité.
Laiſſés-le s'expliquer ſur tout ce qui le touche.

JOSABET bas à part.

Daigne mettre, grand Dieu, ta ſageſſe en ſa bouche!

ATHALIE.

Comment vous nommés-vous?

JOAS.

J'ai nom Eliacin.

ATHALIE.

Votre père.

JOAS.

Je ſuis, dit-on, un orphelin.
Entre les bras de Dieu jetté dès ma naiſſance,
Et qui de mes parens n'eus jamais connaiſſance,

ATHALIE.

Vous êtes ſans parens?

JOAS.

Ils m'ont abandonné.

ATHALIE.

Comment? Et depuis quand?

JOAS.

Depuis que je ſuis né.

ATHALIE.

Ne ſait-on pas, au moins, quel païs eſt le vôtre?

JOAS.

Ce temple eſt mon païs, je n'en connais point d'autre.

ATHALIE.

Où dit-on que le ſort vous a fait rencontrer?

JOAS.

Parmi des loups cruels prêts à me dévorer.

ATHALIE.

Qui vous mit dans ce temple?

JOAS.

Une femme inconnue,
Qui ne dit point ſon nom, et qu'on n'a point revue.

ATHALE.

Mais de vos premiers ans quelles mains ont pris ſoin?

JOAS,

Dieu laiſſa-t-il il jamais ſes enfans au beſoin?

Aux petits des oiseaux il donne leur pâture,
Et sa bonté s'étend sur toute la nature.
Tous les jours je l'invoque, et, d'un soin paternel,
Il me nourrit des dons offerts sur son autel.

ATHALIE.

Quel prodige nouveau me trouble et m'embar-
rasse!
La douceur de sa voix, son enfance, sa grace,
Font insensiblement à mon inimitié
Succéder... Je serais sensible à la pitié?

ABNER.

Madame, voilà donc cet ennemi terrible?
De vos songes menteurs l'imposture est visible,
A moins que la pitié, qui semble vous troubler,
Ne soit ce coup fatal qui vous faisait trembler,

ATALIE à Joas et Josabet,

Vous sortés?

JOSABET.

Vous avés entendu sa fortune.
Sa présence à la fin pourrait être importune.

ATHALIE.

Non. Revenés. Quel est tous les jours votre
emploi?

JOAS.

J'adore le Seigneur. On m'explique sa loi.
Dans son livre divin on m'apprend à la lire,
Et déjà de ma main je commence à l'écrire.

ATHALIE.

Que vous dit cette loi?

JOAS.

Que Dieu veut être aimé;
Qu'il venge tôt ou tard ſon ſaint nom blaſphêmé;
Qu'il eſt le défenſeur de l'orphelin timide;
Qu'il réſiſte aux ſuperbes, et punit l'homicide.

ATHALIE.

J'entends. Mais tout ce peuple, enfermé dans ce lieu,
A quoi s'occupe-t-il?

JOAS.

Il loue, il bénit Dieu.

ATHALIE.

Dieu veut-il qu'à toute heure on prie, on le contemple?

JOAS.

Tout profane exercice eſt banni de ſon temple.

ATHALIE.

Quels ſont donc vos plaiſirs?

JOAS.

Quelquefois à l'autel
Je préſente au Grand-Prêtre ou l'encens ou le ſel,
J'entends chanter de Dieu les grandeurs infinies.
Je vois l'ordre pompeux de ſes cérémonies.

ATHALIE.

Hé quoi, vous n'avés point de paſſe-tems plus doux?

Je plains le trifte fort d'un enfant tel que vous.
Venés dans mon palais, vous y verrés ma gloire.

JOAS.

Moi, des bienfaits de Dieu je perdrais la mémoire?

ATHALIE.

Non, je ne vous veux pas contraindre à l'oublier.

JOAS.

Vous ne le priés point.

ATHALIE.

Vous pourrés le prier.

JOAS.

Je verais cependant en invoquer un autre.

ATHALIE.

J'ai mon Dieu que je fers. Vous fervirés le vôtre.
Ce font deux puiffans Dieux.

JOAS.

Il faut craindre le mien,
Lui feul eft Dieu, Madame, et le vôtre n'eft rien.

ATHALIE.

Les plaifirs près de moi vous chercheront en foule.

JOAS.

Le bonheur des méchans comme un torrent s'écoule.

ATHALIE.

Ces méchans, qui font-ils?

JOSABET.

Hé, Madame, excufés
Un enfant..

ATHALIE à Josabet.

J'aime à voir comme vous l'instruisés.
Enfin, Eliacin, vous avés sû me plaire,
Vous n'étés point, sans doute, un enfant ordinaire.
Vous voyés, je suis Reine, et n'ai point d'héritier;
Laissés-là cet habit, quittés ce vil métier,
Je veux vous faire part de toutes mes richesses,
Essayés dès ce jour l'effet de mes promesses,
A ma table, par-tout, à mes côtés assis,
Je prétends vous traiter comme mon propre fils.

JOAS.

Comme votre fils?

ATHALIE.

Oui. Vous vous taisés?

JOAS.

Quel père
Je quitterais! Et pour...

ATHALIE.

Hé bien?

JOAS.

Pour quelle mère!

ATHALIE à Josabet.

Sa mémoire est fidelle; et, dans tout ce qu'il dit,
De vous et de Joad je reconnais l'esprit.
Voilà comme, infectant cette simple jeunesse,
Vous employés tous deux le calme où je vous laisse.

Vous cultivés déjà leur haine et leur fureur.
Vous ne leur prononcés mon nom qu'avec horreur.

JOSABET.

Peut-on de nos malheurs leur dérober l'hiſtoire?
Tout l'Univers les ſait. Vous-même en faites gloire.

ATHALIE.

Oui, ma juſte fureur, et j'en fais vanité,
A vengé mes parens ſur ma poſtérité.
J'aurais vû maſſacrer et mon père, et mon frère,
Du haut de ſon palais précipiter ma mère,
Et dans un même jour égorger à la fois,
(Quel ſpectacle d'horreur!) quatre-vingt fils de Rois?
Et pourquoi? Pour venger je ne ſais quels Prophètes,
Dont elle avait puni les fureurs indiſcrettes.
Et moi, Reine ſans cœur, fille ſans amitié.
Eſclave d'une lâche et frivole pitié,
Je n'aurais pas, du moins, à cette aveugle rage
Rendu meurtre pour meurtre, outrage pour outrage,
Et de votre David traité tous les neveux,
Comme on traitait d'Achab les reſtes malheureux?
Où ſerais-je aujourd'hui, ſi, domptant ma faibleſſe,
Je n'euſſe d'une mère étouffé la tendreſſe;

Si de mon propre ſang ma main verſant des flots,
N'eût par ce coup hardi réprimé vos complots?
Enfin, de votre Dieu l'implacable vengeance,
Entre nos deux maiſons rompit toute alliance.
David m'eſt en horreur; et les fils de ce Roi,
Quoique nés de mon ſang, ſont étrangers pour moi.

JOSABET.

Tout vous a réuſſi. Que Dieu voie et nous juge.

ATHALIE.

Ce Dieu, depuis long-tems votre unique refuge,
Que deviendra l'effet de ſes prédictions?
Qu'il vous donne ce Roi promis aux nations,
Cet enfant de David, votre eſpoir, votre attente. .
Mais nous nous reverrons. Adieu, je ſors contente.
J'ai voulu voir, j'ai vû.

ABNER à Joſabet.

Je vous l'avais promis:
Je vous rends le dépôt que vous m'avés commis,

## SCENE VIII.

JOAD, JOSABET, JOAS, ZACHARIE, ABNER, SALOMITH, LEVITES, LE CHOEUR.

JOSABET à Joad.

Avés-vous entendu cette ſuperbe Reine,
Seigneur!

JOAD.

J'entendais tout, et plaignais votre peine.
Ces Lévites et moi prêts à vous ſecourir,
Nous étions avec vous réſolus de périr.

A Joas en l'embraſſant.

Que Dieu veille ſur vous, enfant, dont le courage
Vient de rendre à ſon nom ce noble témoignage.
Je reconnais, Abner, ce ſervice important;
Souvenés-vous de l'heure où Joad vous attend.
Et nous, dont cette femme impie et meurtrière
A ſouillé les regards et troublé la prière,
Rentrons, et qu'un ſang pur par mes mains épanché,
Lave jusques au marbre où ſes pas ont touché.

## SCENE IX.

LE CHOEUR.

UNE DES FILLES DU CHOEUR.

Quel aſtre à nos yeux vient de luire ?
Quel ſera quelque jour cet enfant merveilleux ?
Il brave le faſte orgueilleux,
Et ne ſe laiſſe point ſéduire
A tous ſes attraits périlleux.

UNE AUTRE.

Pendant que du Dieu d'Athalie
Chacun court encenſer l'autel,
Un enfant courageux publie
Que Dieu lui ſeul eſt éternel,
Et parle comme un autre Elie
Devant cette autre Jézabel

UNE AUTRE.

Qui nous révélera ta naiſſance ſecrette,
Cher enfant? Es-tu fils de quelque ſaint prophète?

UNE AUTRE.

Ainſi l'on vit l'aimable Samuel
Craître à l'ombre du tabernacle.
Il devint des Hébreux l'eſpérance et l'oracle.
Puiſſes-tu, comme lui, conſoler Iſraël !

UNE AUTRE chante.

O bienheureux mille fois
L'enfant que le ſeigneur aime,
Qui de bonne heure entend ſa voix,
Et que ce Dieu daigne inſtruire lui-même!
Loin du monde élevé, de tous les dons des Cieux
Il eſt orné dès ſa naiſſance;
Et du méchant l'abord contagieux
N'altère point ſon innocence.

TOUT LE CHOEUR.

Heureuſe, heureuſe l'enfance
Que le Seigneur iuſtruit et prend ſous ſa défenſe!

LA MEME VOIX ſeule.

Tel en un ſecret vallon,
Sur le bord d'une onde pure,
Craît, à l'abri de l'Aquilon,
Un jeune lys, l'amour de la nature.
Loin du monde élevé, de tous les dons des Cieux,
Il eſt orné dès ſa naiſſance;
Et du méchant l'abord contagieux
N'altère point ſon innocence.

TOUT LE CHOEUR.

Heureux, heureux mille fois
L'enfant que le Seigneur rend docile à ſes loix!

UNE VOIX ſeule.

Mon Dieu, qu'une vertu naiſſante
Parmi tant de périls marche à pas incertains!
Qu'une ame qui te cherche, et veut être innocente,

Trouve d'obstacle à ses desseins!
Que d'ennemis lui font la guerre!
Où se peuvent cacher tes Saints?
Les pécheurs couvrent la terre.

UNE AUTRE.

O Palais de David, et sa chère Cité,
Mont fameux, que Dieu même a long-tems habité,
Comment as-tu du Ciel attiré la colère?
Sion, chère Sion, que dis-tu quand tu vois
Une impie étrangère
Assise, hélas, au trône de tes Rois!

TOUT LE CHOEUR.

Sion, chère Sion, que dis-tu quand tu vois
Une impie étrangère
Assise, hélas, au trône de tes Rois!

LA MEME VOIX continue.

Au lieu des cantiques charmans,
Où David exprimait ses saints ravissemens,
Et bénissait son Dieu, son Seigneur et son père;
Sion, chère Sion, que dis-tu quand tu vois
Louer le Dieu de l'impie étrangère,
Et blasphêmer le nom qu'ont adoré tes Rois?

UNE VOIX seule.

Combien de tems, Seigneur, combien de tems encore
Verrons-nous contre toi les méchans s'élever?
Jusques dans ton saint temple ils viennent te braver.

Ils traitent d'insensé le peuple qui t'adore.
Combien de tems, Seigneur, combien de tems encore
Verrons-nous contre toi les méchans s'élever?

UNE AUTRE.

Que vous sert, disent-ils, cette vertu sauvage?
De tant de plaisirs si doux
Pourqui fuyés-vous l'usage?
Vôtre Dieu ne fait rien pour vous.

UNE AUTRE.

Rions, chantons, dit cette troupe impie;
De fleurs en fleurs, de plaisirs en plaisirs
Promenons nos desirs.
Sur l'avenir insensé qui se fie.
De nos ans passagers le nombre est incertain,
Hâtons-nous aujourd'hui de jouir de la vie
Qui sait si nous serons demain?

TOUT LE CHOEUR.

Qu'ils pleurent, ô mon Dieu, qu'ils frémissent de crainte,
Ces malheureux, qui de ta Cité sainte
Ne verront point l'éternelle splendeur.
C'est à nous de chanter, nous, à qui tu révèles
Tes clartés immortelles,
C'est à nous de chanter tes dons et ta grandeur,

UNE VOIX seule.

De tous ces vains plaisirs où leur ame se plonge,

Que leur ſtera-t-il? Ce qui reſte d'un ſonge
Dont on a reconnu l'erreur,
A leur réveil, (ô réveil plein d'horreur!)
Pendant que le pauvre à ta table
Goûtera de ta paix la douceur ineffable,
Ils boiront dans la coupe affreuſe, inépuiſable,
Que tu préſenteras au jour de ta fureur
A toute la race coupable.

TOUT LE CHOEUR.

O réveil plein d'horreur!
O ſonge peu durable!
O dangereuſe erreur!

*Fin du ſecond Acte,*

# ACTE III.

## SCENE PREMIERE.

MATHAN, NABAL, LE CHOEUR

MATHAN.

Jeunes filles, allés. Qu'on diſe à Joſabet
Que Mathan veut ici lui parler en ſecret.

UNE DES FILLES DU CHOEUR.

Mathan! O Dieu du ciel, puiſſes-tu le confondre!

NABAL.

Hé quoi, tout ſe diſperſe et fuit ſans vous répondre?

MATAN.

Approchons.

## SCENE II.

ZACHARIE, MATHAN, NABAL.

ZACHARIE.

Téméraire, où voulés-vous paſſer?
Au-delà de ce lieu gardés-vous d'avancer.
C'eſt des miniſtres ſaints la demeure ſacrée,

Les loix à tout profane en défendent l'entrée.
Qui cherchés-vous? Mon père, en ce jour ſolemnel,
De l'idolâtre impur fuit l'aſpect criminel.
Et devant le Seigneur maintenant proſternée,
Ma mère en ce devoir craint d'être détournée.

MATHAN.

Mon fils, nous attendrons, ceſſés de vous troubler.
C'eſt votre illuſtre mère à qui je veux parler.
Je viens ici chargé d'un ordre de la Reine,

---

## *SCENE* III.

MATHAN, NABAL.

NABAL.

Leurs enfans ont déjà leur audace hautaine.
Mais que veut Athalie en cette occaſion?
D'où naît dans ſes conſeils cette confuſion?
Par l'inſolent Joad ce matin offenſée,
Et d'un enfant fatal en ſonge menacée,
Elle allait immoler Joad à ſon courroux,
Et dans ce temple enfin placer Baal et vous.
Vous m'en aviés déjà confié votre joie,
Et j'eſpérais ma part d'une ſi riche proie.
Qui fait changer ainſi ſes vœux irréſolus?

MATHAN.

Ami, depuis deux jours je ne la connais plus.
Ce n'eſt plus cette Reine éclairée, intrépide,
Elevée au-deſſus de ſon ſexe timide,
Qui d'abord accablait ſes ennemis ſurpris,
Et d'un inſtant perdu connaiſſait tout le prix.
La peur d'un vain remords trouble cette grande ame;
Elle flotte, elle héſite, en un mot, elle eſt femme...
J'avais tantôt rempli d'amertume et de fiel
Son cœur déjà ſaiſi des menaces du Ciel.
Elle-même, à mes ſoins confiant ſa vengeance,
M'avait dit d'aſſembler ſa garde en diligence.
Mais, ſoit que cet enfant, devant elle amené,
De ſes parens, dit-on, rebut infortuné,
Eût d'un ſonge effrayant diminué l'allarme,
Soit qu'elle eût même en lui vû je ne ſais quel charme;
J'ai trouvé ſon courroux chancelant, incertain,
Et déjà remettant ſa vengeance à demain,
Tous ſes projets ſemblaient l'un l'autre ſe détruire.
Du ſort de cet enfant je me ſuis fait inſtruire,
Ai-je dit. On commence à vanter ſes ayeux.
Joad de temps en temps le montre aux factieux,
Le fait attendre aux Juifs comme un autre Moïſe,
Et d'oracles menteurs s'appuie et s'autoriſe.
Ces mots ont fait monter la rougeur ſur ſon front,

Jamais menſonge heureux n'eut un effet ſi prompt.
Eſt-ce à moi de languir dans cette incertitude?
Sortons, a-t-elle dit, ſortons d'inquiétude.
Vous-même à Joſabet prononcés cet arrêt.
Les feux vont s'allumer, et le fer eſt tout prêt.
Rien ne peut de leur temple empêcher le ravage,
Si je n'ai de leur foi cet enfant pour ôtage.

NABAL.

Hé bien, pour un enfant qu'ils ne connaiſſent pas,
Que le haſard peut-être a jetté dans leurs bras,
Voudront-ils que leur temple enſeveli ſous l'herbe...

MATHAN.

Ah, de tous les mortels connais le plus ſuperbe!
Plutôt que dans mes mains par Joad ſoit livré
Un enfant qu'à ſon Dieu Joad a conſacré,
Tu lui verras ſubir la mort la plus terrible.
D'ailleurs pour cet enfant leur attache eſt viſible.
Si j'ai bien de la Reine entendu le récit,
Joad ſur ſa naiſſance en ſait plus qu'il ne dit.
Quel qu'il ſoit, je prévois qu'il leur ſera funeſte.
Ils le refuſeront. Je prends ſur moi le reſte.
Et j'eſpère qu'enfin de ce temple odieux
Et la flamme et le fer vont délivrer mes yeux.

NABAL.

Qui peut vous inſpirer une haine ſi forte?
Eſt-ce que de Baal le zèle vous transporte?

Pour moi, vous le ſavés, deſcendu d'Iſmaël,
Je ne ſers ni Baal, ni le Dieu d'Iſraël.

MATHAN.

Ami, peux-tu penſer que d'un zèle frivole
Je me laiſſe aveugler pour une vaine idole,
Pour un fragile bois que, malgré mon ſecours
Les vers ſur ſon autel conſument tous les jours?
Né miniſtre du Dieu qu'en ce temple on adore,
Peut-être que Mathan le ſervirait encore,
Si l'amour des grandeurs, la ſoif de commander,
Avec ſon joug étroit pouvaient s'accommoder.
Qu'eſt-il beſoin, Nabal, qu'à tes yeux je rapelle
De Joad et de moi la fameuſe querelle,
Quand j'oſai contre lui diſputer l'encenſoir,
Mes brigues, mes combats, mes pleurs, mon deſeſpoir?
Vaincu par lui, j'entrai dans une autre carrière,
Et mon ame à la cour s'attacha toute entière.
J'approchai par degrés de l'oreille des Rois,
Et bientôt en oracle on érigea ma voix.
J'étudiai leur cœur, je flattai leurs caprices,
Je leur ſemai de fleurs le bord des précipices;
Près de leurs paſſions rien ne me fut ſacré,
De meſure et de poids je changeais à leur gré.
Autant que de Joad l'inflexible rudeſſe
De leur ſuperbe oreille offenſait la molleſſe,
Autant je les charmais par ma dextérité,
Dérobant à leurs yeux la triſte vérité,

Prêtant à leurs fureurs des couleurs favorables,
Et prodigue fur-tout du fang des miférables.
Enfin au Dieu nouveau qu'elle avait introduit,
Par les mains d'Athalie un temple fut conftruit.
Jérufalem pleura de fe voir profanée.
Des enfans de Lévi la troupe consternée,
En pouffa vers le ciel des hurlemens affreux;
Moi feul, donnant l'exemple aux timides Hébreux,
Déferteur de leur loi j'approuvai l'entreprife,
Et par-là de Baal méritai la prêtrife.
Par-là je me rendis terrible à mon rival,
Je ceignis la thiare, et marchai fon égal.
Toutefois, je l'avoue, en ce comble de gloire,
Du Dieu que j'ai quitté l'importune mémoire
Jette encore en mon ame un refte de terreur.
Et c'eft ce qui redouble et nourrit ma fureur.
Heureux, fi, fur fon temple achevant ma vengeance,
Je puis convaincre enfin fa haine d'impuiffance;
Et parmi les débris, le ravage, et les morts,
A force d'attentats perdre tous mes remords!
Mais voici Jofabet.

## SCENE IV.

### JOSABET, MATHAN, NABAL.

MATHAN.

Envoyé par la Reine,
Pour rétablir le calme et diſſiper la haine;
Princeſſe, en qui le Ciel mit un eſprit ſi doux,
Ne vous étonnés pas ſi je m'adreſſe à vous.
Un bruit, que j'ai pourtant ſoupçonné de menſonge,
Appuyant les avis qu'elle a reçus en ſonge,
Sur Joad accuſé de dangereux complots,
Allait de ſa colère attirer tous les flots.
Je ne veux point ici vous vanter mes ſervices.
De Joad contre moi je ſais les injuſtices,
Mais il faut à l'offenſe oppoſer les bienfaits;
Enfin je viens chargé de paroles de paix.
Vivés, ſolemniſés vos fêtes ſans ombrage.
De votre obéïſſance elle ne veut qu'un gage.
C'eſt (pour l'en détourner j'ai fait ce que j'ai pû)
Cet enfant ſans parens, qu'elle dit qu'elle a vû.

JOSABET.

Eliacin!

MATHAN.

J'en ai pour elle quelque honte.
D'un vain ſonge peut-être elle fait trop de compte;

Mais vous vous déclarés ſes mortels ennemis,
Si cet enfant ſur l'heure en mes mains n'eſt remis.
La Reine impatiente attend votre réponſe.

JOSABET.

Et voilà de ſa part la paix qu'on nous annonce?

MATHAN.

Pourriés-vous un moment douter de l'accepter?
D'un peu de complaiſance eſt-ce trop l'acheter?

JOSABET.

J'admirais ſi Mathan, dépouillant l'artifice,
Avait pû de ſon cœur ſurmonter l'injuſtice,
Et ſi de tant de maux le funeſte inventeur,
De quelque ombre de bien pouvait être l'auteur.

MATHAN.

De quoi vous plaignés-vous? Vient-on avec furie
Arracher de vos bras votre fils Zacharie?
Quel eſt cet autre enfant ſi cher à votre amour?
Ce grand attachement me ſurprend à mon tour.
Eſt-ce un tréſor pour vous ſi précieux, ſi rare?
Eſt-ce un libérateur que le Ciel vous prépare?
Songés-y. Vos refus pourraient me confirmer
Un bruit ſourd, que déjà l'on commence à ſemer.

JOSABET.

Quel bruit?

MATHAN.

Que cet enfant vient d'illuſtre origine;
Qu'à quelque grand projet votre époux le deſtine.

JOSABET.

Et Mathan, par ce bruit qui flatte ſa fureur. . .

MATHAN.

Princeſſe, c'eſt à vous à me tirer d'erreur.
Je ſais que, du menſonge implacable ennemie,
Joſabet livrerait même ſa propre vie,
S'il fallait que ſa vie à ſa ſincérité
Coûtât le moindre mot contre la vérité.
Du ſort de cet enfant on n'a donc nulle trace?
Une profonde nuit enveloppe ſa race?
Et vous-même ignorés de quels parens iſſu,
De quelles mains Joad en ſes bras l'a reçu?
Parlés, je vous écoute, et ſuis prêt de vous croire,
Au Dieu que vous ſervés, Princeſſe, rendés gloire.

JOSABET.

Méchant, c'eſt bien à vous d'oſer ainſi nommer
Un Dieu que votre bouche enſeigne à blasphêmer!
Sa vérité par vous peut-elle être atteſtée,
Vous, malheureux, aſſis dans la chaire empeſtée,
Où le menſonge règne et répand ſon poiſon;
Vous nourri dans la fourbe et dans la trahiſon?

## SCENE V.

### JOAD, JOSABET, MATHAN, NABAL.

JOAD.

Ou ſuis-je? De Baal ne vois-je pas le prêtre?
Quoi, fille de David, vous parlés à ce traître?
Vous ſouffrés qu'il vous parle, et vous ne craignés pas
Que du fond de l'abîme entr'ouvert ſous ſes pas,
Il ne ſorte à l'inſtant des feux qui vous embraſent,
Ou qu'en tombant ſur lui ces murs ne vous écraſent?
Que veut-il? De quel front cet ennemi de Dieu
Vient-il infecter l'air qu'on reſpire en ce lieu?

MATHAN.

On reconnaît Joad à cette violence.
Toutefois il devrait garder plus de prudence,
Reſpecter une Reine, et ne pas outrager
Celui que de ſon ordre elle a daigné charger.

JOAD.

Hé bien, que nous fait-elle annoncer de ſiniſtre?
Quel ſera l'ordre affreux qu'apporte un tel miniſtre?

MATHAN.

J'ai fait à Joſabet ſavoir ſa volonté.

JOAD.

Sors donc de devant moi, monstre d'impiété.
De toutes tes horreurs, va, comble la mesure.
Dieu s'apprête à te joindre à la race parjure,
Abiron, et Dathan, Doeg, Achitophel;
Les chiens, à qui son bras a livré Jézabel,
Attendant que sur toi sa fureur se déploie,
Déjà sont à ta porte, et demandent leur proie.

MATHAN troublé.

Avant la fin du jour... on verra qui de nous...
Doit... Mais sortons, Nabal.

NABAL.

Où vous égarés-vous?
De ses sens étonnés quel désordre s'empare?
Voilà votre chemin.

---

## SCENE VI.

### JOAD, JOSABET.

JOSABET.

L'orage se déclare.
Athalie en fureur demande Eliacin.
Déjà de sa naissance et de votre dessein
On commence, Seigneur, à percer le mystère.
Peu s'en faut que Mathan ne m'ait nommé son père.

JOAD.

Au perfide Mathan qui l'aurait révélé?
Votre trouble à Mathan n'a-t-il point trop parlé?

JOSABET.

J'ai fait ce que j'ai pû, pour m'en rendre maîtresse.
Cependant croyés-moi, Seigneur, le péril presse.
Réservons cet enfant pour des temps plus heureux.
Tandis que les méchans délibèrent entr'eux,
Avant qu'on l'environne, avant qu'on nous l'arrache,
Une seconde fois souffrés que je le cache.
Les portes, les chemins lui sont encore ouverts.
Faut-il le transporter aux plus affreux déserts?
Je suis prête. Je sais une secrete issue;
Par où, sans qu'on le voie, et sans être apperçue,
De Cédron avec lui traversant le torrent,
J'irai dans le désert, où jadis en pleurant,
Et cherchant comme nous son salut dans la fuite,
David d'un fils rébelle évita la poursuite.
Je craindrai moins pour lui les lions et les ours...
Mais pourquoi de Jéhu refuser le socours?
Je vous ouvre peut-être un avis salutaire.
Faisons de ce trésor Jéhu dépositaire.
On peut dans ses états le conduire aujourd'hui,
Et le chemin est court qui mène jusqu'à lui.
Jéhu n'a point un cœur farouche, inexorable;
De David à ses yeux le nom est favorable.

Hélas, eſt-il un Roi ſi dur et ſi cruel,
A moins qu'il n'eût pour mère une autre Jézabel,
Qui d'un tel ſuppliant ne plaignit l'infortune!
Sa cauſe à tous les Rois n'eſt-elle pas commune?

JOAD.

Quels timides conſeils m'oſés-vous ſuggérer?
En l'appui de Jéhu pourriés-vous eſpérer?

JOSABET.

Dieu défend-il tout ſoin et toute prévoyance?
Ne l'offenſe-t-on point par trop de confiance?
A ſes deſſeins ſacrés employant les humains,
N'a-t-il pas de Jéhu lui-même armé les mains?

JOAD.

Jéhu, qu'avait choiſi ſa ſageſſe profonde,
Jéhu, ſur qui je vois que votre eſpoir ſe fonde,
D'un oubli trop ingrat a payé ſes bienfaits.
Jéhu laiſſe d'Achab l'affreuſe fille en paix;
Suit des Rois d'Iſraël les profanes exemples;
Du vil Dieu de l'Egypte a conſervé les temples.
Jéhu, ſur les hauts-lieux enfin oſant offrir
Un téméraire encens que Dieu ne peut ſouffrir,
N'a, pour ſervir ſa cauſe et venger ſes injures,
Ni le cœur aſſés droit, ni les mains aſſés pures;
Non, non, c'eſt à Dieu ſeul qu'il faut nous attacher,

Montrons Eliacin; et, loin de le cacher,
Que du bandeau royal sa tête soit ornée.
Je veux même avancer l'heure déterminée,
Avant que de Mathan le complot soit formé.

---

## SCENE VII.

### JOAD, JOSABET, AZARIAS,

suivi du chœur et de plusieurs Lévites.

JOAD.

Hé bien, Azarias, le temple est-il fermé?

AZARIAS.

J'en ai fait devant moi fermer toutes les portes.

JOAD.

N'y reste-t-il que vous et vos saintes cohortes?

AZARIAS.

De ses parvis sacrés j'ai deux fois fait le tour.
Tout a fui. Tous se sont séparés sans retour.
Misérable troupeau qu'a dispersé la crainte;
Et Dieu n'est plus servi que dans la tribu sainte.
Depuis qu'à Pharaon ce peuple est échappé,
Une égale terreur ne l'avait point frappé.

JOAD.

Peuple lâche en effet, et né pour l'esclavage,
Hardi contre Dieu seul! Poursuivons notre ouvrage.

Mais qui retient encor ces enfans parmi nous?

UNE DES FILLES DU CHOEUR.

Hé pourrions-nous, Seigneur, nous séparer de vous?
Dans le temple de Dieu sommes nous étrangères?
Vous avés près de vous nos pères et nos frères.

UNE AUTRE.

Hélas! si pour venger l'opprobre d'Israël,
Nos mains ne peuvent pas, comme autrefois Jahel *),
Des ennemis de Dieu percer la tête impie,
Nous lui pouvons du moins immoler notre vie.
Quand vos bras combattront pour son temple attaqué,
Par nos larmes du moins il peut être invoqué.

JOAD.

Voila donc quels vengeurs s'arment pour ta querelle,
Des prêtres, des enfans, ô sagesse éternelle!
Mais si tu les soutiens, qui peut les ébranler?
Du tombeau, quand tu veux, tu sais nous rappeller,
Tu frappes et guéris, tu perds et ressuscites.
Ils ne s'assurent point en leurs propres mérites,
Mais en ton nom sur eux invoqué tant de fois,
En tes sermens jurés au plus saint de leurs Rois,
En ce temple où tu fais ta demeure sacrée,

*) Juges, chap. 4.

Et qui doit du ſoleil égaler la durée.
Mais d'où vient que mon cœur frémit d'un ſaint effroi ?
Eſt-ce l'eſprit divin qui s'empare de moi ?
C'eſt lui-même. Il m'échauffe. Il parle. Mes yeux s'ouvrent,
Et les ſiècles obſcurs devant moi ſe découvrent.
Lévites, de vos ſons prêtés-moi les accords,
Et de ces mouvemens ſecondés les tranſports.

LE CHOEUR chante au ſon de toute la ſymphonie des inſtrumens.

Que du Seigneur la voix ſe faſſe entendre,
Et qu'à nos cœurs ſon oracle divin
Soit ce qu'à l'herbe tendre
Eſt au printems la fraîcheur du matin.

JOAD.

Cieux, écoutés ma voix. Terre, prête l'oreille.
Ne dis plus, ô Jacob, que ton Seigneur ſommeille,
Pécheurs, diſparaiſſés, le Seigneur ſe réveille,

Ici recommence la ſymphonie, et Joad auſſi-tôt reprend la parole.

Comment en un plomb vil *) l'or pur s'eſt-il changé ?
Quel eſt dans le lieu ſaint **) ce pontife égorgé ?
Pleure, Jéruſalem, pleure, cité perfide,
Des prophètes divins malheureuſe homicide.
De ſon amour pour toi ton Dieu s'eſt dépouillé,
Ton encens à ſes yeux eſt un encens ſouillé,

*) Joas.
**) Zacharie,

Où menés vous *) ces enfans et ces femmes ?
Le Seigneur a détruit la Reine des cités,
Ses prêtres ſont captifs, ſes Rois ſont rejettés.
Dieu ne veut plus qu'on vienne à ſes ſolemnités.
Temple, renverſe-toi. Cèdres, jettés des flammes.
Jéruſalem, objet de ma douleur.
Quelle main en un jour t'a ravi tous tes charmes ?
Qui changera mes yeux en deux ſources de lar-
mes,
Pour pleurer ton malheur ?

AZARIAS.

O ſaint temple !

JOSABET,

O David !

LE CHOEUR.

Dieu de Sion, rappelle,
Rappelle en ſa faveur tes antiques bontés.

La ſymphonie recommence encore, et Joad un moment après l'interrompt.

JOAD.

Quelle Jéruſalem nouvelle
Sort du fond du déſert brillante de clartés,
Et porte ſur le front une marque immortelle ?
Peuples de la terre, chantés.
Jéruſalem **) renaît plus charmante et plus belle.
D'où lui viennent de tous côtés

*) Captivité de Babylone.
**) L'égliſe.

Ces enfans *) qu'en ſon ſein elle n'a point portés?
Leve, Jéruſalem, leve ta tête altière.
Regarde tous ces Roís de ta gloire étonnés.
Les Rois des nations, devant toi proſternés,
De tes pieds baiſent la pouſſière.
Les peuples á l'envi marchent à ta lumière.
Heureux qui, pour Sion, d'une ſainte ferveur,
Sentira ſon ame embraſée!
Cieux, répandés votre roſée,
Et que la terre enfante ſon Sauveur.

JOSABET.

Hélas, d'où nous viendra cette inſigne faveur,
Si les Rois de qui doit deſcendre ce Sauveur....

JOAS.

Préparés, Joſabet, le riche diadême
Que ſur ſon front ſacré David porta lui-même.
(Aux Lévites.)
Et vous, pour vous armer, ſuivés-moi dans ces lieux
Où ſe garde caché, loin des profanes yeux,
Ce formidable amas de lances et d'épées,
Qui du ſang Philiſtin jadis furent trempées,
Et que David vainqueur, d'ans et d'honneurs chargè,
Fit conſacrer au Dieu qui l'avait protégé.
Peut-on les employer pour un plus noble uſage?
Venés, je veux moi-même en faire le partage.

*) Les Gentils.

## SCENE VIII.

SALOMITH, LE CHOEUR.

SALOMITH.

Que de crainte, mes ſœurs, que de troubles
mortels !
Dieu tout-puiſſant, ſont-ce là les prémices,
Les parfums et les ſacrifices
Qu'on devait en ce jour offrir ſur tes autels ?

UNE DES FILLES DU CHOEUR.

Quel ſpectacle à nos yeux timides ?
Qui l'eût cru qu'on dût voir jamais
Les glaives meurtriers, les lances homicides,
Briller dans la maiſon de paix ?

UNE AUTRE.

D'où vient que, pour ſon Dieu pleine d'indifférence,
Jéruſalem ſe tait en ce preſſant danger ?
D'où vient, mes ſœurs, que, pour nous pro-
téger,
Le brave Abner, au moins, ne rompt pas le
ſilence ?

SALOMITH.

Hélas, dans une cour où l'on n'a d'autres loix
Que la force et la violence,
Où les honneurs et les emplois

Sont le prix d'une aveugle et baſſe obéïſſance,
Ma ſœur, pour la triſte innocence,
Qui voudrait élever ſa voix?

UNE AUTRE.

Dans ce péril, dans ce déſordre extrême,
Pour qui prépare-t-on le ſacré diadême?

SALOMITH,

Le Seigneur a daigné parler.
Mais ce qu'à ſon prophète il vient de révéler,
Qui pourra nous le faire entendre?
S'arme-t-il pour nous défendre?
S'arme-t-il pour nous accabler?

TOUT LE CHOEUR chante.

O promeſſe! O menace! O ténébreux myſtére!
Que de maux, que de biens ſont prédits tour-à-tour!
Comment peut-on avec tant de colère
Accorder tant d'amour?

UNE VOIX ſeule.

Sion ne ſera plus. Une flamme cruelle
Détruira tous ſes ornemens.

UNE AUTRE VOIX.

Dieu protège Sion. Elle a pour fondemens
Sa parole éternelle.

LA PREMIERE.

Je vois tout ſon éclat diſparaître à mes yeux.

LA SECONDE.

Je vois de toutes parts ſa clarté répandue.

LA PREMIERE.

Dans un gouffre profond Sion est descendue.

LA SECONDE.

Sion a son front dans les cieux.

LA PREMIERE.

Quel triste abaissement!

LA SECONDE.

Quelle immortelle gloire!

LA PREMIERE.

Que de cris de douleur!

LA SECONDE.

Que de chants de victoire!

UNE TROISIEME.

Cessons de nous troubler. NotreDieu quelque jour
Dévoilera ce grand mystère.

TOUTES TROIS ENSENBLE.

Révérons sa colère.
Espérons en son amour.

UNE AUTRE.

D'un cœur qui t'aime,
Mon Dieu, qui peut troubler la paix?
Il cherche en tout ta volonté suprême,
Et ne se cherche jamais.
Sur la terre, dans le ciel même,
Est-il d'autre bonheur que la tranquille paix
D'un cœur qui t'aime?

*Fin du troisième Acte.*

# ACTE IV.

## SCENE PREMIERE.

JOAS, JOSABET, ZACHARIE, SALOMITH, UN LEVITE, LE CHOEUR.

SALOMITH.

D'un pas majeſtueux à côté da ma mère,
Le jeune Eliacin s'avance avec mon frère,
Dans ces voiles, mes ſœurs, que portent-ils tous deux?
Quel eſt ce glaive enfin qui marche devant eux?

JOSABET à Zacharie.

Mon fils, avec reſpect poſés, ſur cette table
De notre ſainte loi le livre redoutable.
Et vous auſſi, poſés, aimable Eliacin,
Cet auguſte bandeau près du livre divin.
Lévite, il faut placer, Joad ainſi l'ordonne,
Le glaive de David auprès de ſa couronne.

JOAS.

Princeſſe, quel eſt donc ce ſpectacle nouveau?
Pourquoi ce livre ſaint, ce glaive, ce bandeau?
Depuis que le Seigneur m'a reçu dans ſon temple,
D'un ſemblable appareil je n'ai point vû d' exemple.

JOSABET.

Tous vos doutes, mon fils, bientôt s'éclairciront.

JOAS.

Vous voulés essayer ce bandeau sur mon front?
Ah, Princesse, gardés d'en profaner la gloire!
Du Roi qui l'a porté respectés la mémoire.
Un malheureux enfant aux ours abandonné...

JOSABET lui essayant le diadême.

Laissés, mon fils, je fais ce qui m'est ordonné.

JOAS.

Mais j'entends des sanglots sortir de votre bouche!
Princesse, vous pleurés; quelle pitié vous touche?
Est-ce qu'en holocauste aujourd'hui présenté,
Je dois, comme autrefois la fille de Jephté,
Du Seigneur par ma mort appaiser la colère?
Hélas, un fils n'a rien qui ne soit à son père!

JOSABET.

Voici qui vous dira les volontés des Cieux.
Ne craignés rien. Et nous, sortons tous de ces lieux.

## SCENE II.

### JOAD, JOAS.

JOAS courant dans les bras du Grand-Prêtre.

Mon père!

JOAS.

Hé bien, mon fils?

JOAS.

Qu'est-ce donc qu'on prépare?

JOAD.

Il est juste, mon fils, que je vous le déclare.
Il faut que vous soyés instruit, même avant tous,
Des grands desseins de Dieu sur son peuple et sur vous.
Armés-vous d'un courage et d'une foi nouvelle.
Il est tems de montrer cette ardeur et ce zèle,
Qu'au fond de votre cœur mes soins ont cultivés,
Et de payer à Dieu ce que vous lui devés.
Sentés-vous cette noble et généreuse envie?

JOAS.

Je me sens prêt, s'il veut, de lui donner ma vie.

JOAD.

On vous a lû souvent l'histoire de nos Rois.
Vous souvient-il, mon fils, quelles étroites loix
Doit s'imposer un Roi digne du diadême?

JOAS.

Un Roi ſage, ainſi Dieu *) l'a prononcé lui-même,
Sur la richeſſe et l'or ne met point ſon appui,
Craint le Seigneur ſon Dieu, ſans ceſſe a devant lui
Ses préceptes, ſes loix, ſes jugemens ſévères,
Et d'injuſtes fardeaux n'accable point ſes frères.

JOAD.

Mais ſur l'un de ces Rois, s'il fallait vous régler,
A qui choiſiriés-vous, mon fils, de reſſembler?

JOAS.

David, pour le Seigneur plein d'un amour fidèle.
Me paraît des grands Rois le plus parfait modèle.

JOAD.

Ainſi dans leurs excès vous n'imiteriés pas
L'infidèle Joram, l'impie Okoſias?

JOAS.

O mon père!

JOAD.

Achevés, dites, que vous en ſemble?

JOAS.

Puiſſe périr comme eux quiconque leur reſ-
ſemble.

(Joad ſe proſterne à ſes pieds.)

Mon pére, en quel état vous vois-je devant moi?

JOAD.

Je vous rends le reſpect que je dois à mon Roi.
De vôtre ayeul David, Joas, rendés-vous digne.

*) Deut. chap. 17.

JOAS.

Joas? Moi?

JOAD se relevant.

Vous saurés par quelle grace insigne
D'une mère en fureur Dieu trompant le dessein,
Quand déjà son poignard était dans votre sein,
Vous choisit, vous sauva du milieu du carnage.
Vous n'êtes pas encore échappé de sa rage.
Avec la même ardeur qu'elle voulut jadis
Perdre en vous le dernier des enfans de son fils,
A vous faire périr sa cruauté s'attache,
Et vous poursuit encor sous le nom qui vous cache.
Mais sous vos étendarts j'ai déja sû ranger
Un peuple obéïssant et prompt à vous venger.
Entrés généreux chefs des familles sacrées,
Du ministère saint tour-à-tour honorées.

---

## SCENE III.

JOAS, JOAD, AZARIAS, ISMAEL, TROIS AUTRES CHEFS DES LEVITES.

JOAD.

Roi, voilà vos vengeurs contre vos ennemis.
Prêtres, voila le Roi que je vous ai promis.

AZARIAS.

Quoi, c'eſt Eliacin?

ISMAEL.

Quoi, cet enfant aimable....

JOAD.

Eſt des Rois de Juda l'héritier véritable,
Dernier né des enfans du triſte Okoſias,
Nourri, vous le ſavés, ſous le nom de Joas.
De cette fleur ſi tendre et ſi-tôt moiſſonnée,
Tout Juda, comme vous, plaignant la deſtinée,
Avec ſes frères morts le crut enveloppé.
Du perfide couteau comme eux il fut frappé.
Mais Dieu du coup mortel ſut détourner l'atteinte,
Conſerva dans ſon cœur la chaleur presque éteinte,
Permit que, des bourreaux trompant l'œil vigilant,
Joſabet dans ſon ſein l'emportât tout ſanglant,
Et n'ayant de ſon vol que moi ſeul pour complice,
Dans le temple cachât l'enfant et la nourrice.

JOAS.

Hélas, de tant d'amour et de tant de bienfaits,
Mon pére quel moyen de m'aquitter jamais?

JOAD.

Gardés pour d'autres tems cette reconnaiſſance.
Voilà donc votre Roi, votre unique eſperance.
J'ai pris ſoin jusqu'ici de vous le conſerver,
Miniſtres du Seigneur, c'eſt à vous d'achever.

Bientôt de Jézabel la fille meurtrière,
Instruite que Joas voit encor la lumière,
Dans l'horreur du tombeau viendra le replonger.
Déjà sans le connaître elle veut l'égorger.
Prêtres saints, c'est à vous de prévenir sa rage.
Il faut finir des Juifs le honteux esclavage,
Venger nos Princes morts, relever votre loi,
Et faire aux deux tribus reconnaître leur Roi.
L'entreprise, sans doute, est grande et périlleuse.
J'attaque sur son trône une Reine orgueilleuse,
Qui voit sous ses drapeaux marcher un camp nombreux
De hardis étrangers, d'infidèles Hébreux.
Mais ma force est au Dieu, dont l'intérêt me guide,
Songés qu'en cet enfant tout Israél réside.
Déjà ce Dieu vengeur commence à la troubler.
Déjà, trompant ses soins, j'ai sû vous rassembler.
Elle nous croit ici sans armes, sans défense.
Couronnons, proclamons Joas en diligence.
De-là, du nouveau Prince intrépides soldats,
Marchons, en invoquant l'arbître des combats;
Et, réveillant la foi dans les cœurs endormie,
Jusques dans son palais cherchons notre ennemie.
Eh quels cœurs si plongés dans un lâche sommeil,
Nous voyant avancer dans ce saint appareil,
Ne s'empresseront pas à suivre notre exemple!

Un Roi, que Dieu lui-même a nourri dans ſon temple,
Le ſucceſſeur d'Aaron de ſes prêtres ſuivi,
Conduiſant au combat les enfans de Lévi,
Et dans ces mêmes mains, des peuples révérées,
Les armes au Seigneur par David conſacrées!
Dieu ſur ſes ennemis répandra ſa terreur.
Dans l'infidèle ſang baignés-vous ſans horreur.
Frappés et Tyriens, et même Iſraélites.
Ne deſcendés-vous pas de ces fameux Lévites,
Qui lorsqu'au Dieu du Nil le volage Iſraél
Rendit dans le deſert un culte criminel,
De leurs plus chers parens saintement homicides,
Conſacrèrent leurs mains dans le ſang des perfides,
Et par ce noble exploit vous acquirent l'honneur
D'être ſeuls employés aux autels du Seigneur?
Mais je vois que déjà vous brûlés de me ſuivre.
Jurés donc avant tout ſur cet auguſte livre,
A ce Roi que le Ciel vous redonne aujourd'hui,
De vivre, de combattre, et de mourir pour lui.

AZARIAS au bout de la table, ayant la main ſur le livre ſaint.

Oui, nous jurons ici pour nous, pour tous nos frères,
De rétablir Joas au trône de ſes pères,
De ne poſer le fer entre nos mains remis,
Qu'apprès l'avoir vengé de tous ſes ennemis.

Si quelque transgresseur enfreint cette promesse,
Qu'il éprouve, grand Dieu, ta fureur vengeresse ;
Qu'avec lui ses enfans, de ton partage exclus,
Soient au rang de ces morts, que tu ne connais plus.

JOAD.

Et vous, à cette loi, votre règle éternelle,
Roi, ne jurés-vous pas d'être toujours fidèle ?

JOAS.

Pourrais-je à cette loi ne me pas conformer ?

JOAD.

O mon fils, de ce nom j'ose encor vous nommer,
Souffrès cette tendresse, et pardonnés aux larmes
Que m'arrachent pour vous de trop justes allarmes.
[illegible]
Hélas ! vous ignorés le charme empoisonneur.
De l'absolu pouvoir vous ignorés l'yvresse,
Et des lâches flatteurs la voix enchanteresse.
Bientôt ils vous diront que les plus saintes loix,
Maîtresses du vil peuple, obéïssent aux Rois ;
Qu'un Roi n'a d'autre frein que sa volonté même;
Qu'il doit immoler tout à sa grandeur suprême ;
Qu'aux larmes, au travail le peuple est condamné,
Et d'un sceptre de fer veut être gouverné ;
Que s'il n'est opprimé, tôt ou tard il opprime.
Ainsi de piège en piège, et d'abîme en abîme,
Corrompant de vos mœurs l'aimable pureté,

Ils vous feront enfin haïr la vérité;
Vous peindront la vertu fous une affreufe image.
Hélas, ils ont des Rois égaré le plus fage!
Promettés fur ce livre et devant ces témoins,
Que Dieu fera toujours le premier de vos foins;
Que févère aux mechans, et des bons le refuge,
Entre le pauvre et vous, vous prendrés Dieu pour juge;
Vous fouvenant, mon fils, que, caché fous le lin,
Comme eux vous futes pauvre, et comme eux orphelin.

JOAS au milieu de la table, ayant la main fur le livre faint.

Je promets d'obferver ce que la loi m'ordonne.
Mon Dieu, puniffés-moi, fi je vous abandonne.

JOAD.

Venés, de l'huile fainte il faut vous confacrer,
Paraiffés, Jofabet, vous pouvés vous montrer.

---

## SCENE IV.

JOAS, JOAD, JOSABET, ZACHARIE, SALOMITH, AZARIAS, ISMAEL, TROIS AUTRES CHEFS DES LEVITES, LE CHOEUR.

JOSABET embraſſant Joas.

O Roi, fils de David!

JOAS.

O mon unique mère!
Venés, cher Zacharie, embraſſer votre frère.

JOSABET à Zacharie.

Aux pieds de votre Roi, proſternés-vous mon fils.

(Zacharie ſe jette aux pieds de Joas.)

JOAD pendant qu'ils s'embraſſent.

Enfans, ainſi toujours puiſſiés-vous être unis!

JOSABET à Joas.

Vous ſavés donc quel ſang vous a donné la vie?

JOAS.

Et je ſais quelle main ſans vous me l'eût ravie.

JOSABET.

De votre nom, Joas, je puis donc vous nommer?

JOAS.

Joas ne ceſſera jamais de vous aimer.

LE CHOEUR

Quoi, c'eſt-là...

JOSABET.

C'eſt Joas.

JOAS.

Econtons ce Lévite.

---

## SCENE V.

JOAS, JOSABET, JOAD, ZACHARIE, SALOMITH, AZARIAS, ISMAEL, TROIS AUTRES CHEFS DES LEVITES, UN LEVITE, LE CHOEUR.

UN LEVITE.

J'ignore contre Dieu quel projet on médite,
Mais l'airain menaçant frémit de toutes parts.
On voit luire des feux parmi des étendarts,
Et, ſans doute, Athalie aſſemble ſon armée.
Déjà même au ſecours toute voie eſt fermée.
Déjà le ſacré mont, où le temple eſt bâti,
D'inſolens Tyriens eſt par tout inveſti.
L'un d'eux, en blaſphémant, vient de nous faire entendre,
Qu'Abner eſt dans les fers, et ne peut nous défendre.

JOSABET à Joas.

Cher enfant, que le Ciel envain m'avait rendu,
Hélas, pour vous ſauver, j'ai fait ce que j'ai pû.
Dieu ne ſe ſouvient plus de David votre père.

JOAD à Joſabet.

Quoi, vous ne craignês pas d'attirer ſa colère
Sur vous, et ſur ce Roi ſi cher à votre amour;
Et quand Dieu, de vos bras l'arrachant ſans retour,
Voudrait que de David la maiſon fût éteinte,
N'êtes-vous pas ici ſur la montagne ſainte,
Ou le père des Juiſs *), ſur ſon fils innocent
Leva, ſans murmurer, un bras obéïſſant;
Et mit ſur un bûcher ce fruit de ſa vieilleſſe,
Laiſſant à Dieu le ſoin d'accomplir ſa promeſſe,
Et lui ſacrifiant, avec ce fils aimé,
Tout l'eſpoir de ſa race en lui ſeul renfermé?
Amis, partageons-nous. Qu'Iſmaél en ſa garde
Prenne tout le côté que l'Orient regarde;
Vous, le côté de l'Ourſe, et vous, de l'Occident;
Vous, le Midi. Qu'aucun, par un zèle imprudent,
Découvrant mes deſſeins, ſoit prêtre, ſoit Lévite,
Ne ſorte avant le tems, et ne ſe précipite:
Et que chacun enfin, d'un même eſprit pouſſé,
Garde en mourant le poſte où je l'aurai placé.
L'ennemi nous regarde, en ſon aveugle rage,

*) Abraham.

Comme de vils troupeaux réfervés au carnage,
Et croit ne rencontrer que défordre et qu'effroi.
Qu'Azarias par-tout accompagne le Roi,

(A Joas.)

Venés, cher rejetton d'une vaillante race,
Remplir vos défenfeurs d'une nouvelle audace.
Venés du diadême à leurs yeux vous couvrir,
Et périffés du moins en Roi, s'il faut périr.
Suivés le, Jofabet.

(A un Lévite.

Vous donnés-moi ces armes.

(Au choeurs.)

Enfans, offrés à Dieu vos innocentes larmes.

---

## SCENE VI.

### SALOMITH, LE CHOEUR.

LE CHOEUR chante.

Partés, enfans d'Aaron, partés.
Jamais plus illuftre querelle
De vos ayeux n'arma le zèle.
Partés, enfans d'Aaron, partés.
C'eft votre Roi, c'eft Dieu pour qui vous combattés.

UNE VOIX ſeule.

Où ſont les traits que tu lances,
Grand Dieu, dans ton juſte courroux ?
N'es tu plus le Dieu jaloux.
N'es-tu plus le Dieu des vengeances?

UNE AUTRE.

Où ſont, Dieu de Jacob, tes antiques bontés ?
Dans l'horreur qui nous environne
N'entens-tu que la voix de nos iniquités ?
N'es-tu plus le Dieu qui pardonne ?

LE CHOEUR.

Où ſont, Dieu de Jacob, tes antiques bontés ?

UNE VOIX ſeule.

C'eſt à toi que dans cette guerre
Les flèches des méchans prétendent s'adreſſer.
Faiſons, diſent-ils, ceſſer
Les fêtes de Dieu ſur la terre.
De ſon joug importun délivrons les mortels
Maſſacrons tous ſes ſaints, renverſons ſes autels.
Que de ſon nom, que de ſa gloire
Il ne reſte plus de mémoire.
Que ni lui, ni ſon Chriſt ne règnent plus ſur nous.

LE CHOEUR.

Où ſont les traits que tu lances,
Grand Dieu, dans ton juſte courroux ?
N'es-tu plus le Dieu jaloux ?
N'es-tu plus le Dieu des vengeances ?

UNE VOIX seule.

Triste reste de nos Rois,
Chère et dernière fleur d'une tige si belle,
Hélas, sous le couteau d'une mère cruelle
Te verrons-nous tomber une seconde fois !
Prince aimable, dis-nous, si quelque ange au berceau
Contre tes assassins prit soin de te défendre ;
Ou si dans la nuit du tombeau
La voix du Dieu vivant a ranimé ta cendre.

UNE AUTRE.

D'un père et d'un ayeul contre toi révoltés,
Grand Dieu, les attentats lui sont-ils imputés ?
Est-ce que sans retour ta pitié l'abandonne ?

LE CHOEUR.

Où sont, Dieu de Jacob, tes antiques bontés ?
N'es-tu plus le Dieu qui pardonne ?

UNE DES FILLES DU CHOEUR sans chanter.

Chères sœurs, n'entendés-vous pas
Des cruels Tyriens la trompette qui sonne ?

SALOMITH.

J'entends même les cris des barbares soldats,
Et d'horreur j'en frissonne.
Courons, fuyons, retirons-nous
A l'ombre salutaire
Du redoutable sanctuaire.

*Fin du quatrième Acte.*

---

# ACTE V.

## SCENE PREMIERE.

ZACHARIE, SALOMITH, LE CHOEUR.

SALOMITH.

Cher Zacharie, hé bien, que nous apprenés-
vous?

ZACHARIE.

Redoublés au Seigneur votre ardente prière.
Peut-être nous touchons à notre heure dernière.
Pour l'horrible combat, ma sœur, l'ordre est
donné.

SALOMITH.

Que fait Joas?

ZACHARIE.

Joas vient d'être couronné.
Le Grand-Prêtre a sur lui répandu l'huile sainte.
O ciel, dans tous les yeux quelle joie était peinte
A l'aspect de ce Roi racheté du tombeau!
Ma sœur, on voit encor la marque du couteau.
On voit paraître aussi sa fidelle nourrice,
Qui, cachée en un coin de ce vaste édifice,
Gardait ce cher dépôt, et n'avait de ses soins
Que les yeux de ma mère, et que Dieu pour té-
moins.

Nos Lévites pleuraient de joie et de tendresse,
Et mêlaient leurs sanglots à leurs cris d'allégresse,
Lui, parmi ces transports, affable et sans orgueil,
A l'un tendait la main, flattait l'autre de l'œil,
Jurait de se régler par leurs avis sincères,
Et les appellait tous ses pères ou ses frères.

SALOMITH.

Ce secret au-dehors est-il aussi semé ?

ZACHARIE.

Ce secret dans le temple est encor renfermé.
Des enfans de Lévi la troupe partagée,
Dans un profond silence aux portes s'est rangée.
Tous doivent à la fois précipiter leurs pas,
Et crier pour signal: Vive le Roi Joas!
Mais mon père défend que le Roi se hasarde,
Et veut qu'Azarias demeure pour sa garde.
Cependant Athalie, un poignard à la main,
Rit des faibles remparts de nos portes d'airain.
Pour les rompre, elle attend les fatales machines,
Et ne respire enfin que sang et que ruines.
Quelques prêtres, ma sœur, ont d'abord proposé
Qu'en un lieu souterrain, par nos pères creusé,
On renfermât du moins notre Arche précieuse.
O crainte, a dit mon père, indigne, injurieuse!
L'Arche qui fit tomber tant de superbes tours,
Et força le Jourdain de rebrousser son cours,
Des Dieux des nations tant de fois triomphante,
Fuirait donc à l'aspect d'une femme insolente!

Ma mére, auprès du Roi, dans un trouble mortel,
L'œil tantôt ſur ce Prince et tantôt ſur l'autel,
Muette et ſuccombant ſous le poids des allarmes,
Aux yeux les plus cruels arracherait des larmes.
Le Roi de tems en tems la preſſe entre ſes bras,
La flatte... Chères ſœurs, ſuivés toutes mes pas;
Et, s'il faut aujourd'hui que notre Roi périſſe,
Allons, qu'un même ſort avec lui nous uniſſe.

SALOMITH.

Quelle inſolente main frappe à coups redoublés:
Qui fait courir ainſi ces Lévites troublés?
Quelle précaution leur fait cacher leurs armes?
Le temple eſt-il forcé?

ZACHARIE.

Diſſipés vos allarmes;
Dieu nous envoie Abner.

---

## *SCENE* II.

ABNER, JOAD, JOSABET, ZACHARIE, SALOMITH, ISMAEL, DEUX LEVITES. LE CHOEUR.

JOAD.

En croirai-je mes yeux,
Cher Abner? Quel chemin a pû jusqu'en ces lieux

Vous conduire au travers d'un camp qui nous
aſſiège?
On diſait que d'Achab la fille ſacrilège
Avait, pour aſſurer ſes projets inhumains,
Chargé d'indignes fers vos généreuſes mains.

ABNER.

Oui, Seigneur, elle a craint mon zèle et mon courage;
Mais c'eſt le moindre prix que me gardait ſa rage.
Dans l'horreur d'un cachot, par ſon ordre, enfermé,
J'attendais que, le temple en cendres conſumé,
De tant de flots de ſang non encore aſſouvie,
Elle vînt m'affranchir d'une importune vie,
Et retrancher des jours, qu'aurait dû mille fois
Terminer la douleur de ſurvivre à mes Rois.

JOAD.

Par quel miracle a-t-on obtenu votre grace?

ABNER.

Dieu dans ce cœur cruel fait ſeul ce qui ſe paſſe.
Elle m'a fait venir, et d'un air égaré:
*Tu vois de mes ſoldats tous ce temple entouré,*
Dit-elle. *Un feu vengeur va le réduire en cendre;*
*Et ton Dieu contre moi ne le ſaurait défendre.*
*Ses prêtres toutefois, mais il faut ſe hâter,*
*A deux conditions peuvent ſe racheter.*
*Qu'avec Eliacin on mette en ma puiſſance*
*Un tréſor dont je ſais qu'ils ont la connaiſſance,*

*Par votre Roi David autrefois amaſſé,*
*Sous le ſceau du ſecret au Grand-Prêtre laiſſé.*
*Va, dis-leur qu'à ce prix je leur permets de vivre.*

JOAD.

Quel conſeil, cher Abner, croyés-vous qu'on doit ſuivre?

ABNER.

Et tout l'or de David, s'il eſt vrai qu'en effet
Vous gardiés de David quelque tréſor ſecret;
Et tout ce que des mains de cette Reine avare
Vous avés pû ſauver et de riche et de rare,
Donné-le. Voulés-vous que d'impurs aſſaſſins
Viennent briſer l'autel, brûler les Chérubins;
Et, portant ſur notre Arche une main téméraire,
De votre propre ſang ſouiller le ſanctuaire?

JOAD.

Mais ſiérait-il, Abner, à des cœurs généreux
De livrer au ſuplice un enfant malheureux,
Un enfant, que Dieu même à ma garde confie,
Et de nous racheter aux dépens de ſa vie?

ABNER.

Hélas, Dieu voit mon cœur; plût à ce Dieu puiſſant
Qu'Athalie oubliât un enfant innocent,
Et que du ſang d'Abner ſa cruauté contente,
Crût calmer par ma mort le Ciel qui la tourmente!
Mais que peuvent pour lui vos inutiles ſoins?
Quand vous périrés tous, en périra-t-il moins?

Dieu vous ordonne-t-il de tenter l'impossible?
Pour obéïr aux loix d'un tyran inflèxible,
Moïse, par sa mère au Nil abandonné,
Se vit, presqu'en naissant, à périr condamné;
Mais Dieu, le conservant contre toute espérance,
Fit par le tyran même élever son enfance.
Qui sait ce qu'il réserve à votre Eliacin;
Et si, lui préparant un semblable destin,
Il n'a point de pitié déjà rendu capable
De nos malheureux Rois l'homicide implacable?
Du moins, et Josabet comme moi l'a pû voir
Tantôt à son aspect je l'ai vû s'émouvoir.
J'ai vû de son courroux tomber la violence.

(A Josabet.)

Princesse, en ce péril vous gardés le silence?
[illegible]
Souffrés-vous que sans fruit joad laisse égorger
Vous, son fils, tout ce peuple; et que le feu dévore
Le seul lieu sur la terre où Dieu veut qu'on l'adore?
Que feriés-vous de plus, si, des Rois vos ayeux,
Ce jeune enfant était un reste precieux?

JOSABET bas à Joad.

Pour le sang de ses Rois vous voyés sa tendresse.
Que ne lui parlés-vous?

JOAD.

Il n'est pas tems, Princesse,

ABNER.

Le tems eſt cher, Seigneur, plus que vous ne
penſés.
Tandis qu'à me répondre ici vous balancés,
Mathan, près d'Athalie étincelant de rage,
Demande le ſignal, et preſſe le carnage.
Faut-il que je me jette à vos ſacrés genoux?
Au nom du lieu ſi ſaint, qui n'eſt ouvert qu'à vous,
Lieu terrible, où de Dieu la majeſté repoſe,
Quelque dure que ſoit la loi qu'on vous impoſe,
De ce coup imprévu ſongeons à nous parer.
Donnés-moi ſeulement le tems de reſpirer.
Demain, dès cette nuit, je prendrai des meſures
Pour aſſurer le temple, et venger ſes injures.
Mais je vois que mes pleurs et que mes vains di-
ſcours
Pour vous perſuader, ſont un faible ſecours.
Votre auſtère vertu n'en peut être frappée.
Hé bien, trouvés-moi donc quelque arme, quel-
que épée;
Et qu'aux portes du temple où l'ennemi m'attend,
Abner puiſſe du moins mourir en combattant.

JOAD.

Je me rends. Vous m'ouvrés un avis que j'em-
braſſe,
De tant de maux, Abner, détournons la menace.
Il eſt vrai, de David un tréſor eſt reſté,
La garde en fut commiſe à ma fidélité;

C'était des triſtes Juifs l'eſpérance dernière.
Que mes ſoins vigilans cachaient à la lumiére.
Mais, puisqu'à votre Reine il faut le découvrir,
Je vais la contenter, nos portes vont s'ouvrir.
De ſes plus braves chefs qu'elle entre accom-
pagnée.
Mais de nos ſaints autels qu'elle tienne eloignée
D'un ramas d'étrangers l'indiſcrette fureur,
Du pillage du temple épargnés-moi l'horreur.
Des prêtres, des enfans lui feraient-ils quelque
ombre?
De ſa ſuite avec vous qu'elle règle le nombre.
Et quant à cet enfant ſi craint, ſi redouté,
De votre cœur, Abner, je connais l'équité,
Je vous veux devant elle expliquer ſa naiſſance.
Vous verrés s'il le faut remettre en ſa puiſ-
ſance,
Et je vous ferai juge entre Athalie et lui.

ABNER.

Ah, je le prends déjà, Seigneur, ſous mon appui!
Ne craignés rien. Je cours vers celle qui
m'envoie.

## SCENE III.

JOAD, JOSABET, ZACHARIE, SALOMITH, ISMAEL, DEUX LEVITES, LE CHOEUR.

JOAD.

Grand Dieu, voici ton heure, on t'amène ta proie.
Iſmaël, écoutés!

(Il lui parle bas.)

JOSABET.

Puiſſant Maître des Cieux,
Remets-lui le bandeau dont tu couvris ſes yeux,
Lorsque, lui dérobant tout le fruit de ſon crime,
Tu cachas dans mon ſein cette tendre victime.

JOAD.

Allés ſage Iſmaél, ne perdés point de tems.
Suivés de point en point ces ordres importans.
Sur-tout qu'à ſon entrée, et que ſur ſon paſſage,
Tout d'un calme profond lui préſente l'image.
Vous, enfans, préparés un trône pour Joas.
Qu'il s'avance ſuivi de nos ſacrés ſoldats.

Faites venir aussi sa fidelle nourrice,
Princesse, et de vos pleurs que la source tarisse.

(A un Lévite.)

Vous, dès que cette Reine, ivre d'un fol orgueil,
De la porte du temple aura passé le seuil,
Qu'elle ne pourra plus retourner en arrière,
Prenés soin qu'à l'instant la trompette guerrière
Dans le camp ennemi jette un subit effroi.
Appellés tout le peuple au secours de son Roi;
Et faites retentir jusques à son oreille
De Joas conservé l'étonnante merveille.
Il vient.

---

## SCENE IV.

JOAS, JOAD, JOSABET, ZACHARIE, SALOMITH, AZARIAS, TROUPES DE PRETRES ET DE LEVITES, LE CHOEUR

JOAD.

Lévites saints, prêtres de notre Dieu,
Par-tout, sans vous montrer, environnés ce lieu.

Et, laiſſant à mes ſoins gouverner votre zèle,
Pour paraitre, attendés que ma voix vous appelle.

(Ils ſe cachent tous.)

Roi, je crois qu'à vos vœux cet eſpoir eſt permis,
Venés voir à vos pieds tomber vos ennemis.
Celle dont la fureur pourſuivit votre enfance,
Vers ces lieux à grands pas pour vous perdre s'avance.
Mais ne le craignés point. Songés qu'autour de vous
L'Ange exterminateur eſt debout avec nous.
Montés ſur votre trône, et... Mais la porte s'ouvre.
Permettés un moment que ce voile vous couvre.

(Il tire un rideau.)

Vous changés de couleur, Princeſſe?

JOSABET.

Ah, ſans pâlir,
Puis-je voir d'aſſaſſins le temple ſe remplir?
Quoi! ne voyés-vous pas quelle nombreuſe eſcorte...

JOAD.

Je vois que du ſaint temple on referme la porte.
Tout eſt en ſûreté.

## SCENE V.

ATHALIE, JOAS caché derrière le rideau, JOAD, JOSABET, ABNER, Suite d'Athalie.

ATHALIE à Joad.

Te voilà, féducteur,
De ligues, de complots pernicieux auteur,
Qui dans le trouble feul as mis tes efpérances,
Eternel ennemi des fuprêmes puiffances.
En l'appui de ton Dieu tu t'étais repofé.
De ton efpoir frivole es-tu défabufé?
Il laiffe en mon pouvoir et fon temple et ta vie.
Je devrais, fur l'autel où ta main facrifie,
Te... Mais du prix qu'on m'offre il faut me contenter.
Ce que tu m'as promis fonge à l'exécuter.
Cet enfant, ce tréfor, qu'il faut qu'on me remette,
Où font-ils?

JOAD.

Sur le champ tu feras fatisfaite.
Je te les vais montrer l'un et l'autre à la fois,
(Le rideau fe tire.)
Paraiffés, cher enfant, digne fang de nos Rois.

*Le rideau étant tiré on voit Joas sur son trône; sa nourrice est à genoux à sa droite; Azarias, l'épée à la main est debout à sa gauche, et près de lui Zacharie et Salomith sont à genoux sur les dégrés du trône; plusieurs Lévites, l'épée à la main, sont rangés dans les côtés.*

Connais-tu l'héritier du plus saint des Monarques,
Reine? De ton poignard connais du moins ces marques.
Voilà ton Roi, ton fils, le fils d'Okosias.
Peuples, et vous, Abner, reconnaissés Joas.

ABNER.

Ciel!

ATHALIE *à Joad.*

Perfide!

JOAD.

Vois-tu cette Juive fidelle,
Dont tu sais bien qu'alors il suçait la mammelle?
Il fut par Josabet à ta rage enlevé.
Ce temple le reçut, et Dieu l'a conservé.
Des trésors de David voilà ce qui me reste.

ATHALIE.

Ta fourbe à cet enfant, traître, sera funeste.
D'un fantôme odieux, soldats, délivrés-moi.

JOAD.

Soldats du Dieu vivant, défendés votre Roi.

*Ici le fond du théâtre s'ouvre. On voit le dedans du temple, et les Lévites armés entrent de tous côtés sur la scéne.*

ATHALIE.

Où suis-je? O trahison! O Reine infortunée!
D'armes et d'ennemis je suis environnée.

JOAD.

Tes yeux cherchent envain, tu ne peux échapper;
Et Dieu de toutes parts a ſû t'envelopper.
Ce Dieu, que tu bravais, en nos mains t'a livrée,
Rends-lui compte du ſang dont tu t'es enivrée.

ATHALIE.

Quoi, la peur a glacé mes indignes ſoldats!
Lâche Abner, dans quel piège as-tu conduit mes pas?

ABNER.

Reine, Dieu m'eſt témoin...

ATHALIE.

Laiſſe-là ton Dieu, traître,
Et venge-moi.

ABNER *ſe jettant aux pieds de Joas.*

Sur qui? Sur Joas! Sur mon maître!

ATHALIE.

Lui Joas? Lui ton Roi? Songés, méchans, songés
Que mes armes encor vous tiennent aſſiégés.
J'entends à haute voix tout mon camp qui m'appelle.
On vient à mon ſecours. Tremblés, troupe rébelle.

---

## SCENE VI.

ISMAEL, JOAS, JOAD, ATHALIE,

et tous les acteurs de la ſcène précédente.

ISMAEL à Joad.

Seigneur, le temple eſt libre, et n'a plus d'ennemis.
L'Etranger eſt en fuite, et le Juif eſt ſoumis.
Comme le vent dans l'air diſſipe la fumée,
La voix du Tout-puiſſant a chaſſé cette armée.
Nos Lévites, du haut de nos ſacrés parvis,
D'Okoſias au peuple ont annoncé le fils,
Ont conté ſon enfance au glaive dérobée,
Et la fille d'Achab dans le piège tombée.
Par-tout en même tems la trompette a ſonné.
Et ſes ſons et leurs cris, dans ſon camp étonné,
Ont répandu le trouble et la terreur ſubite,
Dont Gédéon frappa le fier Madianite.
Les Tyriens, jettant armes et boucliers,
Ont par divers chemins diſparu les premiers.
Quelques Juifs éperdus ont auſſi pris la fuite.
Mais, de Dieu ſur Joas admirant la conduite,
Le reſte à haute voix s'eſt pour lui déclaré.

Enfin, d'un même esprit tout le peuple inspiré,
Femmes, vieillards, enfans, s'embrassent avec joie,
Bénissent le Seigneur, et celui qu'il envoie.
Tous chantent de David le fils ressuscité.
Baal est en horreur dans la sainte cité;
De son temple profane on a brisé les portes.
Mathan est égorgé.

ATHALIE.

Dieu des Juifs, tu l'emportes!
Oui, c'est Joas, je cherche envain à me tromper.
Je reconnais l'endroit où je le fis frapper.
Je vois d'Okosias et le port et le geste,
Tout me retrace enfin un sang que je déteste.
David, David triomphe. Achab seul est détruit.
Impitoyable Dieu, toi seul as tout conduit!
C'est toi qui, me flattant d'une vengeance aisée,
M'as, vingt fois en un jour, à moi-même opposée:
Tantôt pour un enfant excitant mes remords,
Tantôt m'éblouissant de tes riches trésors,
Que j'ai craint de livrer aux flammes, au pillage.
Qu'il règne donc ce fils, ton soin et ton ouvrage!
Et que, pour signaler son empire nouveau,
On lui fasse en mon sein enfoncer le couteau!
Voici ce qu'en mourant lui souhaite sa mère,
Que dis-je souhaiter? Je me flatte, j'espère,
Qu'indocile à ton joug, fatigué de ta loi,
Fidèle au sang d'Achab, qu'il a reçu de moi,

Conforme à ſon ayeul, à ſon père ſemblable,
On verra de David l'héritier déteſtable,
Abolir tes honneurs, profaner ton autel,
Et venger Athalie, Achab, et Jézabel.

(Athalie ſort; les Lévites la ſuivent.)

JOAD.

Qu'à l'inſtant hors du temple elle ſoit emmenée,
Et que la ſainteté n'en ſoit point profanée.
Allés, ſacrés vengeurs de vos Princes meurtris,
De leur ſang par ſa mort faire ceſſer les cris.
Si quelque audacieux embraſſe ſa querelle,
Qu'à la fureur du glaive on le livre avéc elle.

## *SCENE* VII.

JOAS, JOAD, JOSABET, ABNER,

et tous les acteurs de la scène précédente.

JOAS descendu de son trône.

Dieu, qui voyés mon trouble et mon affliction,
Détournés loin de moi sa malédiction,
Et ne souffrés jamais qu'elle soit accomplie.
Faites que Joas meure avant qu'il vous oublie.

JOAD aux Lévites.

Appellés tout le peuple, et montrons-lui son Roi.
Qu'il lui vienne en ses mains renouveller sa foi.
Roi, prêtres, peuple, allons, pleins de reconnaissance,
De Jacob avec Dieu confirmer l'alliance,
Et, saintement confus de nos égaremens,
Nous rengager à lui par de nouveaux sermens.
Abner, auprès du Roi reprenés votre place.

## SCENE VIII.

UN LEVITE, JOAS, JOAD, et tous les acteurs de la scène précédente.

JOAD au Lévite.

Hé bien, de cette impie a-t-on puni l'audace?

UN LEVITE.

Le fer a de sa vie expié les horreurs.
Jérusalem, long-tems en proie à ses fureurs,
De son joug odieux à la fin soulagée,
Avec joie en son sang la regarde plongée.

JOAD.

Par cette fin terrible, et dûe à ses forfaits,
Apprenés, Roi des Juifs, et n'oubliés jamais,
Que les Rois dans le ciel ont un juge sévère,
L'innocence un vengeur, et l'orphelin un père.

FIN.

# HORACE,

## TRAGEDIE

## DE CORNEILLE.

# EXAMEN
## D'HORACE.

C'eſt une croyance aſſés générale, que cette piéce pourrait paſſer pour la plus belle des miennes, ſi les derniers actes répondaient aux premiers. Tous veulent, que la mort de Camille en gâte la fin, et j'en demeure d'accord, mais je ne ſai, ſi tous en ſavent la raiſon. On l'attribue communément à ce qu'on voit cette mort ſur la ſcéne, ce qui ſerait plûtôt la faute de l'actrice, que la mienne, parce que quand elle voit ſon frere mettre l'épée à la main, la frayeur ſi naturelle au ſexe lui doit faire prendre la fuite, et recevoir le coup derriere le théatre, comme je le remarque dans cette impreſſion. D'ailleurs, ſi c'eſt une régle de ne le point enſanglanter, elle n'eſt pas du tems d'Ariſtote, qui nous apprend, que, pour émouvoir puiſſamment, il faut de grands déplaiſirs, des bleſſures et des morts en ſpectacle. Horace ne veut pas, que nous y hazardions les événemens trop dénaturés, comme de Médée, qui tue ſes enfans, mais je ne vois pas, qu'il en faſſe une régle générale pour toutes ſortes de morts, ni que l'emportement d'un homme paſſionné pour ſa patrie, contre une ſoeur, qui la maudit en ſa préſence avec des imprecations horribles, ſoit de même nature que la cruauté de cette mère. Séneque l'expoſe aux yeux du peuple en depit d'Horace; et chés Sophocle, Ajax ne ſe cache point aux ſpectateurs, lorsqu'il ſe tue. L'adouciſſement, que j'apporte dans le ſecond de ces discours pour rectifier la mort de Clytemneſtre, ne peut être propre ici à celle de Camille. Quand elle s'enferrerait d'elle-même par déſeſpoir en voyant ſon frère l'épée à la main, ce frère ne laiſſerait pas d'être criminel de l'avoir tirée contre elle, puisqu'il n'y a point de troiſiéme perſonne ſur le théatre, à qui il pût adreſſer le coup, qu'elle recevrait, comme peut faire Oreſte à Aegiſte. D'ailleurs, l'hiſtoire eſt trop connue, pour retrancher le péril, qu'il court d'une mort infame après l'avoir tuée; et la defenſe, que lui prête ſon péré, pour obtenir ſa grace, n'aurait plus de lieu, s'il demeuroit innocent. Quoiqu'il en ſoit, voyons, ſi cette action n'a pû cauſer la chûte de ce poëme que par là, et s'il n'a point d'autre irrégularité que de blesſer les yeux.

Comme je n'ai point accoutumé de diſſimuler mes défauts, j'en trouve ici deux ou trois asſés conſidérables. Le prémier eſt, que cette action, qui devient la principale de la piéce, eſt momentanée, et n'a point cette juſte grandeur, que lui demande Ariſtote, et qui conſiſte en un commencement, un milieu et une fin. Elle ſurprend tout d'un coup, et toute la préparation, que j'y ai donnée par la peinture de la vertu farouche d'Horace, et par la defenſe, qu'il fait à ſa ſoeur de regretter qui que ce ſoit, de lui ou de ſon amant, qui meure au combat, n'eſt point ſuffiſante pour faire attendre un emportement ſi extraordinaire, et ſervir de commencement à cette action.

Le ſecond défaut eſt, que cette mort fait une action double par le ſecond péril, où tombe Horace après être ſorti du prémier. L'unité de péril d'un héros dans la tragédie, fait l'unité d'action, et quand il en eſt garanti, la piéce eſt finie, ſi ce n'eſt que la ſortie même de ce péril l'engage ſi nécesſairement dans un autre, que la liaiſon et la continuité des deux n'en fasſe qu'une action, ce qui n'arrive point ici, où Horace revient triomphant ſans aucun beſoin de tuer ſa ſoeur, ni même de parler à elle, et l'action ferait suffisamment terminée à sa victoire. Cette chûte d'un péril en l'autre sans nécessité fait ici un effet d'autant plus mauvais, que d'un péril public, où il y va de tout l'état, il tombe en un péril particulier, où il n'y va que de sa vie; et pour dire encore plus, d'un péril illustre, où il ne peut succomber que glorieusement, en un péril infame dont il ne peut sortir sans tache. Ajoutés pour troisiéme imperfection, que Camille, qui ne tient que le second rang dans les trois premiers actes, et y laisse le premier à Sabine, prend le premier en ces deux derniers, où cette Sabine n'est plus considérable, et qu'ainsi s'il y a égalité dans les mœurs, il n'y en a point dans la dignité des personnages, où se doit étendre ce précepte d'Horace:

servetur ad imum
Qualis ab incepto processerit, et sibi constet.

Ce défaut en Rodelinde a été une des principales causes du mauvais succes de Pertharite, et je n'ai point encore vû sur nos theatres cette inégalité de rang en un même acteur, qui n'ait produit un très méchant effet. Il serait bon d'en établir une régle inviolable.

Du côté du têms, l'action n'est point trop pressée, et n'a rien, qui ne me semble vraisemblable. Pour le lieu, bien que l'unité y ſoit exacte, elle n'eſt pas ſans quelque contrainte. Il eſt conſtant, qu'Horace et Curiace n'ont point de raiſon de ſe ſéparer du reſte de la famille pour commencer le ſecond acte, et c'eſt une adreſſe de théatre de n'en donner aucune, quand on n'en peut donner de bonnes. L'attachement de l'auditeur à l'action préſente ſouvent ne lui permet pas de deſcendre à l'examen ſévere de cette juſtesſe, et ce n'eſt pas un crime de s'en prévaloir pour l'éblouir, quand il eſt mal aiſé de le ſatisſaire.

Le perſonnage de Sabine eſt asſés heureuſement inventé et trouve ſa vraiſemblance aiſée dans le rapport à l'hiſtoire, qui marque asſés d'amitié et d'égalité entre les deux familles, pour avoir pû faire cette double alliance.

Elle ne ſert pas d'avantage à l'action, que l'Infante à celle du Cid, et ne fait que ſe laiſſer toucher diverſement comme elle à la diverſité des événemens. Néanmoins on a généralement approuvé celle-ci, et condamné l'autre. J'en ai cherché la raiſon, et j'en ai trouvé deux. L'une eſt la liaiſon des ſcènes, qui ſemblent, s'il m'eſt permis de parler ainſi, incorporer Sabine dans cette piéce, au lieu que dans le Cid toutes celles de l'infante ſont détachées, et paraisſent hors d'oeuvre:

Tantum ſeries iunctura que pollet.

L'autre, qu'ayant une fois posé Sabine pour femme d'Horace, il est nécessaire que tous les incidens de ce poeme lui donnent les sentimens, qu'elle en témoigne avoir, par l'obligation, qu'elle a de prendre intérêt à ce qui regarde son mari et ses frères, mais l'Infante n'est point obligée d'en prendre aucun en ce qui touche le Ciel; et si elle a quelque inclination secrette pour lui, il n'est point besoin, qu'elle en fasse rien paraître, puisqu'elle ne produit aucun effet.

L'oracle, qui est proposé au premier acte, trouve son vrai sens à la conclusion du cinquiéme. Il semble clair d'abord, et porte l'imagination à un sens contraire, et je les aimerais mieux de cette sorte sur nos théatres, que ceux, qu'on fait entiérement obscurs, parce que la surprise de leur véritable effet en est plus belle. J'en ai usé ainsi encore dans l'Andromède et dans l'Oedipe. Je ne dis pas la même chose des songes, qui peuvent faire encore un plus grand ornement dans la protase, pourvû qu'on ne s'en serve pas souvent. Je voudrais, qu'ils eussent l'idée de la fin véritable de la piéce avec quelque confusion, qui n'en permît pas l'intelligence entière. C'est ainsi, que je m'en suis servi deux fois, ici et dans Polyeucte, mais avec plus d'éclat et d'artifice dans ce dernier poeme, où il marque toutes les particularités de l'évènement, qu'en celui-ci, où il ne fait qu'exprimer une ébauche tout-à-fait informe de ce qui doit arriver de funeste.

Il passe pour constant, que ce second acte est un des plus pathétiques, qui soient sur la scéne, et le troisiéme un des plus artificieux. Il est soutenu de la seule narration de la moitié du combat des trois frères, qui est coupé très-heureusement pour laisser Horace le père dans la colère et le déplaisir, et lui donner ensuite un beau rétour à la joie dans le quatriéme. Il a été à propos, pour le jetter dans cette erreur, de se servir de l'impatience d'une femme, qui suit bruqsuement sa premiere idée, et présume le combat achevé, parce qu'elle a vû deux des Horaces par terre, et le troisiéme en fuite. Un homme, qui doit être plus posé et plus judicieux, n'eût pas été propre à donner cette fausse alarme; il eût dû prendre plus de patiènce, afin d'avoir plus de certitude de l'évènement, et n'eût pas été excusable de se laisser emporter si légerement par les apparences, à présumer le mauvais succès d'un combat, dont il n'eût pas vû la fin.

Bien que le roi n'y paraisse qu'au cinquiéme, il y est mieux dans sa dignité, que dans le Cid, parce qu'il a interêt pour tout son état dans le reste de la piéce, et bien qu'il n'y parle point, il ne laisse pas d'y agir comme roi. Il vient aussi dans ce cinquiéme comme roi, qui veut honorer par cette visite un père, dont les fils lui ont conservé sa couronne, et acquis celle d'Albe au prix de leur saug. S'il y fait l'office de juge, ce n'est que par accident, et il le fait dans ce logis même d'Horace, par la seule contrainte, qu'impose la règle de l'unité de lieu. Tout ce cinquième est encore une des causes du peu de satisfaction, que laisse cette tragédie; il est tout en plaidoyés, et ce n'est pas là la place des harangues, ni des longs discours: ils peuvent être supportés en un commencement de pièce, où l'action n'est pas encor échauffée, mais le cinquiéme acte doit plus agir que discourir. L'attention de l'auditeur deja lassée se rebute de ces conclusions, qui traînent, et tirent la fin en longueur.

Quelques-uns ne veulent pas, que Valere y soit un digne accusateur d'Horace; parce que dans la pièce il n'a pas fait voir assés de passion pour Camille; à quoi je répons, que ce n'est pas à dire, qu'il n'en eût une très-forte, mais qu'un amant mal voulu ne pouvait se montrer de bonne grace à sa maîtresse dans le jour, qui la rejoignait à un amant aimé. Il n'y avait point de place pour lui au premier acte, et encore moins au second: il fallait, qu'il tînt son rang à l'armée pendant le troisieme, et il se montre au quatriéme, si tôt, que la mort de son rival fait quelque ouverture à son espérance: il tâche à gagner les bonnes graces du père, par la commission, qu'il prend du roi de lui apporter les glorieuses nouvelles de l'honneur, que ce Prince veut lui faire, et par occasion il lui apprend la victoire de son fils, qu'il ignorait. Il ne manque pas d'amour durant les trois premiers actes, mais d'un têms propre à le témoigner; et dès la premiere scène de la pièce il paraît bien, qu'il rendait assés de soins à Camille, puisque Sabine s'en alarme pour son frère. S'il ne prend pas le procédé de France, il faut considérer, qu'il est Romain, et dans Rome, où il n'aurait pû entreprendre un duel contre un autre Romain sans faire un crime d'état, et que j'en aurais fait un crime de théatre, si j'avais habillé un Romain à la Françoise.

# ACTEURS.

TULLE, roi de Rome.

Le vieil HORACE, chevalier Romain.

HORACE, ſon fils.

CURIACE, gentilhomme d'Albe, amant de Camille.

VALERE, chevalier Romain, amoureux de Camille.

SABINE, femme d'Horace, et ſoeur de Curiace.

CAMILLE, amante de Curiace, et ſoeur d'Horace.

JULIE, dame Romaine, confidente de Sabine et de Camille.

FLAVIAN, ſoldat de l'armée d'Albe.

PROCULE, ſoldat de l'armée de Rome.

La ſcène eſt à Rome dans une ſalle de la maiſon d'Horace.

# ACTE PREMIER.

## *SCENE PREMIERE.*

SABINE, JULIE.

SABINE.

Approuvés ma faibleſſe, et ſouffrés ma douleur,
Elle n'eſt que trop juſte en un ſi grand malheur:
Si près de voir ſur ſoi fondre de tels orages,
L'ébranlement ſied bien aux plus fermes courages,
Et l'eſprit le plus mâle et le moins abattu
Ne ſaurait ſans déſordre exercer ſa vertu.
Quoique le mien s'étonne à ces rudes alarmes,
Le trouble de mon cœur ne peut rien ſur mes larmes;
Et parmi les ſoupirs, qu'il pouſſe vers les cieux,
Ma conſtance du moins regne encor ſur mes yeux.
Quand on arrête là les déplaiſirs d'une ame,
Si l'on fait moins qu'un homme, on fait plus qu'une femme.

Commander à ſes pleurs en cette extremité,
C'eſt montrer pour le ſexe asſés de fermété.

JULIE.

C'en eſt peut-être asſés pour une ame commune,
Qui du moindre péril ſe fait une infortune;
Mais de cette faibleſſe un grand cœur eſt honteux,
Il oſe eſpérer tout dans un ſuccès douteux.
Les deux camps ſont rangés au pied de nos murailles,
Mais Rome ignore encor, comme on perd des batailles;
Loin de trembler pour elle, il lui faut applaudir;
Puisqu'elle va combattre, elle va s'agrandir.
Bannisſés, bannisſés une frayeur ſi vaine,
Et concevés des voeux dignes d'une Romaine.

SABINE.

Je ſuis Romaine, hélas! puisqu'Horace eſt Romain,
J'en ai reçu le titre en recevant ſa main;
Mais ce nœud me tiendrait en eſclave enchaînée,
S'il m'empêchait de voir en quels lieux je ſuis née.
Albe, où j'ai commence de reſpirer le jour,
Albe, mon cher païs, et mon premier amour,
Lorsqu'entre nous et toi je vois la guerre ouverte,
Je crains notre victoire autant que notre perte.
Rome, ſi tu te plains que c'eſt là te trahir,
Fais toi des ennemis, que je puiſſe haïr.
Quand je vois de tes murs leur armée et la nôtre,

Mes trois frères dans l'une, et mon mari dans l'autre,
Puis-je former des voeux, et ſans impiété
Importuner le ciel pour ta félicité?
Je ſai, que ton état encore en ſa naiſſance
Ne ſaurait ſans la guerre affermir ſa puisſance;
Je ſai, qu'il doit s'accraître, et que tes grands deſtins
Ne le borneront pas chés les peuples Latins,
Que les dieux t'ont promis l'empire de la terre,
Et que tu n'en peux voir l'effet que par la guerre.
Bien loin de m'oppoſer à cette noble ardeur,
Qui ſuit l'arrêt des dieux et court à ta grandeur,
Je voudrais déjà voir tes troupes couronnées
D'un pas victorieux franchir les Pyrénées.
Va jusqu'en l'orient pousſer tes bataillons,
Va ſur les bords du Rhin planter tes pavillons,
Fais trembler ſous tes pas les colonnes d'Hercule,
Mais reſpecte une ville, à qui tu dois Romule.
Ingrate, ſouviens-toi, que du ſang de ſes rois
Tu tiens ton nom, tes murs, et tes premieres loix.
Albe eſt ton origine, arrête et conſidere
Que tu portes le fer dans le ſein de ta mère.
Tourne ailleurs les efforts de tes bras triomphans,
Sa joie éclatera dans l'heur de ſes enfans;
Et ſe laisſant ravir à l'amour maternelle,
Ses voeux ſeront pour toi, ſi tu n'es plus contre elle.

JULIE.

Ce discours me ſurprend, vû que depuis le tems
Qu'on a contre ſon peuple armé nos combattans,
Je vous ai vû pour elle autant d'indifférence
Que ſi du ſang Romain vous aviés pris naisſance.
J'admirais la vertu, qui réduiſait en vous
Vos plus chers intérêts à ceux de votre époux;
Et je vous conſolais au milieu de vos plaintes,
Comme ſi notre Rome eût fait toutes vos craintes.

SABINE.

Tant qu'on ne s'eſt choqué qu'en de légers combats,
Trop faibles pour jetter un des partis à bas,
Tant qu'un éſpoir de paix a pû flatter ma peine,
Oui, j'ai fait vanité d'être toute Romaine.
Si j'ai vû Rome heureuſe avec quelque regret,
Soudain j'ai condamné ce mouvement ſecret;
Et ſi j'ai resſenti dans ſes deſtins contraires
Quelque maligne joie en faveur de mes frères,
Soudain pour l'étouffer rappellant ma raiſon,
J'ai pleuré, quand la gloire entrait dans leur maiſon.
Mais aujourd'hui qu'il faut que l'une ou l'autre tombe,
Qu'Albe devienne eſclave, ou que Rome ſuccombe,
Et qu'après la bataille il ne demeure plus

Ni d'obſtacle aux vainqueurs, ni d'eſpoir aux vaincus,
J'aurais pour mon païs une cruelle haine,
Si je pouvais encore être toute Romaine;
Et ſi je demandais votre triomphe aux dieux
Au prix de tant de ſang, qui m'eſt ſi precieux.
Je m'attache un peu moins aux intérêts d'un homme,
Je ne ſuis point pour Albe, et ne ſuis plus pour Rome,
Je crains pour l'une et l'autre en ce dernier effort,
Et ſerai du parti, qu'affligera le ſort.
Egale à tous les deux jusques à la victoire,
Je prendrai part aux maux ſans en prendre à la gloire;
Et je garde, au milieu de tant d'âpres rigueurs,
Mes larmes aux vaincus, et ma haine aux vainqueurs.

JULIE.

Qu'on voit naître ſouvent de pareilles traverſes
En des eſprits divers des paſſions diverſes,
Et qu'à nos yeux Camille agit bien autrement!
Son frère eſt votre époux, le vôtre eſt ſon amant,
Mais elle voit d'un œil bien différent du vôtre,
Son ſang dans une armée, et ſon amour dans l'autre.

Lorsque vous conserviés un esprit tout Romain,
Le sien irrésolu, le sien tout incertain,
De la moindre mêlée appréhendait l'orage,
De tous les deux partis détestait l'avantage,
Au malheur des vaincus donnait toûjours ses pleurs,
Et nourrissait ainsi d'éternelles douleurs.
Mais hier, quand elle sut, qu'on avait pris journée,
Et qu'enfin la bataille allait être donnée,
Une soudaine joie éclatant sur son front...

SABINE.

Ah, que je crains, Julie, un changement si promt!
Hier dans sa belle humeur elle entretint Valere.
Pour ce rival, sans doute, elle quitte mon frère.
Son esprit ébranlé par les objets présens
Ne trouve point d'absent aimable après deux ans.
Mais excusés l'ardeur d'une amour fraternelle,
Le soin, que j'ai de lui, me fait craindre tout d'elle;
Je forme des soupçons d'un trop léger sujet;
Près d'un jour si funeste on change peu d'objet;
Les ames rarement sont de nouveau blessées,
Et dans un si grand trouble on a d'autres pensées:
Mais on n'a pas aussi de si doux entretiens,
Ni de contentemens, qui soient pareils aux siens.

JULIE.

Les causes, comme à vous, m'en semblent fort obscures,

Je ne me ſatisfais d'aucunes conjectures.
C'eſt aſſés de conſtance en un ſi grand danger
Que de le voir, l'attendre, et ne point s'affliger;
Mais certes c'en eſt trop d'aller jusqu'à la joie.

SABINE.

Voyés, qu'un bon génie à propos nous l'envoye.
Eſſayés ſur ce point à la faire parler,
Elle vous aime aſſés pour ne vous rien celer:
Je vous laiſſe.

---

## SCENE II.

CAMILLE, SABINE, JULIE.

SABINE.

Ma ſœur, entretenés Julie.
J'ai honte de montrer tant de melancolie,
Et mon cœur, accablé de mille déplaiſirs,
Cherche la ſolitude à cacher ſes ſoupirs.

---

## SCENE III.

CAMILLE, JULIE.

CAMILLE.

Qu'elle a tort de vouloir, que je vous entretienne!
Croit-elle ma douleur moins vive que la ſienne,

Et que plus inſenſible à de ſi grands malheurs,
A mes triſtes discours je mêle moins de pleurs?
De pareilles frayeurs mon ame eſt alarmée;
Comme elle je perdrai dans l'une et l'autre armée.
Je verrai mon amant, mon plus unique bien,
Mourir pour ſon païs, ou détruire le mien,
Et cet objet d'amour devenir pour ma peine
Digne de mes ſoupirs, ou digne de ma haine,
Hélas!

JULIE.

Elle eſt pourtant plus à plaindre que vous.
On peut changer d'amant, mais non changer d'époux.
Oubliés Curiace et receves Valere,
Vous ne tremblerés plus pour le parti contraire,
Vous ſerés toute nôtre, et votre eſprit remis
N'aura plus rien à perdre au camp des ennemis.

CAMILLE.

Donnés-moi des conſeils, qui ſoient plus légitimes,
Et plaignés mes malheurs ſans m'ordonner des crimes.
Quoiqu'à peine à mes maux je puiſſe reſiſter,
J'aime mieux les ſouffrir, que de les mériter.

JULIE.

Quoi? Vous appellés crime un change raiſonnable?

CAMILLE.

Quoi? Le manque de foi vous femble pardonnable?

JULIE.

Envers un ennemi qui peut nous obliger?

CAMILLE.

D'un ferment folemnel qui peut nous dégager?

JULIE.

Vous déguifés en vain une chofe trop claire,
Je vous vis encor hier entretenir Valere,
Et l'accueil gracieux, qu'il recevait de Vous
Lui permet de nourrir un efpoir affés doux.

CAMILLE.

Si je l'entretins hier et lui fis bon vifage,
N'en imaginés rien qu'à fon défavantage;
De mon contentement un autre étoit l'objet;
Mais pour fortir d'erreur fachés-en le fujet.
Je garde à Curiace une amitié trop pure,
Pour fouffrir plus long-tems, qu'on m'éftime parjure.
Il vous fouvient, qu'à peine on voyait de fa fœur
Par un heureux hymen mon frère poffeffeur,
Quand pour comble de joie il obtint de mon père
Que de fes chaftes feux je ferais le falaire.
Ce jour nous fut propice et funefte à la fois,
Uniffant nos maifons, il défunit nos rois;

Un même instant conclut notre hymen et la guerre,
Fit naître notre espoir, et le jetta par terre;
Nous ôta tout si tôt, qu'il nous eut tout promis,
Et nous faisant amans, il nous fit ennemis.
Combien nos déplaisirs parurent lors extrêmes,
Combien contre le ciel il vomit de blasphêmes,
Et combien de ruisseaux coulerent de mes yeux!
Je ne vous le dis point, vous vîtes nos adieux.
Vous aves vû depuis les troubles de mon ame,
Vous savés pour la paix quels vœux a faits ma flamme,
Et quels pleurs j'ai versés à chaque évènement,
Tantôt pour mon païs, tantôt pour mon amant.
Enfin mon désespoir, parmi ces longs obstacles,
M'a fait avoir recours à la voix des oracles;
Ecoutés, si celui, qui me fut hier rendu
Eut droit de rassurer mon esprit éperdu.
Ce Grec si rénommé, qui depuis tant d'années
Au piéd de l'Aventin *) prédit nos destinées,
Lui, qu'Apollon jamais n'a fait parler à faux,
Me promit par ces vers la fin de mes travaux.
„Albe et Rome demain prendront une autre face,
„Tes vœux sont exaucés, elles auront la paix,
„Et tu seras unie avec ton Curiace,
„Sans qu'aucun mauvais sort t'en sépare jamais.

*) Einer von den sieben Bergen, auf welchen das alte Rom erbaut war.

Je pris ſur cet oracle une entiere aſſurance,
Et comme le ſuccès paſſait mon eſpérance,
J'abandonnai mon ame à des raviſſemens,
Qui paſſaient les transports des plus heureux amans.
Jugés de leurs excès. Je rencontrai Valere,
Et contre ſa coutume il ne put me déplaire,
Il me parla d'amour ſans me donner d'ennui,
Je ne m'apperçus pas, que je parlais à lui,
Je ne lui pus montrer de mépris ni de glace,
Tout ce que je voyais me ſemblait Curiace,
Tout ce qu'on me diſait, me parlait de ſes feux,
Tout ce que je diſais, l'aſſûrait de mes vœux.
Le combat général aujourd'hui ſe hazarde,
J'en ſus hier la nouvelle, et je n'y pris pas garde,
Mon eſprit rejettait ces funeſtes objets,
Charmé des doux penſers d'Hymen et de la paix.
La nuit a diſſipé des erreurs ſi charmantes,
Mille ſonges affreux, mille images ſanglantes,
Ou plutôt mille amas de carnage et d'horreur
M'ont arraché ma joie, et rendu ma terreur.
J'ai vû du ſang, des morts, et n'ai rien vû de ſuite.
Un ſpectre en paraiſſant prenait ſoudain la fuite,
Ils s'effaçaient l'un l'autre, et chaque illuſion
Redoublait mon effroi par ſa confuſion.

JULIE.

C'eſt en contraire ſens, qu'un ſonge s'interprete.

CAMILLE.

Je le dois croire ainſi, puisque je le ſouhaite,
Mais je me trouve enfin, malgré tous mes ſouhaits,
Au jour d'une bataille, et non pas d'une paix.

JULIE.

Par là finit la guerre, et la paix lui ſuccede.

CAMILLE.

Dure à jamais ce mal, s'il y faut ce remède!
Soit, que Rome y ſuccombe, ou qu'Albe ait le deſſous,
Cher amant, n'attens plus, d'être un jour mon époux;
Jamais, jamais ce nom ne ſera pour un homme,
Qui ſoit ou le vainqueur, ou l'eſclave de Rome.
Mais quel objet nouveau ſe préſente en ces lieux?
Eſt-ce toi, Curiace? En croirai-je mes yeux?

---

## SCENE IV.

### CURIACE, CAMILLE, JULIE,

CURIACE.

N'en doutés point, Camille et revoyés un homme,
Qui n'eſt ni le vainqueur, ni l'eſclave de Rome,

Cessès d'appréhender de voir rougir mes mains
Du poids honteux des fers, ou du sang des Romains.
J'ai cru, que vous aimiés assés Rome et la gloire,
Pour mépriser ma chaîne et hair ma victoire,
Et comme également en cette extrémité
Je craignais la victoire et la captivité...

CAMILLE.

Curiace, il suffit, je devine le reste.
Tu fuis une bataille à tes vœux si funeste,
Et ton cœur tout à moi, pour ne me perdre pas,
Dérobe à ton païs le secours de ton bras.
Qu'une autre considere ici ta rénommée,
Et te blâme, s'il veut, de m'avoir trop aimée,
Ce n'est point à Camille à t'en mesestimer,
Plus ton amour paraît, plus elle doit t'aimer;
Et si tu dois beaucoup aux lieux, qui t'ont vû naître,
Plus tu quittes pour moi, plus tu le fais paraître.
Mais as-tu vû mon père, et peut-il endurer,
Qu'ainsi dans sa maison tu t'oses rétirer?
Ne préfere-t-il point l'état à sa famille?
Ne regarde-t-il point Rome plus que sa fille?
Enfin notre bonheur est-il bien affermi?
T'a-t-il vû comme gendre, ou bien comme ennemi?

CURIACE.

Il m'a vû comme gendre avec une tendresse,
Qui témoignait assés une entière allégresse;

Mais il ne m'a point vû par une trahiſon
Indigne de l'honneur d'entrer dans ſa maiſon.
Je n'abandonne point l'intérêt de ma ville,
J'aime encor mon honneur en adorant Camille;
Tant qu'a duré la guerre, on m'a vû conſtamment
Auſſi bon citoyen, que véritable amant,
D'Albe avec mon amour j'accordais la querelle,
Je ſoûpirais pour vous en combattant pour elle;
Et s'il fallait encor, que l'on en vînt aux coups,
Je combattrais pour elle en ſoûpirant pour vous.
Oui, malgré les deſirs, dont mon ame eſt charmée,
Si la guerre durait, je ſerais dans l'armée:
C'eſt la paix, qui chés vous me donne un libre accès,
La paix, à qui nos feux doivent ce beau ſuccès.

CAMILLE.

La paix! Et le moyen de croire un tel miracle?

JULIE.

Camille pour le moins croyés-en votre oracle,
Et ſachons pleinement, par quels heureux effets
L'heure d'une bataille a produit cette paix.

CURIACE.

L'aurait-on jamais crû! Déjà les deux armées
D'un égale chaleur au combat animées
Se menaçaient des yeux et marchant fiérément,
N'attendaient pour donner que le commandement,
Quand notre dictateur devant les rangs s'avance,

Demande à votre prince un moment de ſilence,
Et l'ayant obtenu: Que faiſons-nous, Romains,
Dit-il, et quel démon nous fait venir aux mains?
Souffrons, que la raiſon éclaire enfin nos ames,
Nous ſommes vos voiſins, nos filles ſont vos femmes,
Et l'hymen nous a joints par tant et tant de nœuds,
Qu'il eſt peu de nos fils qui ne ſoient vos neveux.
Nous ne ſommes qu'un ſang, et qu'un peuple en deux villes,
Pourquoi nous déchirer par des guerres civiles,
Où la mort des vaincus affaiblit les vainqueurs,
Et le plus beau triomphe eſt arroſé de pleurs!
Nos ennemis communs attendent avec joie
Qu'un des partis défait leur donne l'autre en proie,
Laſſé, demi rompu, vainqueur, mais pour tout fruit
Dénué d'un ſecours par lui-même détruit.
Ils ont aſſés long-têms joui de nos divorces,
Contre eux dorénavant joignons toutes nos forces,
Et noyons dans l'oubli ces petits différends
Qui de ſi bons guerriers ſont de mauvais parens.
Que ſi l'ambition de commander aux autres
Fait marcher aujourd'hui vos troupes et les nôtres,
Pourvû qu'à moins de ſang nous voulions l'appaiſer,
Elle nous unira, loin de nous diviſer.

Nommons des combattans pour la cauſe commune,
Que chaque peuple aux ſiens attâche ſa fortune,
Et ſuivant ce que d'eux ordonnera le ſort,
Que le faible parti prenne loi du plus fort.
Mais ſans indignité pour des guerriers ſi braves,
Qu'ils deviennent ſujets ſans devenir eſclaves,
Sans honte, ſans tribut, et ſans autre rigueur
Que de ſuivre en tous lieux les drapeaux du vainqueur;
Ainſi nos deux états ne feront qu'un empire.
Il ſemble, qu'à ces mots notre diſcorde expire,
Chacun jettant les yeux dans un rang ennemi,
Réconnaît un beau-frère, un couſin, un ami.
Ils s'étonnent, comment leurs mains de ſang avides
Volaient ſans y penſer à tant de parricides,
Et font paraître un front couvert tout à la fois
D'horreur pour la bataille, et d'ardeur pour ce choix.
Enfin l'offre s'accepte, et la paix deſirée
Sous ces conditions eſt auſſi-tôt jurée,
Trois combattront pour tous, mais, pour les mieux choiſir,
Nos chefs ont voulu prendre un peu plus de loiſir.
Le vôtre eſt au ſénat, le nôtre dans ſa tente.

CAMILLE.

O dieux, que ce discours rend mon ame contente!

CURIACE.

Dans deux heures au plus, par un commun accord,
Le ſort de nos guerriers réglera notre ſort.
Cependant tout eſt libre attendant qu'on les nomme,
Rome eſt dans notre camp, et notre camp dans Rome;
D'un et d'autre côté l'accès étant permis,
Chacun va renouer avec ſes vieux amis.
Pour moi, ma paſſion m'a fait ſuivre vos frères,
Et mes deſirs ont eu des ſuccès ſi prosperes,
Que l'auteur de vos jours m'a promis à demain
Le bonheur ſans pareil de vous donner la main.
Vous ne deviendrés pas rebelle à ſa puiſſance?

CAMILLE,

Le devoir d'une fille eſt dans l'obéiſſance.

CURIACE.

Venés donc recevoir ce doux commandement
Qui doit mettre le comble à mon contentement.

CAMILLE.

Je vais ſuivre vos pas, mais pour révoir mes
frères,
Et ſavoir d'eux encor la fin de nos miſères.

JULIE.

Allés, et cependant au pied de nos autels
J'irai rendre pour vous graces aux immortels.

*Fin du premier acte.*

# ACTE II.

## SCENE PREMIERE.

HORACE, CURIACE,

CURIACE.

Ainſi Rome n'a point ſéparé ſon eſtime,
Elle eût cru faire ailleurs un choix illégitime;
Cette ſuperbe ville en vos frères et vous,
Trouve les trois guerriers, qu'elle préſere à tous,
Et ſon illuſtre ardeur d'oſer plus que les autres,
D'une ſeule maiſon brave toutes les nôtres.
Nous croirons, à la voir toute entiere en vos mains,
Que hors les fils d'Horace il n'eſt point de Romains.
Ce choix pouvait combler trois familles de gloire,
Conſacrer hautement leurs noms à la memoire;
Oui, l'honneur, que reçoit la vôtre par ce choix
En pouvait à bon titre immortaliſer trois;
Et puisque c'eſt chés vous que mon heur et ma flamme
M'ont fait placer ma ſœur, et choiſir une femme,
Ce que je vais vous être, et ce que je vous ſuis
Me font y prendre part autant que je le puis:

Mais un autre intérêt tient ma joie en contrainte.
Et parmi ses douceurs mêle beaucoup de crainte.
La guerre en tel éclat a mis votre valeur,
Que je tremble pour Albe, et prévois son malheur.
Puisque vous combattés, sa perte est assurée,
En vous faisant nommer, le destin l'a jurée;
Je vois trop dans ce choix ses funestes projets,
Et me comte déjà pour un de vos sujets.

HORACE.

Loin de trembler pour Albe, il vous faut plaindre Rome,
Voyant ce qu'elle oublie, et les trois qu'elle nomme.
C'est un aveuglement pour elle bien fatal
D'avoir tant à choisir, et de choisir si mal.
Mille de ses enfans beaucoup plus dignes d'elle
Pouvaient bien mieux que nous soutenir sa querelle;
Mais quoique ce combat me promette un cercueil,
La gloire de ce choix m'enfle d'un juste orgueil,
Mon esprit en conçoit une mâle assurance,
J'ose espérer beaucoup de mon peu de vaillance,
Et du sort envieux quels que soient les projets,
Je ne me comte point pour un de vos sujets.
Rome a trop cru de moi, mais mon ame ravie
Remplira son attente, ou quittera la vie.
Qui veut mourir ou vaincre, est vaincu rarement;
Ce noble désespoir périt malaisément.

Rome, quoi qu'il en ſoit, ne ſera point ſujette,
Que mes derniers ſoupirs n'aſſurent ma défaite.

CURIACE.

Helas, c'eſt bien ici que je dois être plaint;
Ce que veut mon païs, mon amitié le craint.
Dures extrémités, de voir Albe aſſervie.
Ou ſa victoire au prix d'une ſi chère vie,
Et que l'unique bien, où tendent ſes deſirs
S'achete ſeulement par vos derniers ſoupirs!
Quels vœux puis-je former, et quel bonheur attendre!
De tous les deux côtés j'ai des pleurs à repandre,
De tous les deux côtés mes deſirs ſont trahis.

HORACE.

Quoi! Vous me pleureriés mourant pour mon païs!
Pour un cœur généreux ce trépas a des charmes,
La gloire, qui le ſuit, ne ſouffre point de larmes,
Et je le recevrais en béniſſant mon ſort,
Si Rome et tout l'état perdaient moins en ma mort.

CURIACE.

A vos amis pourtant permettés de le craindre,
Dans un ſi beau trépas ils ſont les ſeuls à plaindre;
La gloire en eſt pour vous, et la perte pour eux;
Il vous fait immortel, et les rend malheureux.
On perd tout, quand on perd un ami ſi fidéle.
Mais Flavian m'apporte ici quelque nouvelle.

---

## SCENE II.

### HORACE, CURIACE, FLAVIAN.

CURIACE.

Albe de trois guerriers a-t-elle fait le choix?

FLAVIAN.

Je viens pour vous l'apprendre.

CURIACE.

Hé bien, qui ſont les trois.

FLAVIAN.

Vos deux frères et vous

CURIACE.

Qui!

FLAVIAN.

Vous et vos deux frères.
Mais pourquoi ce front triſte et ces regards ſéveres?
Ce choix vous déplait-il?

CURIACE.

Non, mais il me ſurprend;
Je m'eſtimais trop peu pour un honneur ſi grand.

FLAVIAN.

Dirai-je au dictateur, dont l'ordre ici m'envoie,
Que vous le recevés avec ſi peu de joie?
Ce morne et froid accueil me ſurprend à mon tour.

CURIACE.

Dis-lui, que l'amitié, l'alliance, et l'amour
Ne pourront empêcher que les trois Curiaces
Ne servent leur païs contre les trois Horaces,

FLAVIAN.

Contre eux! Ah! C'est beaucoup me dire en peu
de mots.

CURIACE.

Porte-lui ma réponse, et nous laisse en repos.

---

## SCENE III.

### HORACE, CURIACE

CURIACE.

Que désormais le ciel, les enfers, et la terre,
Unissent leurs fureurs à nous faire la guerre,
Que les hommes, les dieux, les démons et le sort,
Préparent contre nous un général effort;
Je mets à faire pis en l'état, où nous sommes,
Le sort et les démons et les dieux et les hommes.
Ce qu'ils ont de cruel, et d'horrible et d'affreux,
L'est bien moins que l'honneur qu'on nous fait à
tous deux.

HORACE.

Le sort, qui de l'honneur nous ouvre la barriere
Offre à notre constance une illustre matière,

Il épuiſe ſa force à former un malheur,
Pour mieux ſe meſurer avec notre valeur;
Et comme il voit en nous des ames peu communes.
Hors de l'ordre commun il nous fait des fortunes.
Combattre un ennemi pour le ſalut de tous,
Et contre un inconnu s'expoſer ſeul aux coups,
D'une ſimple vertu c'eſt l'effêt ordinaire;
Mille déjà l'ont fait, mille pourraient le faire.
Mourir pour le païs eſt un ſi digne ſort,
Qu'on briguerait en foule une ſi belle mort.
Mais vouloir au public immoler ce qu'on aime,
S'attacher au combat contre un autre ſoi-même,
Attaquer un parti, qui prend pour défenſeur
Le frère d'une femme, et l'amant d'une ſœur,
Et rompant tous ces noeuds s'armer pour la patrie
Contre un ſang, qu'on voudrait racheter de ſa vie;
Une telle vertu n'appartenait qu'à nous.
L'éclat de ſon grand nom lui fait peu de jaloux,
Et peu d'hommes au cœur l'ont aſſés imprimée,
Pour oſer aſpirer à tant de renommée.

CURIACE.

Il eſt vrai, que nos noms ne ſauraient plus périr;
L'occaſion eſt belle, il nous la faut chérir.
Nous ſerons les miroirs d'une vertu bien rare:
Mais votre fermeté tient un peu du barbare,
Peu, même des grands cœurs, tireraient vanité
D'aller par ce chemin à l'immortalité:

A quelque prix qu'on mette une telle fumée,
L'obſcurité vaut mieux que tant de renommée.
Pour moi, je l'oſe dire, et vous l'avés pû voir,
Je n'ai point conſulté pour ſuivre mon devoir.
Notre longue amitié, l'amour, ni l'alliance,
N'ont pû mettre un moment mon eſprit en balance,
Et puisque par ce choix Albe montre, en effet,
Qu'elle m'éſtime autant, que Rome vous a fait,
Je croi faire pour elle autant, que Vous pour Rome;
J'ai le cœur auſſi bon, mais enfin je ſuis homme.
Je voi que votre honneur demande tout mon ſang,
Que tout le mien conſiſte à vous pérçer le flanc,
Prêt d'épouſer ſa ſœur qu'il faut tuer le frère,
Et que pour mon païs j'ai le ſort ſi contraire.
Encor qu'à mon devoir je coure ſans terreur
Mon cœur s'en effarouche, et j'en frémis d'horreur.
J'ai pitié de moi-même, et jette un œil d'envie
Sur ceux, dont notre guerre a conſume la vie.
Sans ſouhait toutefois de pouvoir reculer,
Ce triſte et ſier honneur m'émeut ſans m'ebranler,
J'aime ce qu'il me donne et je plains ce qu'il m'ôte;
Et ſi Rome demande une vertu plus haute,
Je rends graces aux dieux de n'être pas Romain,
Pour conſerver encor quelque choſe d'humain.

HORACE.

Si vous n'étes Romain, ſoyes digne de l'être,
Et ſi vous m'égalés, faites-le mieux paraitre.
La ſolide vertu, dont je fais vanité,
N'admet point de faibleſſe avec ſa fermeté ;
Et c'eſt mal de l'honneur entrer dans la carriere
Que dès le premier pas regarder en arriere.
Notre malheur eſt grand, il eſt au plus haut point,
Je l'enviſage entier, mais je n'en frémis point.
Contre qui que ce ſoit, que mon païs m'emploie,
J'accepte aveuglément cette gloire avec joie.
Celle de recevoir de tels commandemens
Doit étouffer en nous tous autres ſentimens ;
Qui près de le ſervir conſidere autre choſe,
A faire ce qu'il doit lâchement ſe diſpoſe.
Ce droit ſaint et ſacré rompt tout autre lien.
Rome a choiſi mon bras, je n'examine rien.
Avec une allégreſſe auſſi pleine et ſincere,
Que j'épouſai la ſœur, je combattrai le frère,
Et pour trancher enfin ces diſcours ſuperflus,
Albe vous a nommé, je ne vous connais plus.

CURIACE.

Je vous connais encore, et c'eſt ce qui me tue ;
Mais cette âpre vertu ne m'était pas connue.
Comme notre malheur elle eſt au plus haut point,
Souffrés, que je l'admire et ne l'imite point.

HORACE.

Non, non, n'embraſés pas de vertu par contrainte,

Et puisque vous trouvés plus de charme à la plainte,
En toute liberté goûtes un bien ſi doux,
Voici venir ma ſœur pour ſe plaindre avec vous.
Je vais revoir la vôtre, et réſoudre ſon ame
A ſe bien ſouvenir qu'elle eſt toujours ma femme,
A vous aimer encor ſi je meurs par vos mains,
Et prendre en ſon malheur des ſentimens Romains.

---

## SCENE IV.

### CAMILLE, HORACE, CURIACE.

HORACE.

Avés-vous ſû l'état, qu'on fait de Curiace,
Ma ſœur?

CAMILLE.

Helas! Mon ſort a bien change de face.

HORACE.

Armés-vous de conſtance, et montrés-vous ma ſœur;
Et ſi par mon trépas il rétourne vainqueur,
Ne le recevés point en meurtrier d'un frère,
Mais en homme d'honneur, qui fait, ce qu'il doit faire,
Qui ſert bien ſon païs, et ſait montrer à tous

Par ſa haute vertu, qu'il eſt digne de vous.
Comme ſi je vivais, achevés l'hyménée.
Mais ſi ce fer auſſi tranche ſa deſtinée,
Faites à ma victoire un pareil traitement,
Ne me réprochés point la mort de votre amant.
Vos larmes vont couler et votre cœur ſe preſſe,
Conſumés avec lui toute cette faibleſſe,
Querellés ciel et terre, et maudiſſés le ſort,
Mais après le combat ne penſés plus au mort.

(à Curiace.)

Je ne vous laiſſerai qu'un moment avec elle,
Puis nous irons enſemble où l'honneur nous appelle.

---

## SCENE V.

### CURIACE, CAMILLE.

CAMILLE.

Iras-tu, Curiace, et ce funeſte honneur
Te plaît-il aux dépens de tout notre bonheur?

CURIACE.

Hélas! Je voi trop bien qu'il faut quoi que je faſſe,
Mourir ou de douleur, ou de la main d'Horace.
Je vais comme au ſupplice à cet illuſtre emploi,
Je maudis mille fois l'état, qu'on fait de moi;
Je hais cette valeur, qui fait, qu'Albe m'eſtime,

Ma flamme au déſeſpoir paſſe jusques au crime,
Elle, ſe prend au ciel, et l'oſe quereller,
Je vous plains, je me plains, mais il y faut aller.

CAMILLE.

Non, je te connais mieux, tu veux que je te prie,
Et qu'ainſi mon pouvoir l'excuſe à ta patrie,
Tu n'es que trop fameux par tes autres exploits,
Albe a reçu par eux tout ce que tu lui dois.
Autre n'a mieux que toi ſoutenu cette guerre,
Autre de plus de morts n'a couvert notre terre,
Ton nom ne peut plus craître, il ne lui manque rien,
Souffre, qu'un autre ici puiſſe annoblir le ſien.

CURIACE.

Que je ſouffre à mes yeux qu'on ceigne une autre tête
Des lauriers immortels, que la gloire m'apprête,
Ou que tout mon païs réproche à ma vertu
Qu'il aurait triomphé, ſi j'avais combattu,
Et que ſous mon amour ma valeur endormie
Couronne tant d'exploits d'une telle infamie?
Non, Albe, après l'honneur, que j'ai reçu de toi,
Tu ne ſuccomberas, ni vaincras que par moi,
Tu m'as commis ton ſort, je t'en rendrai bon compte,
Et vivrai ſans réproche, ou périrai ſans honte.

CAMILLE.

Quoi! Tu ne veux pas voir qu'ainſi tu me trahis!

CURIACE.

Avant que d'être à vous, je ſuis à mon païs.

CAMILLE.

Mais te priver pour lui toi-même d'un beau-frère,
Ta ſœur de ſon mari!

CURIACE.

Telle eſt notre miſere.
Le choix d'Albe et de Rome ôte toute douceur
Aux noms jadis ſi doux de beaufrère et de ſœur.

CAMILLE.

Tu pourras donc, cruel, me préſenter ſa tête,
Et demander ma main pour prix de ta conquête!

CURIACE.

Il n'y faut plus penſer, en l'état, où je ſuis.
Vous aimer ſans eſpoir, c'eſt tout ce que je puis.
Vous en pleurés, Camille?

CAMILLE.

Il faut bien que je pleure,
Mon inſenſible amant ordonne, que je meure,
Et quand l'hymen pour nous allume ſon flambeau,
Il l'éteint de ſa main pour m'ouvrir le tombeau.
Ce cœur impitoyable à ma perte s'obſtine,
Et dit, qu'il m'aime encore alors qu'il m'aſſaſſine.

CURIACE.

Que les pleurs d'une amante ont de puiſſans discours,
Et qu'un bel œil eſt fort avec un tel ſecours!

Que mon cœur s'attendrit à cette trifte vûe!
Ma conftance contre elle à regret s'évertue.
N'attaqués plus ma gloire avec tant de douleurs,
Et laiffés-moi fauver ma vertu de vos pleurs.
Je fens, qu'elle chancelle, et défend mal la place;
Plus je fuis votre amant, moins je fuis Curiace:
Faible d'avoir déjà combattu l'amitié
Vaincrait-elle à la fois l'amour et la pitié?
Allés, ne m'aimés plus, ne verfés plus de larmes,
Ou j'oppofe l'offenfe à de fi fortes armes,
Je me défendrai mieux contre votre courroux,
Et pour le mériter, je n'ai plus d'yeux pour vous.
Vengés-vous d'un ingrat, puniffés un volage.
Vous ne vous montrés point fenfible à cet outrage!
Je n'ai plus d'yeux pour vous, vous en avés pour moi!
En faut-il plus encor? Je renonce à ma foi.
Rigoureufe vertu dont je fuis la victime,
Ne peux-tu réfifter fans le fecours d'un crime?

CAMILLE.

Ne fai point d'autre crime, et j'attefte les dieux
Qu'au lieu de t'en haïr je t'en aimerai mieux;
Oui, je te chérirai tout ingrat et perfide,
Et ceffe d'afpirer au nom de fratricide.
Pourquoi fuis-je Romaine, ou que n'es-tu Romain?
Je te préparerais des lauriers de ma main,

Je t'encouragerais au-lieu de te diſtraire,
Et je te traiterais comme j'ai fait mon frère.
Hélas ! J'étais aveugle en mes voeux aujour-d'hui,
J'en ai fait contre toi, quand j'en ai fait pour lui.
Il revient, quel malheur, ſi l'amour de ſa femme
Ne peut non plus ſur lui, que le mien ſur ton ame!

---

## SCENE VI.

HORACE, SABINE, CURIACE, CAMILLE.

CURIACE.

Dieux! Sabine le ſuit! Pour ébranler mon cœur
Eſt-ce peu de Camille, y joignés-vous ma ſœur?
Et laiſſant à ſes pleurs vaincre ce grand courage,
L'amenés-vous ici chercher même avantage?

SABINE.

Non, non, mon frère, non, je ne viens en ce lieu
Que pour vous embraſſer, et pour vous dire adieu.
Votre ſang eſt trop bon, n'en craignés rien de lâche,
Rien dont la fermeté de ces grands cœurs ſe fâche;
Si ce malheur illuſtre ébranlait l'un de vous,
Je le déſavouerais pour frère ou pour époux.
Pourrai-je toutefois vous faire une priere
Digne d'un tel époux, et digne d'un tel frère?

Je veux d'un coup si noble ôter l'impiété,
A l'honneur qui l'attend rendre sa pureté,
La mettre en son état sans mélange de crimes,
Enfin je vous veux faire ennemis légitimes.
Du saint noeud, qui vous joint, je suis le seul lien,
Quand je ne serai plus, vous ne vous serés rien;
Brisés votre alliance, et rompés-en la chaîne,
Et puisque votre honneur veut des effets de haine,
Achetés par ma mort le droit de vous haïr.
Albe le veut et Rome, il faut leur obéir,
Qu'un de vous deux me tue, et que l'autre me venge;
Alors votre combat n'aura plus rien d'étrange,
Et du moins l'un des deux sera juste agresseur,
Ou pour venger sa femme, ou pour venger sa sœur.
Mais quoi? Vous souilleriés une gloire si belle,
Si vous vous animiés par quelque autre querelle,
Le zéle du païs vous défend de tels soins,
Vous feriés peu pour lui, si vous vous étiés moins,
Il lui faut, et sans haine, immoler un beau-frère.
Ne différés donc plus ce que vous devés faire,
Commencés par sa sœur à répandre son sang,
Commencés par sa femme, à lui percer le flanc,
Commencés par Sabine à faire de vos vies
Un digne sacrifice à vos chères patries;
Vous étes ennemis en ce combat fameux,

Vous d'Albe, vous de Rome, et moi de toutes deux.
Quoi? Me réservés-vous à voir une victoire,
Où pour haut appareil d'une pompeuse gloire,
Je verrai les lauriers d'un frère ou d'un mari
Fumer encor d'un sang que j'aurai tant cheri?
Pourrai-je entre vous deux régler alors mon ame?
Satisfaire aux devoirs et de sœur et de femme?
Embrasser le vainqueur en pleurant le vaincu?
Non, non, avant ce coup Sabine aura vecu.
Ma mort le préviendra, de qui que je l'obtienne,
Le refus de vos mains y condamne la mienne.
Sus donc, qui vous retient? Allés, cœurs inhumains,
J'aurai trop de moyens pour y forcer vos mains,
Vous ne les aurés point au combat occupées,
Que ce corps au milieu n'arrête vos épées;
Et malgré vos refus, il faudra que leurs coups
Se fassent jour ici pour aller jusqueà vous.

HORACE.

O ma femme!

CURIACE.

O ma sœur!

CAMILLE.

Courage, ils s'amollissent.

SABINE.

Vous poussés des soupirs, vos visages pâlissent!

Quelle peur vous saisit! Sont-ce là ces grands cœurs,
Ces héros, qu'Albe et Rome ont pris pour défenseurs?

HORACE.

Que t'ai-je fait, Sabine et quelle est mon offense
Qui t'oblige à chercher une telle vengeance?
Que t'a fait mon honneur, et par quel droit viens-tu
Avec toute ta force attaquer ma vertu?
Du moins contente-toi de l'avoir étonnée,
Et me laisse achever cette grande journée.
Tu me viens de réduire en un étrange point,
Aime assés ton mari pour n'en triompher point;
Va-t-en, et ne rends plus la victoire douteuse,
La dispute déjà m'en est assés honteuse.
Souffre, qu'avec honneur je termine mes jours.

SABINE.

Va, cesse de me craindre, on vient à ton secours.

---

## SCENE VII.

Le vieil HORACE, HORACE, CURIACE, SABINE, CAMILLE

Le vieil HORACE.

Qu'est-ce-ci, mes enfans? Ecoutés-vous vos flammes
Et perdés-vous encor le tems avec des femmes?

Prêts à verser du sang, regardés-vous des pleurs ?
Fuyés, et laissés-les déplorer leurs malheurs.
Leurs plaintes ont pour vous trop d'art et de tendresse,
Elles vous feraient part enfin de leur faiblesse,
Et ce n'est qu'en fuyant qu'on pare de tels coups.

SABINE.

N'appréhendés rien d'eux, ils sont dignes de vous.
Malgré tous nos efforts vous en devés attendre
Ce que vous souhaités et d'un fils et d'un gendre;
Et si notre faiblesse avait pû les changer,
Nous vous laissons ici pour les encourager.
Allons, ma sœur, allons, ne perdons plus de larmes,
Contre tant de vertus ce sont de faibles armes,
Ce n'est qu'au desespoir qu'il nous faut récourir.
Tigres, allés combattre, et nous allons mourir.

---

## SCENE VIII.

Le vieil HORACE, HORACE, CURIACE.

HORACE.

Mon père, retenés des femmes, qui s'emportent,
Et de grace, empêchés sur-tout qu'elles ne sortent,
Leur amour importun viendrait avec éclat

Par des cris et des pleurs troubler notre combat,
Et ce qu'elles nous ſont ferait qu'avec juſtice
On nous imputerait ce mauvais artifice.
L'honneur d'un ſi beau choix ſerait trop acheté
Si l'on nous ſoupçonnait de quelque lâcheté.

Le vieil HORACE.

J'en aurai ſoin. Allés, vos frères vous attendent,
Ne penſés qu'aux devoirs, que vos païs demandent.

CURIACE.

Quel adieu vous dirai-je, et par quels complimens...

Le vieil HORACE.

Ah! N'attendriſſés point ici mes ſentimens.
Pour vous encourager ma voix manque de termes,
Mon cœur ne forme point de penſers aſſés fermes.
Moi même en cet adieu j'ai les larmes aux yeux.
Faites votre devoir, et laiſſés faire aux dieux.

*Fin du ſecond Acte.*

---

# ACTE III.

## SCENE PREMIERE.

SABINE.

Prenons parti, mon ame, en de telles disgraces,
Soyons femme d'Horace, ou sœur des Curiaces,
Cessons de partager nos inutiles soins,
Souhaitons quelque chose, et craignons un peu moins.
Mais las! Quel parti prendre en un sort si contraire!
Quel ennemi choisir d'un époux, ou d'un frère!
La nature, ou l'amour parle pour chacun d'eux,
Et la loi du devoir m'attâche à tous les deux.
Sur leurs hauts sentimens réglons plutôt les nôtres,
Soyons femme de l'un ensemble, et sœur des autres,
Regardons leur honneur comme un souverain bien,
Imitons leur constance, et ne craignons plus rien.
La mort, qui les menace, est une mort si belle,
Qu'il en faut sans frayeur attendre la nouvelle.
N'appellons point alors les destins inhumains,

Songeons pour quelle cauſe, et non par quelles mains,
Revoyons les vainqueurs ſans penſer qu'à la gloire,
Que toute leur maiſon reçoit de leur victoire;
Et ſans conſidérer aux dépens de quel ſang
Leur vertu les éleve en cet illuſtre rang,
Faiſons nos intérêts de ceux de leur famille:
En l'une je ſuis femme, en l'autre je ſuis fille,
Et tiens à toutes deux par de ſi forts liens,
Qu'on ne peut triompher que par les bras des miens.
Fortune, quelques maux que ta rigueur m'envoye,
J'ai trouvé les moyens d'en tirer de la joie,
Et puis voir aujourd'hui le combat ſans terreur,
Les morts ſans déſeſpoir, les vainqueurs ſans horreur.
Flatteuſe illuſion, erreur douce et groſſiere,
Vain effort de mon ame, impuiſſante lumiere,
De qui le faux brillant prend droit de m'éblouïr,
Que tu fais peu durer, et tôt d'évavouïr!
Pareille à ces éclairs, qui dans le fort des ombres
Pouſſent un jour, qui fuit, et rend les nuits plus ſombres,
Tu n'as frappé mes yeux d'un moment de clarté,
Que pour les abîmer dans plus d'obſcurité.
Tu charmais trop ma peine, et le ciel qui s'en fâche
Me vend déjà bien cher ce moment de relâche.
Je ſens mon triſte cœur percé de tous les coups

Qui m'ôtent maintenant un frére, ou mon époux ;
Quand je ſonge à leur mort, quoi que je me propoſe,
Je ſonge par quels bras, et non pour quelle cauſe,
Et ne voi les vainqueurs en leur iluſtre rang,
Que pour conſidérer aux dépens de quel ſang.
La maiſon des vaincus touche ſeule mon ame,
En l'une je ſuis fille, en l'autre je ſuis femme,
Et tiens à toutes deux par de ſi forts liens,
Qu'on ne peut triompher que par la mort des miens.
C'eſt là donc cette paix, que j'ai tant ſouhaitée !
Trop favorables dieux, vous m'avés écoutée !
Quels foudres lancés-vous, quand vous vous irrités,
Si même vos faveurs ont tunt de cruautés ?
Et de quelle façon puniſſés-vous l'offenſe
Si vous traités ainſi les vœux de l'innocence ?

---

## SCENE II.

### SABINE, JULIE.

SABINE.

En eſt-ce fait Julie, et que m'apportés-vous ?
Eſt-ce la mort d'un frère, ou celle d'un époux ?
Le funeſte ſuccès de leurs armes impies
De tous les combattans a-t-il fait des hoſties,

Et m'énviant l'horreur, que j'aurais des vainqueurs,
Pour tous tant qu'ils étaient demande-t-il mes pleurs?

JULIE.

Quoi! Ce qui s'est passé, vous l'ignorés encore.

SABINE.

Vous faut-il étonner de ce que je l'ignore,
Et ne savés-vous pas que de cette maison
Pour Camille et pour moi l'on fait une prison?
Julie, on nous renferme, on a peur de nos larmes,
Sans cela nous serions au milieu de leurs armes;
Et par les désespoirs d'une chaste amitié
Nous aurions des deux camps tiré quelque pitié.

JULIE.

Il n'étoit pas besoin d'un si tendre spectacle,
Leur vûe à leur combat apporte assés d'obstacle.
Si tôt qu'ils ont paru prêts à se mesurer,
On a dans les deux camps entendu murmurer;
A voir de tels amis, des personnes si proches,
Venir pour leur patrie aux mortelles approches.
L'un s'émeut de pitié, l'autre est saisi d'horreur,
L'autre d'un si grand zèle admire la fureur;
Tel porte jusqu'aux cieux leur vertu sans égale,
Et tel l'ose nommer sacrilège et brutale.
Ces divers sentimens n'ont pourtant qu'une voix,
Tous accusent leurs chèfs, tous détestent leurs choix,

Et ne pouvant fouffrir un combat fi barbare,
On s'écrie, on s'avance, enfin on les fépare.

SABINE.

Que je vous dois d'encens, grands dieux qui m'exaucés!

JULIE.

Voux n'étes pas, Sabine encore, où vous penfés,
Vous pouvés efpérer, vous avés moins à craindre,
Mais il vous refte encore affés de quoi vous plaindre.
En vain d'un fort fi trifte on les veut garantir,
Les cruels généreux n'y peuvent confentir.
La gloire de ce choix leur eft fi précieufe,
Et charme tellement leur ame ambitieufe
Qu'alors qu'on les deplore ils s'eftiment heureux,
Et prennent pour affront la pitié qu'on a d'eux.
Le trouble des deux camps fouille leur renommée,
Ils combattront plûtôt et l'une et l'autre armée,
Et mourront par les mains qui leur font d'autres loix,
Que pas un d'eux renonce aux honneurs d'un tel choix.

SABINE.

Quoi? Dans leur dureté ces cœurs d'acier s'obftinent!

JULIE.

Oui, mais d'autre côté des deux camps fe mutinent,

Et leurs cris des deux parts pouſſés en même tems
Demandent la bataille, ou d'autres combattans.
La préſence des chefs à peine eſt reſpectée,
Leur pouvoir eſt douteux, leur voix mal écoutée,
Le roi même s'étonne, et pour dernier effort,
Puisque chacun, dit-il, s'échauffe en ce discord,
Conſultons des grands dieux la majeſté ſacrée,
Et voyons ſi ce change à leurs bontés agrée.
Quel impie oſera ſe prendre à leur vouloir,
Lorsqu'en un ſacrifice ils nous l'auront fait voir?
Il ſe taît, et ces mots ſemblent être des charmes,
Même aux ſix combattans ils arrachent les armes,
Et ce deſir d'honneur, qui leur ferme les yeux,
Tout aveugle qu'il eſt, reſpecte encor les dieux.
Leur plus bouillante ardeur céde à l'avis de Tulle,
Et ſoit par déférence, ou par un promt ſcrupule,
Dans l'une et l'autre armée on s'en fait une loi,
Comme ſi toutes deux le connaiſſaient pour roi.
Le reſte s'apprendra par la mort des victimes.

SABINE.

Les dieux n'avoueront point un combat plein de crimes,
J'en eſpére beaucoup, puisqu'il eſt différé,
Et je commence à voir ce que j'ai deſiré.

## SCENE III.

### CAMILLE, SABINE, JULIE.

SABINE.

Ma fœur, que je vous die une bonne nouvelle.

CAMILLE.

Je penfe la favoir, s'il faut la nommer telle,
On l'a dite à mon père, et j'étais avec lui;
Mais je n'en conçois rien, qui flatte mon ennui.
Ce délai de nos maux rendra leurs coups plus rudes,
Ce n'eft qu'un plus long terme à nos inquiétudes,
Et tout l'allégement qu'il en faut efpérer,
C'eft de pleurer plûtard ceux, qu'il faudra pleurer.

SABINE.

Les dieux n'ont pas en vain infpiré ce tumulte.

CAMILLE.

Difons plûtôt, ma fœur, qu'en vain on les confulte,
Ces mêmes dieux à Tulle ont infpiré ce choix,
Et la voix du public n'eft pas toujours leur voix.
Ils defcendent bien moins dans de fi bas étages,
Que dans l'ame des rois leurs vivantes images,
De qui l'indépendante et fainte autorité
Eft un rayon fecret de leur divinité.

JULIE.

C'eſt vouloir ſans raiſon vous former des obſtacles,
Que de chercher leurs voix ailleurs qu'en leurs oracles,
Et vous ne vous pouvés figurer tout perdu,
Sans démentir celui, qui vous fut hier rendu.

CAMILLE.

Un oracle jamais ne ſe laiſſe comprendre,
On l'entend d'autant moins, que plus on croit l'entendre,
Et loin de s'aſſurer ſur un pareil arrêt,
Qui n'y voit rien d'obſcur, doit croire que tout l'eſt.

SABINE.

Sur ce qu'il fait pour nous prenons plus d'aſſurance,
Et ſouffrons les douceurs d'une juſte eſpérance.
Quand la faveur du ciel ouvre à demi ſes bras,
Qui ne s'en promet rien, ne la mérite pas,
Il empêche ſouvent qu'elle ne ſe déploye,
Et lorsqu'elle deſcend ſon refus la renvoye.

CAMILLE.

Le ciel agit ſans nous en ces evènemens,
Et ne les règle point deſſus nos ſentimens.

JULIE.

Il ne vous a fait peur que pour vous faire grace.
Adieu! Je vais ſavoir comme enfin tout ſe paſſe.

Modéres vos frayeurs, j'espére à mon rétour
Ne vous entretenir, que de propos d'amour,
Et que nous n'employerons la fin de la journée
Qu'aux doux préparatifs d'un heureux hymenée.

SABINE.

J'ose encor l'espérer.

CAMILLE.

Moi, je n'espére rien.

JULIE.

L'effet vous fera voir, que nous en jugéons bien.

---

## SCENE IV.

### SABINE, CAMILLE.

SABINE.

Parmi nos déplaisirs souffrés que je vous blâme,
Je ne puis approuver tant de trouble en votre ame;
Que feriés-vous, ma sœur, au point où je me vois,
Si vous aviés à craindre autant que je le dois,
Et si vous attendiés de leurs armes fatales
Des maux pareils aux miens, et des pertes égales?

CAMILLE.

Parlés plus sainement de vos maux et des miens.
Chacun voit ceux d'autrui d'un autre œil que les siens.

Mais, à bien regarder ceux où le ciel me plonge,
Les vôtres auprès d'eux vous sembleront un songe.
La seule mort d'Horace est à craindre pour vous,
Des frères ne sont rien à l'égal d'un époux;
L'hymen, qui nous attâche en une autre famille,
Nous détâche de celle où l'on a vécu fille;
On voit d'un œil divers des nœuds si différens,
Et pour suivre un mari l'on quitte ses parens.
Mais si près d'un hymen l'amant, que donne un père,
Nous est moins qu'un époux, et non pas moins qu'un frère,
Nos sentimens entre eux demeurent suspendus,
Notre choix impossible, et nos vœux confondus.
Ainsi, ma sœur, du moins vous avés dans vos plaintes
Où porter vos souhaits, et terminer vos craintes;
Mais si le ciel s'obstine à nous persécuter,
Pour moi, j'ai tout à craindre, et rien à souhaiter.

SABINE.

Quand il faut, que l'un meure, et par les mains de l'autre,
C'est un raisonnement bien mauvais que le vôtre.
Quoique ce soient, ma sœur, des nœuds bien différens,
C'est sans les oublier qu'on quitte ses parens;

L'hymen n'efface point ces profonds caractéres.
Pour aimer un mari l'on ne hait pas ses frères,
La nature en tout tems garde ses premiers droits.
Aux dépens de leur vie on ne fait point de choix,
Aussi bien qu'un époux ils sont d'autres nous-mêmes,
Et tous maux sont pareils alors qu'ils sont extrêmes.
Mais l'amant, qui vous charme, et pour qui vous brûlés,
Ne vous est après tout que ce que vous voulés.
Une mauvaise humeur, un peu de jalousie,
En fait assés souvent passer la fantaisie.
Ce que peut le caprice, osés-le par raison,
Et laissés votre sang hors de comparaison.
C'est crime qu'opposer des liens volontaires
A ceux, que la naissance a rendus nécessaires.
Si donc le ciel s'obstine à nous persécuter,
Seule j'ai tout à craindre, et rien à souhaiter;
Mais pour vous, le devoir vous donne dans vos plaintes
Où porter vos souhaits, et terminer vos craintes.

CAMILLE.

Je le voi bien, ma sœur, vous n'aimâtes jamais,
Vous ne connoissés point ni l'amour, ni ses traits:
On peut lui résister quand il commence à naître,
Mais non pas le bannir, quand il s'est rendu maître,

Et que l'aveu d'un père, engageant notre foi,
A fait de ce tyran un légitime roi.
Il entre avec douceur, mais il regne par force,
Et quand l'ame une fois a goûté ſon amorce,
Vouloir ne plus aimer, c'eſt ce qu'elle ne peut,
Puisqu'elle ne peut plus vouloir que ce qu'il veut.
Ses chaînes ſont pour nous auſſi fortes que belles.

---

## SCENE V.

Le vieil HORACE, SABINE, CAMILLE.

Le vieil HORACE.

Je viens vous aporter de fâcheuſes nouvelles,
Mes filles, mais en vain je voudrais vous celer
Ce qu'on ne vous ſaurait long-têms diſſimuler,
Vos frères ſont aux mains, les dieux ainſi l'ordonnent.

SABINE.

Je veux bien l'avouer, ces nouvelles m'étonnent,
Et je m'imaginais dans la divinité
Beaucoup moins d'injuſtice, et bien plus de bonté.
Ne nous conſolés point, contre tant d'infortune
La pitié parle en vain, la raiſon importune.
Nous avons en nos mains la fin de nos douleurs,

Et qui veut bien mourir, peut braver les malheurs.
Nous pourrions aisément faire en votre présence
De notre désespoir une fausse constance,
Mais quand on peut sans honte être sans fermeté,
L'affecter au dehors c'est une lâcheté:
L'usage d'un tel art, nous le laissons aux hommes,
Et ne voulons passer que pour ce que nous sommes.
Nous ne demandons point, qu'un courage si fort
S'abbaisse à notre exemple, à se plaindre du sort;
Recevés sans fremir ces mortelles alarmes,
Voyes couler nos pleurs sans y mêler vos larmes;
Enfin, pour toute grace, en de tels déplaisirs,
Gardés votre constance, et souffrés nos soupirs.

Le vieil HORACE.

Loin de blâmer les pleurs que je vous voi répandre,
Je croi faire beaucoup de m'en pouvoir défendre;
Et céderais peut-être à de si rudes coups,
Si je prenais ici même intérêt que vous.
Non qu'Albe par son choix m'ait fait haïr vos frères,
Tous trois me sont encor des personnes bien chères;
Mais enfin l'amitié n'est pas de même rang,
Et n'a point les effets de l'amour ni du sang.

Je ne ſens point pour eux la douleur, qui tourmente
Sabine comme ſœur, Camille comme amante;
Je puis les régarder comme nos ennemis,
Et donne ſans regret mes ſouhaits à mes fils.
Ils ſont, graces aux dieux, dignes de leur patrie,
Aucun étonnement n'a leur gloire flétrie,
Et j'ai vû leur honneur craître de la moitié,
Quand ils ont des deux camps refuſé la pitié.
Si par quelque faibleſſe ils l'avaient mendiée,
Si leur haute vertu ne l'eût repudiée,
Ma main bientôt ſur eux m'eût vengé hautement
De l'affront, que m'eût fait ce mol conſentement.
Mais lorsqu'en dépit d'eux on en a voulu d'autres,
Je ne le cele point, j'ai joint mes vœux aux vôtres.
Si ce ciel pitoyable eût écouté ma voix,
Albe ſerait réduite à faire un autre choix;
Nous pourrions voir tantôt triompher les Horaces,
Sans voir leurs bras ſouillés du ſang des Curiaces,
Et de l'évènement d'un combat plus humain
Dépendrait maintenant l'honneur du nomRomain.
La prudence des dieux autrement en diſpoſe,
Sur leur ordre éternel mon eſprit ſe répoſe;
Il s'arme en ce beſoin de généroſité
Et du bonheur public fait ſa félicité.
Tâchés d'en faire autant pour ſoulager vos peines,

Et songés toutes deux que vous étes Romaînes.
Vous l'étes devenue, et vous l'étes encor;
Un si glorieux titre est un digne trésor.
Un jour, un jour viendra que par toute la terre
Rome se fera craindre à l'égal du tonnerre,
Et que tout l'univers tremblant dessous ses loix,
Ce grand nom deviendra l'ambition des rois.
Les dieux à notre Enée ont promis cette gloire.

---

## SCENE VI.

### Le vieil HORACE, SABINE, CAMILLE, JULIE.

Le vieil HORACE.

Nous venés-vous, Julie, apprendre la victoire?

JULIE.

Mais plûtôt du combat les funestes effets.
Rome est sujette d'Albe, et vos fils sont défaits.
Des trois les deux sont morts, son époux seul vous reste.

Le vieil HORACE.

O d'un triste combat effet vraiment funeste!
Rome est sujette d'Albe, et pour l'en garantir
Il n'a pas employé jusqu'au dernier soupir!
Non, non, cela n'est point, on vous trompe, Julie,

Rome n'eſt point ſujette, ou mon fils eſt ſans vie,
Je connais mieux mon ſang, il fait mieux ſon devoir.

JULIE.

Mille de nos remparts comme moi l'ont pû voir.
Il s'eſt fait admirer tant qu'ont duré ſes frères,
Mais quand il s'eſt vû ſeul contre trois adverſaires,
Prêt d'être enfermé d'eux ſa fuite l'a ſauvé.

Le vieil HORACE.

Et nos ſoldats trahis ne l'ont point achevé!
Dans leurs rangs à ce lâche ils ont donné retraite!

JULIE.

Je n'ai rien voulu voir après cette défaite.

CAMILLE.

O mes frères!

Le vieil HORACE.

Tout beau, ne les pleurés pas tous,
Deux jouiſſent d'un ſort dont leur père eſt jaloux.
Que des plus nobles fleurs leur tombe ſoit couverte!
La gloire de leur mort m'a payé de leur perte.
Ce bonheur a ſuivi leur courage invaincu
Qu'ils ont vû Rome libre autant qu'ils ont vécu,
Et ne l'auront point vûe obéir qu'à ſon prince,
Ni d'un état voiſin devenir la province.
Pleurés l'autre, pleurés l'irréparable affront
Que ſa fuite honteuſe imprime à notre front;

Pleurés le déshonneur de toute notre race,
Et l'opprobre éternel qu'il laiſſe au nom d'Horace.

JULIE.

Que vouliés-vous, qu'il fît contre trois.

Le vieil HORACE.

Qu'il mourût,
Ou qu'un beau déſeſpoir alors le ſecourût.
N'eût-il que d'un moment reculé ſa défaite,
Rome eût été du moins un peu plûtard ſujette.
Il eût avec honneur laiſſé mes cheveux gris,
Et c'était de ſa vie un aſſés digne prix.
Il eſt de tout ſon ſang comptable à ſa patrie,
Chaque goutte épargnée a ſa gloire flétrie,
Chaque inſtant de ſa vie, après ce lâche tour,
Met d'autant plus ma honte avec la ſienne au jour.
J'en romprai bien le cours, et ma juſte colère,
Contre un indigne fils uſant des droits d'un père,
Saura bien faire voir dans ſa punition
L'éclatant déſaveu d'une telle action.

SABINE.

Ecoutés un peu moins ces ardeurs généreuſes,
Et ne nous rendés point tout-à-fait malheureuſes.

Le vieil HORACE.

Sabine, votre cœur ſe conſole aiſément,
Nos malheurs jusqu'ici vous touchent faiblement,
Vous n'avés point encor de part à nos miſeres,
Le ciel vous a ſauvé votre époux et vos frères.
Si nous ſommes ſujets, c'eſt de votre païs,

Vos frères ſont vainqueurs, quand nous ſommes trahis;
Et voyant le haut point où leur gloire ſe monte,
Vous regardés fort peu ce qui nous vient de honte.
Mais votre trop d'amour pour cet infame époux
Vous donnera bientôt à plaindre comme à nous.
Vos pleurs en ſa faveur ſont de faibles défenſes.
J'atteſte des grands dieux les ſuprêmes puiſſances
Qu'avant ce jour fini, ces mains, ces propres mains
Laveront dans ſon ſang la honte des Romains.

(Le vieil Horace ſort.)

SABINE.

Suivons-le promptement, la colère l'emporte.
Dieux! Verrons-nous toujours des malheurs de la ſorte?
Nous faudra-t-il toujours en craindre de plus grands,
Et toujours redouter la main de nos parens?

*Fin du troiſième Acte.*

---

# ACTE IV.

## SCENE PREMIERE.

Le vieil HORACE, CAMILLE.

Le vieil HORACE.

Ne me parlés jamais en faveur d'un infame!
Qu'il me fuie à l'égal des frères de sa femme!
Pour conserver un sang, qu'il tient si précieux,
Il n'a rien fait encore, s'il n'évite mes yeux.
Sabine y peut mettre ordre, ou derechef j'atteste,
Le souverain pouvoir de la troupe céleste...

CAMILLE.

Ah! Mon père, prenés un plus doux sentiment.
Vous verrés même Rome en user autrement,
Et de quelque malheur que le ciel l'ait comblée,
Excuser la vertu sous le nombre accablée.

Le vieil HORACE.

Le jugement de Rome est peu pour mon regard,
Camille, je suis père, et j'ai mes droits à part.
Je sai trop comme agit la vertu véritable,
C'est sans en triompher que le nombre l'accable,
Et sa mâle vigueur, toujours en même point,

Succombe ſous la force, et ne lui céde point.
Taiſés-vous, et ſachons, ce que nous veut Valere.

---

## *SCENE* II.

Le vieil HORACE, VALERE, CAMILLE.

VALERE.

Envoyé par le roi pour conſoler un père,
Et pour lui témoigner...

Le vieil HORACE.

N'en prenés aucun ſoin,
C'eſt un ſoulagement, dont je n'ai pas beſoin;
Et j'aime mieux morts que couverts d'infamie
Ceux que vient de m'ôter une main ennemie.
Tous deux pour leur païs ſont morts en gens d'honneur.
Il me ſuffit.

VALERE.

Mais l'autre eſt un rare bonheur.
De tous les trois chés vous il doit tenir la place.

Le vieil HORACE.

Que n'a-t-on vû périr en lui le nom d'Horace!

VALERE.

Seul vous le maltraités après ce qu'il a fait.

Le vieil HORACE.

C'eſt à moi ſeul auſſi de punir ſon forfait.

VALERE.

Quel forfait trouvés-vous en ſa bonne conduite?

Le vieil HORACE.

Quel éclat de vertu trouvés-vous en ſa fuite?

VALERE.

La fuite eſt glorieuſe en cette occaſion.

Le vieil HORACE.

Vous rédoublés ma honte et ma confuſion.
Certes l'exemple eſt rare et digne de mémoire,
De trouver dans la fuite un chemin à la gloire.

VALERE.

Quelle confuſion, et quelle honte à vous
D'avoir produit un fils qui nous conſerve tous,
Qui fait triompher Rome, et lui gagne un empire?
A quels plus grands honneurs faut-il qu'un père aſpire?

Le vieil HORACE.

Quels honneurs, quel triomphe, et quel empire enfin,
Lorsqu'Albe ſous les loix range notre deſtin?

VALERE.

Que parlés-vous ici d'Albe et de ſa victoire?
Ignorés-vous encor la moitié de l'hiſtoire?

Le vieil HORACE.

Je ſai, que par ſa fuite il a trahi l'état.

VALERE.

Oui, ſ'il eût en fuyant terminé le combat;

Mais on a bientôt vû, qu'il ne fuyait qu'en homme
Qui ſavait ménager l'avantage de Rome.

Le vieil HORACE.

Quoi, Rome donc triomphe!

VALERE.

Apprenés, apprenés
La valeur de ce fils, qu'à tort vous condamnés.
Reſté ſeul contre trois, mais en cette avanture,
Tous trois étant bleſſés, et lui ſeul ſans bleſſure,
Trop faible pour eux tous, trop fort pour chacun d'eux,
Il ſait bien ſe tirer d'un pas ſi hazardeux,
Il fuit pour mieux combattre, et cette promte ruſe
Diviſe adroitement trois frères, qu'elle abuſe.
Chacun le ſuit d'un pas, ou plus, ou moins preſſé,
Selon qu'il ſe rencontre, ou plus, ou moins bleſſé;
Leur ardeur eſt égale à pourſuivre ſa fuite,
Mais leurs coups inégaux ſéparent leur pourſuite.
Horace les voyant l'un de l'autre écartés,
Se retourne et déjà les croit demi domtés.
Il attend le premier, et c'étoit votre gendre.
L'autre tout indigné qu'il ait oſé l'attendre,
En vain en l'attaquant fait paraître un grand cœur,
Le ſang, qu'il a perdu, rallentit ſa vigueur.
Albe à ſon tour commence à craindre un ſort contraire.
Elle crie au ſecond, qu'il ſecoure ſon frère.

Il ſe hâte et s'épuiſe en efforts ſuperflus,
Il trouve en les joignant, que ſon frère n'eſt plus.

CAMILLE.

Helas!

VALERE.

Tout hors d'haleine il prend pourtant ſa place,
Et redouble bientôt la victoire d'Horace.
Son courage ſans force eſt un débile appui,
Voulant venger ſon frère il tombe auprès de lui.
L'air réſonne des cris, qu'au ciel chacun envoie.
Albe en jette d'angoiſſe, et les Romains de joie,
Comme notre héros ſe voit près d'achever,
C'eſt peu pour lui de vaincre, il veut encor braver.
J'en viens d'immoler deux aux manes de mes frères,
Rome aura le dernier de mes trois adverſaires,
C'eſt à ſes intérêts que je vais l'immoler,
Dit-il, et tout d'un tems on le voit y voler.
La victoire entre eux deux n'était pas incertaine.
L'Albain percé de coups ne ſe traînait qu'à peine,
Et comme une victime aux marches de l'autel,
Il ſemblait préſenter ſa gorge au coup mortel.
Auſſi le reçoit-il, peu s'en faut, ſans défenſe,
Et ſon trépas de Rome établit la puiſſance.

Le vieil HORACE.

O mon fils! o ma joie! o l'honneur de nos jours!
O d'un état penchant l'ineſpéré ſecours!
Vertu digne de Rome, et ſang digne d'Horace!

Appui de ton païs, et gloire de ta race!
Quand pourrai-je étouffer dans tes embraſſemens
L'erreur, dont j'ai formé de ſi faux ſentimens?
Quand pourra mon amour baigner avec tendreſſe
Ton front victorieux de larmes d'allégreſſe?

VALERE.

Vos careſſes bientôt pourront ſe déployer,
Le roi dans un moment vous le va renvoyer
Et remet à demain la pompe, qu'il prépare
D'un ſacrifice aux dieux pour un bonheur ſi rare.
Aujourd'hui ſeulement on s'acquitte vers eux
Par des chants de victoire, et par de ſimples vœux,
C'eſt où le roi le méne, et tandis il m'envoie,
Faire office vers voux de douleur et de joie.
Mais cet office encor n'eſt pas aſſés pour lui,
Il y viendra lui-même, et peut-être aujourd'hui;
Il croit mal reconnaître une vertu ſi pure,
Si de ſa propre bouche il ne vous en aſſure,
S'il ne vous dit chés vous combien vous doit l'état.

Le vieil HORACE.

De tels remercimens ont pour moi trop d'éclat,
Et je me tiens déjà trop payé par les vôtres
Du ſervice d'un fils, et du ſang des deux autres.

VALERE.

Il ne ſait ce que c'eſt d'honorer à demi;
Et ſon ſceptre arraché des mains de l'ennemi,

Fait qu'il tient cet honneur qu'il lui plait de vous faire,
Au-deſſous du mérite, et du fils et du père.
Je vais lui témoigner quels nobles ſentimens
La vertu vous inſpire en tous vos mouvemens,
Et combien vous montrés d'ardeur pour ſon ſervice.

Le vieil HORACE.

Je vous devrai beaucoup pour un ſi bon office.

---

## SCENE III.

### Le vieil HORACE, CAMILLE.

Le vieil HORACE.

Ma fille, il n'eſt plus tems de répandre des pleurs,
Il ſiéd mal d'en verſer, où l'on voit tant d'honneurs.
On pleure injuſtement des pertes domeſtiques,
Quand on en voit ſortir des victoires publiques.
Rome triomphe d'Albe, et c'eſt aſſés pour nous,
Tous nos maux à ce prix doivent nous être doux.
En la mort d'un amant vous ne perdés qu'un homme,
Dont la perte eſt aiſée à réparer dans Rome:
Après cette victoire, il n'eſt point de Romain
Qui ne ſoit glorieux de vous donner la main.

Il me faut à Sabine en porter la nouvelle,
Ce coup sera sans doute assés rude pour elle,
Et ses trois frères morts par la main d'un époux,
Lui donneront des pleurs bien plus justes qu'à vous;
Mais j'espére aisément en dissiper l'orage,
Et qu'un peu de prudence aidant son grand courage,
Fera bien-tôt régner sur un si noble cœur
Le généreux amour, qu'elle doit au vainqueur.
Cependant étouffés cette lâche tristesse,
Recevés-le, s'il vient, avec moins de faiblesse,
Faites-vous voir sa sœur, et qu'en un même flanc
Le ciel vous a tous deux formés d'un même sang.

---

## SCENE IV.

CAMILLE seule.

Oui, je lui ferai voir par d'infaillibles marques
Qu'un véritable amour brave la main des Parques,
Et ne prend point de loix de ces cruels tyrans
Qu'un astre injurieux nous donne pour parens.
Tu blâmes ma douleur, tu l'oses nommer lâche?
Je l'aime d'autant plus que plus elle te fâche,
Impitoyable père! et par un juste effort,
Je la veux rendre égale aux rigueurs de mon sort.

En vit-on jamais un, dont les rudes traverses
Prissent en moins de rien tant de faces diverses,
Qui fût doux tant de fois, et tant de fois cruel,
Et portât tant de coups avant le coup mortel?
Vit-on jamais une ame en un jour plus atteinte
De joie et de douleur, d'espérance et de crainte,
Asservie en esclave à plus d'événemens,
Et le piteux jouet de plus de changemens?
Un oracle m'assure, un songe me travaille,
La paix calme l'effroi, que me fait la bataille,
Mon hymen se prépare, et presque en un moment
Pour combattre mon frère on choisit mon amant.
Ce choix me désespére, et tous le désavouent,
La partie est rompue, et les dieux la renouent:
Rome semble vaincue, et seul des trois Albains
Curiace en mon sang n'a point trempé ses mains.
O dieux! Sentais-je alors des douleurs trop légeres,
Pour le malheur de Rome, et la mort de deux frères?
Et me flattais-je trop, quand je croyais pouvoir
L'aimer encor sans crime, et nourrir quelque espoir?
Sa mort m'en punit bien, et la façon cruelle
Dont mon ame éperdue en reçoit la nouvelle;
Son rival me l'apprend, et faisant à mes yeux
D'un si triste succès le récit odieux,
Il porte sur le front une allegresse ouverte

Que le bonheur public fait bien moins que ma perte,
Et bâtiſſant en l'air ſur le malheur d'autrui,
Auſſi bien que mon frère il triomphe de lui.
Mais ce n'eſt rien encor au prix de ce qui reſte:
On demande ma joie en un jour ſi funeſte,
Il me faut applaudir aux exploits du vainqueur,
Et baiſer une main, qui me perce le cœur.
En un ſujet de pleurs ſi grand, ſi légitime,
Se plaindre eſt une honte, et ſoupirer un crime.
Leur brutale vertu veut qu'on s'eſtime heureux,
Et ſi l'on n'eſt barbare, on n'eſt point généreux.
Dégénérons, mon cœur, d'un ſi vertu eux père,
Soyons indigne ſœur d'un ſi généreux frère?
C'eſt gloire de paſſer pour un cœur abattu
Quand la brutalité fait la haute vertu.
Eclatés, mes douleurs, à quoi bon vous contraindre?
Quand on a tout perdu, que ſaurait on plus craindre?
Pour ce cruel vainqueur n'ayés point de reſpect.
Loin d'éviter ſes yeux, croiſés à ſon aſpect.
Offenſés ſa victoire, irrités ſa colere,
Et prenés, ſ'il ſe peut, plaiſir à lui déplaire.
Il vient, préparons-nous à montrer conſtamment
Ce que doit une amante à la mort d'un amant.

---

## SCENE V.

### HORACE, CAMILLE, PROCULE.

Procule porte en sa main les trois épées des Curiaces.

HORACE.

Ma sœur, voici le bras, qui venge nos deux frères,
Le bras qui rompt le cours de nos destins contraires,
Qui nous rend maîtres d'Albe, enfin voici le bras,
Qui seul fait aujourd'hui le sort de deux états.
Vois ces marques d'honneur, ces témoins de ma gloire,
Et rens ce que tu dois à l'heur de ma victoire.

CAMILLE.

Recevés donc mes pleurs, c'est ce que je lui dois,

HORACE.

Rome n'en veut point voir après de tels exploits,
Et nos deux frères morts dans le malheur des armes,
Sont trop payés de sang puur exiger des larmes.
Quand la perte est vengée, on n'a plus rien perdu.

CAMILLE.

Puisqu'ils sont satisfaits par le sang épandu,
Je cesserai pour eux de paraître affligée,
Et j'oublierai leur mort que vous avés vengée.

Mais qui me vengera de celle d'un amant
Pour me faire oublier ſa perte en un moment ?

HORACE.

Que dis-tu, malheureuſe?

CAMILLE.

O mon chèr Curiace.

HORACE.

O d'une indigne ſœur inſuportable audace!
D'un ennemi public, dont je reviens vainqueur,
Le nom eſt dans ta bouche, et l'amour dans ton cœur!
Ton ardeur criminelle à la vengeance aſpire!
Ta bouche la demande, et ton cœur la reſpire!
Suis moins ta paſſion, régle mieux tes déſirs,
Ne me fais plus rougir d'entendre tes ſoupirs.
Tes flammes déſormais doivent être étouffées,
Banni-les de ton ame, et ſonge à mes trophées,
Qu'ils ſoient dorénavant ton unique entretien.

CAMILLE.

Donne-moi donc, barbare, un cœur comme le tien,
Et ſi tu veux enfin que je t'ouvre mon ame,
Rens-moi mon Curiace, ou laiſſe agir ma flamme.
Ma joie et mes douleurs dependaient de ſon ſort.
Je l'adorais vivant, et je le pleure mort.
Ne cherche plus ta ſœur, où tu l'avais laiſſée,
Tu ne revois en moi qu'une amante offenſée,
Qui comme une furie attachée à tes pas
Te veut inceſſamment reprocher ſon trépas.

Tigre altéré de ſang, qui me défens les larmes,
Qui veux que dans ſa mort je trouve encor des charmes,
Et que jusques au ciel élevant tes exploits
Moi-même je le tue une ſeconde fois.
Puiſſent tant de malheurs accompagner ta vie,
Que tu tombes au point de me porter envie,
Et voi bien-tôt ſouiller par quelque lâcheté
Cette gloire ſi chère à ta brutalité.

HORACE.

O ciel, qui vit jamais une pareille rage!
Crois-tu donc que je ſois inſenſible à l'outrage,
Que je ſouffre en mon ſang ce mortel déshonneur?
Aime, aime cette mort, qui fait notre bonheur,
Et préfere du moins au ſouvenir d'un homme
Ce que doit ta naiſſance aux intérêts de Rome,

CAMILLE.

Rome, l'unique objet de mon reſſentiment!
Rome, à qui vient ton bras d'immoler mon amant!
Rome, qui t'a vû naître et que ton cœur adore!
Rome enfin que je hais parce qu'elle t'honore!
Puiſſent tous ſes voiſins enſemble conjurés
Sapper ſes fondemens encor mal aſſurés,
Et ſi ce n'eſt aſſés de toute l'Italie,
Que l'orient contre elle à l'occident s'allie,
Que cent peuples unis des bouts de l'univers,
Paſſent pour la détruire et les monts et les mers,

Qu'elle-même ſur ſoi renverſe ſes murailles,
Et de ſes propres mains déchire ſes entrailles:
Que le courroux du ciel allumé par mes vœux.
Faſſe pleuvoir ſur elle un déluge de feux.
Puiſſai-je de mes yeux y voir tomber ce foudre,
Voir ces maiſons en cendre, et tes lauriers en poudre:
Voir le dernier Romain à ſon dernier ſoupir,
Moi ſeule en être cauſe, et mourir de plaiſir.

HORACE.

(mettant l'épée à la main, et pourſuivant ſa ſœur, qui s'enfuit.)

C'eſt trop, ma paſſion à la raiſon fait place.
Va dedans les enfers plaindre ton Curiace.

CAMILLE.

(bleſſée derriere le théatre)

Ah, traître!

HORACE.

(revenant ſur le théatre)

Ainſi reçoive un châtiment ſoudain
Quiconque oſe pleurer un ennemi Romain.

---

## SCENE VI.

### HORACE, PROCULE.

PROCULE.

Que venés-vous de faire?

HORACE.

Un acte de justice.
Un semblable forfait veut un pareil supplice.

PROULE.

Vous deviés la traiter avec moins de rigueur.

HORACE.

Ne me dís point qu'elle est et mon sang et ma sœur.
Mon père ne peut plus l'avouer pour sa fille.
Qui maudit son païs, renonce à sa famille.
Des noms si pleins d'amour ne lui sont plus permis,
De ses plus chers parens il fait ses ennemis,
Le sang même les arme en haine de son crime,
La plus promte vengeance en est plus légitime;
Et ce souhait impie, encore qu'impuissant,
Est un monstre qu'il faut étouffer en naissant.

## SCENE VII.

### SABINE, HORACE, PROCULE.

SABINE.

A quoi s'arrête ici ton illustre colere?
Viens voir mourir ta sœur dans les bras de ton père,
Viens repaître tes yeux d'un spectacle si doux,
Ou si tu n'es point las de ces généreux coups,
Immole au chèr païs des vertueux Horaces,
Ce reste malheureux du sang des Curiaces.
Si prodigue du rien, n'épargne pas le leur,
Joins Sabine à Camille, et ta femme à ta sœur.
Nos crimes sont pareils ainsi que nos miseres,
Je soupire comme elle, et déplore mes frères,
Plus coupable en ce point contre tes dures loix,
Qu'elle n'en pleurait qu'un, et que j'en pleure trois;
Qu'après son châtiment ma faute continue.

HORACE.

Séche tes pleurs, Sabine, ou les cache à ma vûe.
Rens-toi digne du nom de ma chaste moitié,
Et ne m'accable point d'une indigne pitié.
Si l'absolu pouvoir d'une pudique flamme
Ne nous laisse à tous deux qu'un penser et qu'une ame,

C'eſt à toi d'élever tes ſentimens aux miens,
Non à moi de deſcendre à la honte des tiens.
Je t'aime, et je connais la douleur qui te preſſe.
Embraſſe ma vertu pour vaincre ta faibleſſe,
Participe à ma gloire au lieu de la ſouiller,
Tâche à t'en revêtir, non à m'en depouiller.
Es-tu de mon honneur ſi mortelle ennemie,
Que je te plaiſe mieux couvert d'une infamie?
Sois plus femme que ſœur, et te réglant ſur moi,
Fais-toi de mon exemple une immuable loi.

SABINE.

Cherche pour t'imiter des ames plus parfaites.
Je ne t'impute point les pertes que j'ai faites,
J'en ai les ſentimens, que je dois en avoir,
Et je m'en prens au ſort plutôt qu'à ton devoir.
Mais enfin je renonce à la vertu Romaine,
Si pour la poſſéder je dois être inhumaine,
Et ne puis voir en moi la femme du vainqueur,
Sans y voir des vaincus la déplorable ſœur.
Prenons part en public aux victoires publiques.
Pleurons dans la maiſon nos malheurs domeſtiques,
Et ne regardons point des biens communs à tous,
Quand nous voyons des maux, qui ne ſont que pour nous.
Pourquoi, veux tu, cruel, agir d'une autre ſorte?
Laiſſe en entrant ici tes lauriers à la porte,

Mêle tes pleurs aux miens. Quoi? ces lâches discours
N'arment point ta vertu contre mes triſtes jours?
Mon crime redoublé n'émeut point ta colere?
Que Camille eſt heureuſe! Elle a pû te déplaire,
Elle a reçu de toi ce qu'elle a prétendu,
Et recouvre là-bas tout ce quelle a perdu.
Cher époux, cher auteur du torment, qui me preſſe,
Ecoute la pitié, ſi ta colere ceſſe,
Exerce l'une ou l'autre après de tels malheurs
A punir ma faibleſſe, ou finir mes douleurs.
Je demande la mort pour grace, ou pour ſupplice.
Qu'elle ſoit un effet d'amour, ou de juſtice,
N'importe, tous ſes traits n'auront rien que de doux,
Si je les vois partir de la main d'un époux.

HORACE.

Quelle injuſtice aux dieux, d'abandonner aux femmes
Un empire ſi grand ſur les plus belles ames,
Et de ſe plaire à voir de ſi faibles vainqueurs
Régner ſi puiſſamment ſur les plus nobles cœurs!
A quel point ma vertu devient-elle réduite.
Rien ne la ſaurait plus garantir que la fuite.
Adieu. Ne me ſuis point, ou rétiens tes ſoupirs,

SABINE seule.

O colere, ô pitié sourdes à mes desirs!
Vous negligés mon crime, et ma douleur nous
lasse,
Et je n'obtiens de vous ni supplice, ni grace.
Allons-y par nos pleurs faire encore un effort,
Et n'employons après que nous à notre mort.

*Fin du quatrième Acte.*

# ACTE V.

## *SCENE PREMIERE.*

Le vieil HORACE, HORACE.

Le vieil HORACE.

Retirons nos regards de cet objet funeſte
Pour admirer ici le jugement céleſte.
Quand la gloire nous enfle, il ſait bien comme il faut
Confondre notre orgueil qui s'éleve trop haut.
Nos plaiſirs les plus doux ne vont point ſans triſteſſe.
Il mêle à nos vertus des marques de faibleſſe,
Et rarement accorde à notre ambition,
L'entier et pur honneur d'une bonne action.
Je ne plains point Camille, elle était criminelle,
Je me tiens plus à plaindre, et je te plains plus qu'elle:
Moi, d'avoir mis au jour un cœur ſi peu Romain,
Toi, d'avoir par ſa mort déshonoré ta main.
Je ne la trouve point injuſte, ni trop promte,
Mais tu pouvais, mon fils, t'en épargner la honte,

Son crime, quoiqu' énorme et digne du trépas,
Etait mieux impuni, que puni par ton bras.

HORACE.

Disposés de mon ſang, les loix vous en font maître,
J'ai crû devoir le ſien aux lieux, qui m'ont vû naître.
Si dans vos ſentimens mon zéle eſt criminel,
S'il m'en faut recevoir un réproche éternel,
Si ma main en devient honteuſe et profanée,
Vous pouvés d'un ſeul mot trancher ma deſtinée.
Reprenés tout ce ſang de qui ma lâcheté
A ſi brutalement ſouillé la pureté.
Ma main n'a pû ſouffrir de crime en votre race,
Ne ſouffrés point de tache en la maiſon d'Horace.
C'eſt en ces actions dont l'honneur eſt bleſſé
Qu'un père tel que vous ſe montre intéreſſé.
Son amour doit ſe taire où toute excuſe eſt nulle,
Lui-même il y prend part lorsqu'il les diſſimule,
Et de ſa propre gloire il fait trop peu de cas
Quand il ne punit point ce qu'il n'approuve pas.

Le vieil HORACE.

Il n'uſe pas toujours d'une rigueur extrême,
Il épargne ſes fils bien ſouvent pour ſoi même,
Sa vieilleſſe ſur eux aime à ſe ſoutenir,
Et ne les punit point de peur de ſe punir.
Je te vois d'un autre œil que tu ne te regardes,
Je ſai. . . Mais le roi vient, je vois entrer ſes gardes.

## SCENE II.

TULLE, VALERE, Le vieil HORACE, HORACE, Troupe de Gardes.

Le vieil HORACE.

Ah, Sire, un tel honneur a trop d'excès pour moi.
Ce n'eſt point en ce lieu que je dois voir mon roi,
Permettés qu'à genoux....

TULLE.

Non, leves-vous, mon père,
Je fais ce qu'à ma place un bon prince doit faire.
Un ſi rare ſervice et ſi fort important
Veut l'honneur le plus rare et le plus éclatant.
(montrant Valere.)
Vous en aviés déjà ſa parole pour gage,
Je ne l'ai pas voulu différer davantage.
J'ai ſu par ſon rapport, et je n'en doutais pas,
Comme de vos deux fils vous portés le trépas,
Et que déjà votre ame étant trop réſolue,
Ma conſolation vous ſerait ſuperflue:
Mais je viens de ſavoir quel étrange malheur
D'un fils victorieux a ſuivi la valeur,
Et que ſon trop d'amour pour la cauſe publique
Par ſes mains à ſon père ôte une fille unique.

Ce coup eſt un peu rude à l'eſprit le plus fort,
Et je doute, comment vous portés cette mort,

Le vieil HORACE.

Sire, avec déplaiſir, mais avec patience.

TULLE.

C'eſt l'effet vertueux de votre expérience.
Beaucoup par un long âge ont appris comme vous
Que le malheur ſuccede au bonheur le plus doux;
Peu ſavent comme vous s'appliquer ce reméde,
Et dans leur intérêt toute leur vertu céde.
Si vous pouvés trouver dans ma compaſſion
Quelque ſoulagement pour votre affliction,
Ainſi que votre mal ſachés qu'elle eſt extréme,
Et que je vous en plains autant que je vous aime.

VALERE.

Sire, puisque le ciel entre les mains des rois
Dépoſe ſa juſtice, et la force des loix,
Et que l'état demande aux princes légitimes
Des prix pour les vertus, des peines pour les crimes,
Souffrés qu'un bon ſujet vous faſſe ſouvenir
Que vous plaignés beaucoup ce qu'il vous faut punir.
Souffrés...

Le vieil HORACE.

Quoi? qu'on envoie un vainqueur au ſupplice?

TULLE.

Permettés qu'il acheve, et je ferai justice.
J'aime à la rendre à tous, à toute heure, en tout lieu,
C'est par elle qu'un roi se fait un demi-dieu,
Et c'est dont je vous plains, qu'après un tel service
On puisse contre lui me demander justice.

VALERE.

Souffrés donc, ô grand roi, le plus juste des rois,
Que tous les gens de bien vous parlent par ma voix.
Non que nos cœurs jaloux de ses honneurs s'irritent.
S'il en reçoit beaucoup, ses hauts faits les méritent.
Ajoutes-y plûtôt que d'en diminuer,
Nous sommes tous encor prêts d'y contribuer.
Mais puisque d'un tel crime il s'est montré capable,
Qu'il triomphe en vainqueur et périsse en coupable,
Arrètés sa fureur, et sauvés de ses mains,
Si vous voulés régner, le reste des Romains,
Il y va de la perte, ou du salut du reste.
La guerre avait un cours si sanglant, si funeste,
Et les nœuds de l'hymen, durant nos bons destins,
Ont tant de fois uni des peuples si voisins,
Qu'il est peu de Romains que le parti contraire

N'intéresse en la mort d'un gendre, ou d'un beau-frère,
Et qui ne soient forcés de donner quelques pleurs
Dans le bonheur public à leurs propres malheurs.
Si c'est offenser Rome, et que l'heur de ses armes
L'autorise à punir ce crime de nos larmes,
Quel sang épargnera ce barbare vainqueur,
Qui ne pardonne pas à celui de sa sœur,
Et ne peut excuser cette douleur pressante.
Que la mort d'un amant jette au cœur d'une amante,
Quand près d'être éclairés du nuptial flambeau,
Elle voit avec lui son éspoir au tombeau?
Faisant triompher Rome, il se l'est asservie,
Il a sur nous un droit et de mort et de vie,
Et nos jours criminels ne pourront plus durer,
Qu'autant qu'à sa clémence il plaira l'endurer.
Je pourrais ajouter, aux intérêts de Rome
Combien un pareil coup est indigne d'un homme;
Je pourrais demander qu'on mit devant vos yeux
Ce grand et rare exploit d'un bras victorieux.
Vous verriés un beau sang, pour accuser sa rage,
D'un frère si cruel réjaillir au visage;
Vous verriés des horreurs qu'on ne peut concevoir;
Son âge et sa beauté vous pourraient émouvoir:
Mais je haïs ces moyens, qui sentent l'artifice,

Vous avés à demain remis le ſacrifice,
Penſés-vous, que les dieux, vengeurs des innocens,
D'une main parricide acceptent de l'encens?
Sur vous ce ſacrilege attirerait ſa peine,
Ne le conſidéres qu'en objet de leur haine,
Et croyés avec nous qu'en tous ſes trois combats
Le bon deſtin de Rome a plus fait que ſon bras,
Puisque ces mêmes dieux, auteurs de ſa victoire,
Ont permis qu'auſſitôt il en ſouillât la gloire,
Et qu'un ſi grand courage après ce noble effort,
Fût digne en même jour de triomphe et de mort.
Sire, c'eſt ce qu'il faut que votre arrêt décide.
En ce lieu Rome a vû le premier parricide.
La ſuite en eſt à craindre, et la haine des cieux.
Sauvés-nous de ſa main, et redoutés les dieux.

TULLE.

Défendés-vous, Horace.

HORACE.

A quoi bon me défendre?
Vous ſavés l'action, vous la venés d'entendre.
Ce que vous en croyés me doit être une loi.
Sire, on ſe défend mal contre l'avis d'un roi,
Et le plus innocent devient ſoudain coupable,
Quand aux yeux de ſon prince il paraît condamnable,
C'eſt crime qu'envers lui ſe vouloir excuſer.
Notre ſang eſt ſon bien, il en peut diſpoſer,

Et c'eſt à nous de croire alors qu'il en diſpoſe,
Qu'il ne s'en prive point ſans une juſte cauſe.
Sire, prononcés donc, je ſuis prêt d'obéir.
D'autres aiment la vie, et je la dois haïr.
Je ne reproche point à l'ardeur de Valere
Qu'en amant de la ſœur il accuſe le frère.
Mes vœux avec les ſiens conſpirent aujourd'hui,
Il demande ma mort, je la veux comme lui.
Un ſeul point entre nous met cette différence,
Que mon honneur par là cherche ſon aſſurance,
Et qu'à ce même but nous voulons arriver,
Lui, pour flétrir ma gloire, et moi, pour la ſauver.
Sire, c'eſt rarement, qu'il s'offre une matiere
A montrer d'un grand cœur la vertu toute entiere.
Suivant l'occaſion elle agit plus, ou moins,
Et paraît forte, ou faible aux yeux de ſes témoins.
Le peuple qui voit tout ſeulement par l'écorce
S'attache à ſon effet pour juger de ſa force:
Il veut que ſes dehors gardent un même cours,
Qu'ayant fait un miracle, elle en faſſe toujours.
Après une action pleine, haute, éclatante,
Tout ce qui brille moins remplit mal ſon attente:
Il veut qu'on ſoit égal en tous tems, en tous lieux.
Il n'examine point ſi lors on pouvait mieux,
Ni que s'il ne voit pas ſans ceſſe une merveille,
L'occaſion eſt moindre, et la vertu pareille.
Son injuſtice accable, et détruit les grands noms,

L'honneur des premiers faits se perd par les
seconds,
Et quand la renommée a passé l'ordinaire,
Si l'on n'en veut décheoir il ne faut plus rien faire.
Je ne vanterai point les exploits de mon bras.
Votre Majesté Sire, a vû mes trois combats.
Il est bien mal aisé qu'un pareil les seconde,
Qu'une autre occasion à celle-ci réponde,
Et que tout mon courage, après de si grands
coups,
Parvienne à des succès qui n'aillent au dessous;
Si bien que pour laisser une illustre mémoire,
La mort seule aujourd'hui peut conserver ma
gloire:
Encor la fallait-il si-tôt que j'eus vaincu,
Puisque pour mon honneur j'ai déjà trop vécu.
Un homme tel que moi voit sa gloire ternie,
Quand il tombe en peril de quelque ignominie,
Et ma main aurait su déjà m'en garantir;
Mais sans votre congé mon sang n'ose sortir.
Comme il vous appartient, votre aveu doit se
prendre,
C'est vous le dérober qu'autrement le répandre.
Rome ne manque point de généreux guerriers,
Assés d'autres sans moi soutiendront vos lau-
riers,
Que votre Majesté désormais m'en dispense;
Et si ce que j'ai fait vaut quelque récompense

Permettés, ô grand roi, que de ce bras vainqueur
Il m'immole à ma gloire, et non pas à ma sœur.

---

## SCENE III.

TULLE, VALERE, Le vieil HORACE, HORACE, SABINE.

SABINE.

Sire, écoutés Sabine, et voyés dans son ame
Les douleurs d'une sœur, et celles d'une femme,
Qui toute désolée à vos sacrés genoux
Pleure pour sa famille, et craint pour son époux.
Ce n'est pas que je veuille avec cet artifice
Dérober un coupable aux bras de la justice.
Quoi qu'il ait fait pour vous, traités-le comme tel,
Et punissés en moi ce noble criminel;
De mon sang malheureux expiés tout son crime,
Vous ne changerés point pour cela de victime,
Ce n'en sera point prendre une injuste pitié,
Mais en sacrifier la plus chere moitié.
Les nœuds de l'hyménée, et son amour extrême
Font qu'il vit plus en moi qu'il ne vit en lui-même,
Et si vous m'accordés de mourir aujourd'hui,
Il mourra plus en moi qu'il ne mourrait en lui.
La mort que je demande, et qu'il faut que j'obtienne,

Augmentera sa peine, et finira la mienne.
Sire, voyés l'excès de mes tristes ennuis,
Et l'effroyable état où mes jours sont réduits.
Quelle horreur d'embrasser un homme, dont l'épée
De toute ma famille a la trame coupée,
Et quelle impiété de haïr un époux
Pour avoir bien servi les siens, l'état et vous!
Aimer un bras souillé du sang de tous mes frères!
N'aimer pas un mari qui finit nos miseres!
Sire, délivrés-moi par un heureux trépas
Des crimes de l'aimer, et de ne l'aimer pas.
J'en nommerai l'arrêt une faveur bien grande:
Ma main peut me donner ce que je vous demande,
Mais ce trépas enfin me sera bien plus doux,
Si je puis de sa honte affranchir mon époux,
Si je puis par mon sang appaiser la colere
Des dieux qu'a pû fâcher sa vertu trop sévere,
Satisfaire en mourrant aux manes de ma sœur,
Et conserver à Rome un si bon défenseur.

Le vieil HORACE.

Sire, c'est donc à moi de répondre à Valere.
Mes enfans avec lui conspirent contre un père,
Tous trois veulent me perdre, et s'arment sans raison
Contre si peu de sang qui reste en ma maison.

(à Sabine.)

Toi, qui par des douleurs à ton devoir contraires,
Veux quitter un mari pour rejoindre tes frères,
Va plûtôt consulter leurs manes généreux:
Ils sont morts, mais pour Albe, et s'en tiennent heureux.
Puisque le ciel voulait qu'elle fût asservie,
Si quelque sentiment demeure après la vie,
Ce malheur semble moindre, et moins rudes ses coups,
Voyant que tout l'honneur en retombe sur nous.
Tous trois désavoueront la douleur qui te touche,
Les larmes de tes yeux, les soupirs de ta bouche,
L'horreur que tu fais voir d'un mari vertueux.
Sabine, sois leur sœur, suis ton devoir comme eux.

(au roi)

Contre ce chèr époux Valere en vain s'anime.
Un premier mouvement ne fut jamais un crime,
Et la louange est dûe au lieu du châtiment
Quand la vertu produit ce premier mouvement.
Aimer nos ennemis avec idolâtrie,
De rage en leur trépas maudire la patrie,
Souhaiter à l'état un malheur infini,
C'est ce qu'on nomme crime, et ce qu'il a puni.
Le seul amour de Rome a sa main animée,
Il serait innocent s'il'avait moins aimée.
Qu'ai-je dit, Sire? Il l'est et ce bras paternel

L'aurait déjà puni s'il était criminel.
J'aurais ſu mieux uſer de l'entiere puiſſance,
Que me donnent ſur lui les droits de la naiſſance.
J'aime trop l'honneur, Sire, et ne ſuis point de rang
A ſouffrir ni d'affront, ni de crime en mon ſang.
C'eſt dont je ne veux point de témoin que Valere;
Il a vû quel accueil lui gardait ma colere,
Lorsqu' ignorant encor la moitié du combat
Je croyais que ſa fuite avait trahi l'état.
Qui le fait ſe charger des ſoins de ma famille?
Qui le fait malgré moi vouloir venger ma fille?
Et par quelle raiſon dans ſon juſte trépas,
Prend-il un intérêt qu'un père ne prend pas?
On craint qu'après ſa ſœur il n'en maltraite d'autres!
Sire, nous n'avons part qu'à la honte des nôtres,
Et de quelque façon qu'un autre puiſſe agir,
Qui ne nous touche point ne nous fait point rougir.

(à Valere)

Tu peux pleurer, Valere, et même aux yeux d'Horace,
Il ne prend intérêt qu'aux crimes de ſa race.
Qui n'eſt point de ſon ſang ne peut faire d'affront
Aux lauriers immortels, qui lui ceignent le front.
Lauriers, ſacrés rameaux qu'on veut réduire en poudre,

Vous qui mettés sa tête à couvert de la foudre,
L'abandonnerés-vous à l'infâme couteau
Qui fait cheoir les méchans sous la main d'un bourreau?
Romains, souffrirés-vous qu'on vous immole un homme
Sans qui Rome aujourd'hui cesserait d'être Rome;
Et qu'un Romain s'efforce à tacher le renom
D'un guerrier à qui tous doivent un si beau nom?
Dis, Valere, dis-nous, si tu veux qu'il périsse,
Où tu penses choisir un lieu pour son supplice?
Sera-ce entre ces murs, que mille et mille voix
Font résonner encor du bruit de ses exploits?
Sera-ce hors des murs, au milieu de ces places
Qu'on voit fumer encor du sang des Curiaces,
Entre leurs trois tombeaux, et dans ce champ d'honneur
Témoin de sa vaillance, et de notre bonheur?
Tu ne saurais cacher sa peine à sa victoire,
Dans les murs, hors des murs, tout parle de sa gloire,
Tout s'oppose à l'effort de ton injuste amour,
Qui veut d'un si bon sang souiller un si beau jour.
Albe ne pourra pas souffrir un tel spectacle,
Et Rome par ses pleurs y mettra trop d'obstacle.
Vous les préviendrés, Sire, et par un juste arrêt
Vous saurés embrasser bien mieux son intérêt,

Ce qu'il a fait pour elle il peut encor le faire,
Il peut la garantir encor d'un ſort contraire.
Sire, ne donnés rien à mes débiles ans.
Rome aujourd'hui m'a vû père de quatre enfans,
Trois en ce même jour ſont morts pour ſa querelle,
Il m'en reſte encore un, conſervés-le pour elle.
N'ôtés pas à ſes murs un ſi puiſſant appui,
Et ſouffrés pour finir que je m'adreſſe à lui.
  Horace, ne crois pas que le peuple ſtupide
Soit le maître abſolu d'un renom bien ſolide.
Sa voix tumultueuſe aſſés ſouvent fait bruit,
Mais un moment l'éleve, un moment le détruit;
Et ce qu'il contribue à notre renommée
Toujours en moins de rien ſe diſſipe en fumée.
C'eſt aux rois, c'eſt aux grands, c'eſt aux eſprits bien faits,
A voir la vertu pleine en ſes moindres effets.
C'eſt d'eux ſeuls qu'on reçoit la véritable gloire,
Eux ſeuls des vrais héros aſſurent la memoire.
Vis toujours en Horace, et toujours auprès d'eux,
Ton nom demeurera grand, illuſtre, fameux,
Bien que l'occaſion moins haute, ou moins brillante,
D'un vulgaire ignorant trompe l'injuſte attente.
Ne hai donc plus la vie, et du moins vis pour moi,
Et pour ſervir encor ton païs et ton roi.

Sire, j'en ai trop dit, mais l'affaire vous touche,
Et Rome toute entiere a parlé par ma bouche.

VALERE.

Sire, permettés-moi...

TULLE.

Valere, c'eſt aſſés.
Vos discours par les leurs ne ſont pas effacés;
J'en garde en mon eſprit les forces plus preſſantes,
Et toutes vos raiſons me ſont encore préſentes.
Cette énorme action faite presque à nos yeux
Outrage la nature, et bleſſe jusqu' aux dieux.
Un premier mouvement qui produit un tel crime
Ne ſaurait lui ſervir d'excuſe légitime.
Les moins ſéveres loix en ce point ſont d'accord,
Et ſi nous les ſuivons, il eſt digne de mort.
Si d'ailleurs nous voulons regarder le coupable,
Ce crime, quoique grand, énorme, inexcuſable,
Vient de la même épée et part du même bras
Qui me fait aujourd'hui maître de deux états.
Deux ſceptres en ma main, Albe à Rome aſſervie,
Parlent bien hautement en faveur de ſa vie.
Sans lui j'obéïrais où je donne la loi,
Et je ſerais ſujet, où je ſuis deux fois roi.
Aſſés de bons ſujets dans toutes les provinces
Par des vœux impuiſſans s'acquittent vers leurs princes,
Tous les peuvent aimer, mais tous ne peuvent pas
Par d'illuſtres effets aſſurer leurs états.

Et l'art et le pouvoir d'affermir des couronnes
Sont des dons que le ciel fait à peu de perſonnes.
De pareils ſerviteurs ſont les forces des rois,
Et de pareils auſſi ſont au-deſſus des loix.
Qu'elles ſe taiſent donc, que Rome diſſimule
Ce que dès ſa naiſſance elle vit en Romule.
Elle peut bien ſouffrir en ſon libérateur
Ce qu'elle a bien ſouffert en ſon premier auteur.
Vis donc, Horace, vis, guerrier trop magnanime,
Ta vertu met ta gloire au-deſſus de ton crime.
Sa chaleur généreuſe à produit ton forfait.
D'une cauſe ſi belle il faut ſouffrir l'effet.
Vis pour ſervir l'état, vis, mais aime Valere.
Qu'il ne reſte entre vous ni haine ni colere;
Et ſoit qu'il ait ſuivi l'amour ou le devoir,
Sans aucun ſentiment réſous-toi de le voir.
Sabine, écoutés moins la douleur qui vous preſſe.
Chaſſés de ce grand cœur ces marques de faibleſſe.
C'eſt en ſechant vos pleurs que vous vous montrerés
La véritable ſœur de ceux que vous pleurés.
Mais nous devons aux dieux demain un ſacrifice,
Et nous aurions le ciel à nos vœux mal propice,
Si nos prêtres, avant que de ſacrifier,
Ne trouvaient les moyens de le purifier.

Son père en prendra soin, il lui sera facile
D'appaiser tout d'un tems lès manes de Camille.
Je la plains et pour rendre à sont sort rigoureux
Ce que peut souhaiter son esprit amoureux,
Puisqu'en un même jour l'ardeur d'un même zele
Acheve le destin de son amant et d'elle,
Je veux qu'un même jour témoin de leurs deux morts
Dans un même tombeau voie enfermer leurs corps.

FIN.

# CINNA,

## TRAGEDIE.

# ACTEURS.

OCTAVE CESAR AUGUSTE. Empereur de Rome.

LIVIE, Impératrice.

CINNA, Fils d'une Fille de Pompée, Chef de la conjuration contre Auguste.

MAXIME, autre Chef de la conjuration.

AEMILIE, Fille de C. Toranius Tuteur d'Auguste, et proscrit par lui durant le Triumvirat.

FULVIE, Confidente d'Aemilie.

POLYCLETE, Affranchi d'Auguste.

EVANDRE, Affranchi de Cinna.

EUPHORBE, Affranchi de Maxime.

La Scène est à Rome.

# ACTE PREMIER.

## SCENE PREMIERE.

AEMILIE.

Impatiens desirs d'une illustre vengeance
Dont la mort de mon Père a formé la naissance,
Enfans impétueux de mon ressentiment,
Que ma douleur séduite embrasse aveuglément,
Vous prenés sur mon ame un trop puissant empire;
Durant quelqus momens souffrés que je respire,
Et que je considere, en l'état où je suis,
Et ce que je hazarde, et ce que je poursuis.
Quand je regarde Auguste au milieu de sa gloire,
Et que vous reprochés à ma triste mémoire
Que par sa propre main mon père massacré
Du trône où je le voi fait le premier degré,
Quand vous me presentés cette sanglante image,
La cause de ma haine, et l'effet de sa rage,
Je m'abandonne toute à vos ardens transports,
Et croi pour une mort lui devoir mille morts.

Au milieu toutefois d'une fureur si juste,
J'aime encor plus Cinna, que je ne hais Auguste,
Et je sens refroidir ce bouillant mouvement,
Quand il faut pour le suivre exposer mon amant.
Oui, Cinna, contre moi moi-même je m'irrite
Quand je songe aux dangers où je te précipite.
Quoique pour me servir tu n'appréhendes rien,
Te demander du sang, c'est exposer le tien.
D'une si haute place on n'abat point de têtes,
Sans attirer sur soi mille et mille tempêtes.
L'issue en est douteuse, et le péril certain.
Un ami déloyal peut trahir ton dessein,
L'ordre mal concerté, l'occasion mal prise,
Peuvent sur son auteur renverser l'entreprise,
Tourner sur toi les coups dont tu le veux fraper;
Dans sa ruïne même il peut t'enveloper,
Et quoi qu'en ta faveur ton amour éxécute,
Il te peut en tombant écraser sous sa chûte.
Ah! cesse de courir à ce mortel danger,
Te perdre en me vengeant ce n'est pas me venger.
Un cœur est trop cruel quand il trouve des charmes
Aux douceurs que corrompt l'amertume des larmes;
Et l'on doit mettre au rang des plus cuisants malheurs
La mort d'un ennemi qui coûte tant de pleurs.

Mais peut-on en verſer alors qu'on vange un père?
Eſt-il perte à ce prix qui ne ſemble legére,
Et quand ſon aſſaſſin tombe ſous notre effort,
Doit-on conſidérer ce que coûte ſa mort?
Ceſſés, vaines frayeurs, ceſſés, lâches tendreſſes,
De jetter dans mon cœur vos indignes faibleſſes;
Et toi qui les produis par tes ſoins ſuperflus,
Amour, ſers mon devoir, et ne le combats plus.
Lui céder, c'eſt ta gloire, et le vaincre, ta honte.
Montre-toi généreux ſouffrant qu'il te ſurmonte.
Plus tu lui donneras, plus il te va donner,
Et ne triomphera que pour te couronner.

---

## SCENE II.

### AEMILIE, FULVIE.

AEMILIE.

Je l'ai juré, Fulvie, et je le jure encore.
Quoi que j'aime Cinna, quoi que mon cœur l'adore,
S'il me veut poſſéder, Auguſte doit perir,
Sa tête eſt le ſeul prix dont il peut m'acquérir;
Je lui préſcris la loi que mon devoir m'impoſe,

FULVIE.

Elle a pour la blâmer une trop juſte cauſe.
Par un ſi grand deſſein vous vous faites juger
Digne ſang de celui que vous voulés venger;
Mais encor une fois ſouffrés que je vous die
Qu'une ſi juſte ardeur devrait être attiedie.
Auguſte chaque jour à force de bien-faits
Semble aſſés réparer les maux qu'il vous a faits;
Sa faveur envers vous parait ſi declarée,
Que vous étes chés lui la plus conſidérée,
Et de ſes courtiſans ſouvent les plus heureux
Vous preſſent à genoux de lui parler pour eux.

AEMILIE.

Toute cette faveur ne me rend pas mon pére,
Et de quelque façon que l'on me conſidére,
Abondante en richeſſe, ou puiſſante en crédit,
Je demeure toûjours la fille d'un proſcrit.
Les bien-faits ne font pas toûjours ce que tu penſes,
D'une main odieuſe ils tiennent lieu d'offenſes.
Plus nous en prodiguons à qui nous peut haïr,
Plus d'armes nous donnons à qui nous veut trahir,
Il m'en fait chaque jour, ſans changer mon courage,
Je ſuis ce que j'étais, et je puis d'avantage,
Et des mêmes préſens qu'il verſe dans mes mains,
J'achete contre lui les eſprits des Romains.

Je recevrais de lui la place de Livie
Comme un moyen plus ſûr d'attenter à ſa vie ;
Pour qui venge ſon père il n'eſt point de forfaits,
Et c'eſt vendre ſon ſang, que ſe rendre aux bienfaits.

FULVIE.

Quel beſoin toutefois de paſſer pour ingrate ?
Ne pouvés-vous haïr, sans que la haine éclate ?
Aſſés d'autres ſans vous n'ont pas mis en oubli
Par quelles cruautés ſon trone eſt établi.
Tant de braves Romains, tant d'illuſtres victimes
Qu'à ſon ambition ont immolé ſes crimes,
Laiſſent à leurs enfans d'aſſés vives douleurs,
Pour venger vôtre perte en vengeant leurs malheurs.
Beaucoup l'ont entrepris ; mille autres vont les ſuivre :
Qui vit haï de tous ne ſaurait long-tems vivre.
Remettés à leurs bras ſes communs interêts,
Et n'aidés leurs deſſeins que par des vœux ſecrets.

AEMILIE.

Quoi, je le haïrai ſans tâcher de lui nuire !
J'attendrai du hazard qu'il oſe le détruire,
Et je ſatisferai des devoirs ſi preſſans
Par une haine obſcure, et des vœux impuiſſans ?
Sa perte que je veux me deviendrait amere,
Si quelqu'un l'immolait à d'autres qu'à mon père,

Et tu verrais mes pleurs couler pour son trépas,
Qui le faisant périr, ne me vengerait pas.
C'est une lâcheté que de remettre à d'autres
Les intérêts publics qui s'attachent aux nôtres.
Joignons à la douceur de venger nos parens
La gloire qu'on remporte à punir les tyrans,
Et faisons publier par toute l'Italie,
*La liberté de Rome est l'œuvre d'Aemilie.*
*On a touché son ame, et son cœur s'est épris,*
*Mais elle n'a donné son amour qu'à ce prix.*

FULVIE.

Votre amour à ce prix n'est qu'un présent funeste
Qui porte à votre amant sa perte manifeste.
Pensés mieux, Aemilie, à quoi vous l'exposés,
Combien à cet écueil se sont deja brisés.
Ne vous avenglés point, quand sa mort est visible.

AEMILIE.

Ah! tu sais me fraper par où je suis sensible.
Quand je songe aux dangers que je lui fais courir,
La crainte de la mort me fait deja mourir;
Mon esprit en desordre à soi-même s'oppose,
Je veux, et ne veux pas, je m'emporte, et je n'ose,
Et mon devoir confus, languissant, étonné,
Céde aux rébellions de mon cœur mutiné.
Tout-beau, ma passion, deviens un peu moins forte.
Tu vois bien des hazards, ils sont grands, mais n'importe,

Cinna n'eſt pas perdu pour être hazardé.
De quelques légions qu'Auguſte ſoit gardé,
Quelque ſoin qu'il ſe donne, et quelque ordre qu'il tienne,
Qui mépriſe ſa vie eſt maitre de la ſienne.
Plus le péril eſt grand, plus doux en eſt le fruit,
La vertu nous y jette, et la gloire le ſuit.
Quoi qu'il en ſoit, qu'Auguſte, ou que Cinna périſſe,
Aux manes paternels je doi ce ſacrifice,
Cinna me l'à promis en recevant ma foi,
Et ce coup ſeul auſſi le rend digne de moi.
Il eſt tard après tout de m'en vouloir dédire;
Aujourd'hui l'on s'aſſemble, aujourd'hui l'on conſpire,
L'heure, le lieu, le bras ſe choiſit aujourd'hui,
Et c'eſt à faire enfin à mourir après lui.
Mais le voici qui vient.

---

## *SCENE* III.

### CINNA, AEMILIE, FULVIE.

AEMILIE.

Cinna, votre aſſemblée
Par l'effroi du péril n'eſt-elle point troublee,

Et reconnaiſſés-vous au front de vos amis
Qu'ils ſoient prêts à tenir ce qu'ils vous ont promis?

CINNA.

Jamais contre un tyran entrepriſe conçue
Ne permit d'eſpérer une ſi belle iſſue;
Jamais de telle ardeur on n'en jura la mort,
Et jamais conjurés ne furent mieux d'accord.
Tous s'y montrent portés avec tant d'allegreſſe,
Qu'ils ſemblent comme moi ſervir une maîtreſſe;
Et tous font éclater un ſi puiſſant courroux,
Qu'ils ſemblent tous venger un père comme vous.

AEMILIE.

Je l'avais bien prévu, que pour un tel ouvrage
Cinna ſaurait choiſir des hommes de courage,
Et ne remettrait pas en de mauvaiſes mains
L'interêt d'Aemilie, et celui des Romains.

CINNA.

Plût aux dieux que vous-même euſſiés vu de quel zèle
Cette troupe entreprend une action ſi belle!
Au ſeul nom de Céſar, d'Auguſte, et d'Empereur,
Vous euſſiés vu leurs yeux s'enflamer de fureur,
Et dans un même inſtant par un effet contraire,
Leur front pâlir d'horreur, et rougir de colére,
*Amis*, leur ai-je dit, *voici le jour heureux*
*Qui doit conclure enfin nos deſſeins généreux.*
*Le ciel entre nos mains a mis le ſort de Rome,*

*Et ſon ſalut dépend de la perte d'un homme,*
*Si l'on doit le nom d'homme à qui n'a rien d'humain,*
*A ce tigre altéré de tout le ſang Romain.*
*Combien pour le répandre a-t'il formé de brigues!*
*Combien de fois changé de partis et de ligues,*
*Tantôt ami d'Antoine, et tantôt ennemi,*
*Et jamais inſolent ni cruel à demi!*
Là par un long récit de toutes les miſéres
Que durant notre enfance ont enduré nos pères,
Renouvelant leur haine avec leur ſouvenir,
Je redouble en leurs cœurs l'ardeur de le punir.
Je leur fais des tableaux de ces triſtes batailles,
Où Rome par ſes mains déchirait ſes entrailles,
Où l'aigle abatait l'aigle, et de chaque coté
Nos légions s'armaient contre leur liberté;
Où les meilleurs ſoldats et les chefs les plus braves
Mettaient toute leur gloire à devenir eſclaves;
Où pour mieux aſſûrer la honte de leurs fers,
Tous voulaient à leur chaine attacher l'univers,
Et l'exécrable honneur de lui donner un maître
Faiſant aimer à tous l'infame nom de traitre,
Romains contre Romains, parens contre parens,
Combataient ſeulement pour le choix des tyrans.
J'ajoûte à ces tableaux la peinture effroyable
De leur concorde impie, affreuſe, inexorable,

Funeſte aux gens de bien, aux riches, au ſenat,
Et pour tout dire enfin, de leur triumvirat.
Mais je ne trouve point de couleurs aſſés noires
Pour en repréſenter les tragiques hiſtoires.
Je les peins dans le meurtre à l'envi triomſans,
Rome entiére noyée au ſang de ſes enfans,
Les uns aſſaſſinés dans les places publiques,
Les autres dans le ſein de leurs dieux domeſti-
ques,
Le méchant par le prix au crime encouragé,
Le mari par ſa femme en ſon lit égorgé,
Le fils tout degouttant du meurtre de ſon pére,
Et ſa tête à la main demandant ſon ſalaire,
Sans pouvoir exprimer par tant d'horribles traits,
Qu'un crayon imparfait de leur ſanglante paix.
Vous dirai-je les noms de ces grands perſon-
nages
Dont j'ai depeint les morts pour aigrir les cou-
rages,
De ces fameux proſcrits, ces demi-dieux mortels,
Qu'on a ſacrifiés jusque ſur les autels?
Mais pourrais-je vous dire à quelle impacience,
A quels fremiſſemens, à quelle violence,
Ces indignes trépas, quoi que mal figurés,
Ont porté les eſprits de tous nos conjurés!
Je n'ai point perdu tems, et voyant leur colére
Au point de ne rien craindre, en état de tout faire,
J'ajoûte en peu de mots: *Toutes ces cruautés*,

*La perte de nos biens, et de nos libertés,*
*Le ravage des champs, le pillage des villes,*
*Et les proscriptions, et les guerres civiles,*
*Sont les degrés sanglans dont Auguste a fait choix*
*Pour monter dans le trône, et nous donner des loix.*
*Mais nous pouvons changer un destin si funeste,*
*Puisque de trois tyrans c'est le seul qui nous reste,*
*Et que juste une fois il s'est privé d'appui,*
*Perdant pour régner seul deux méchans comme lui.*
*Lui mort, nous n'avons point de vengeur ni de maitre,*
*Avec la liberté Rome s'en va renaitre,*
*Et nous mériterons le nom de vrais Romains,*
*Si le joug qui l'accable est brisé par nos mains.*
*Prenons l'occasion tandis qu'elle est propice;*
*Demain au capitole il fait un sacrifice,*
*Qu'il en soit la victime, et faisons en ces lieux*
*Justice à tout le monde, à la face des dieux.*
*Là presque pour sa suite il n'a que notre troupe,*
*C'est de ma main qu'il prend, et l'encens et la coupe,*
*Et je veux pour signal que cette même main*
*Lui donne au lieu d'encens d'un poignard dans le sein.*
*Ainsi d'un coup mortel la victime frapée*
*Fera voir si je suis du sang du grand Pompée.*

*Faites voir après moi ſi vous vous ſouvenés*
*Des illuſtres ayeux de qui vous êtes nés.*
A peine ai-je achevé, que chacun renouvelle
Par un noble ferment le vœu d'être fidelle.
L'occaſion leur plait, mais chacun veut pour ſoi
L'honneur du prémier coup que j'ai choiſi pour moi.
La raiſon règle enfin l'ardeur qui les emporte;
Maxime et la moitié s'aſſûrent de la porte,
L'autre moitié me ſuit, et doit l'environner,
Prête au moindre ſignal que je voudrai donner.
Voila, belle Aemilie, à quel point nous en ſommes.
Demain, j'attens la haine, ou la faveur des hommes,
Le nom de parricide, ou de libérateur;
Céſar, celui de prince, ou d'un uſurpateur.
Du ſuccès qu'on obtient contre la tyrannie
Dépend, ou notre gloire, ou notre ignominie,
Et le peuple inégal à l'endroit des tyrans,
S'il les déteſte morts, les adore vivans.
Pour moi, ſoit que le ciel me ſoit dur, ou propice.
Qu'il m'élève à la gloire, ou me livre au ſupplice,
Que Rome ſe déclare, ou pour ou contre nous,
Mourant pour vous ſervir tout me ſemblera doux.

AEMILIE.

Ne crains point de ſuccès qui ſouille ta memoire.
Le bon et le mauvais ſont égaux pour ta gloire,

Et dans un tel deſſein le manque de bonheur
Met en peril ta vie, et non-pas ton honneur.
Regarde le malheur de Brute et de Caſſie.
La ſplendeur de leurs noms en eſt-elle obscurcie?
Sont-ils morts tous entiers avec leurs grands deſſeins?
Ne les compte-ton plus pour les derniers Romains?
Leur mémoire dans Rome eſt encor précieuſe,
Autant que de Céſar la vie eſt odieuſe;
Si le vainqueur y regne, ils y ſont regrettés,
Et par les vœux de tous leurs pareils ſouhaités.
Va marcher ſur leurs pas où l'honneur te convie.
Mais ne perds pas le ſoin de conſerver ta vie.
Souviens-toi du beau feu dont nous ſommes épris,
Qu'auſſi-bien que la gloire Aemilie eſt ton prix,
Que tu me dois ton cœur, que mes faveurs t'attendent,
Que tes jours me ſont chers, que les miens en dépendent.
Mais quelle occaſion mène Evandre vers nous?

---

## SCENE IV.

CINNA, AEMILIE, EVANDRE, FULVIE.

EVANDRE.

Seigneur, Céfar vous mande, et Maxime avec vous.

CINNA.

Et Maxime avec moi! le fais-tu bien, Evandre?

EVANDRE.

Polyclete eft encor chés vous à vous attendre,
Et fût venu lui-même avec moi vous chercher,
Si ma dextérité n'eût fu l'en empêcher.
Je vous en donne avis, de peur d'une furprife,
Il preffe fort.

AEMILIE.

Mander les chefs de l'entreprife!
Tous deux! en même tems! vous étes découverts.

CINNA.

Efperons mieux, de grace.

AEMILIE.

Ah! Cinna, je te perds,
Et les dieux obftinés à nous donner un maitre
Parmi tes vrais amis ont mêlé quelque traitre.
Il n'en faut point douter, Augufte a tout apris.
Quoi, tous deux! et fi-tôt que le confeil eft pris!

CINNA.

Je ne vous puis celer que ſon ordre m'étonne.
Mais ſouvent il m'appelle auprès de ſa perſonne.
Maxime eſt comme moi de ſes plus confidens,
Et nous nous alarmons peut-être en imprudens.

AEMILIE.

Sois moins ingénieux à te tromper toi-même,
Cinna, ne porte point mes maux jusqu'à l'extrème,
Et puisque deſormais tu ne peux me venger,
Dérobe au moins ta tête à ce mortel danger.
Fui d'Auguſte irrité l'implacable colére.
Je verſe aſſés de pleurs pour la mort de mon pére,
N'aigri point ma douleur par un nouveau tourment,
Et ne me rédui point à pleurer mon amant.

CINNA.

Quoi! ſur l'illuſion d'une terreur panique
Trahir vos interêts, et la cauſe publique!
Par cette lâcheté moi-même m'accuſer,
Et tout abandonner quand il faut tout oſer!
Que feront nos amis, ſi vous étes déçue;

AEMILIE.

Mais que deviendras-tu, ſi l'entrepriſe eſt ſue?

CINNA.

S'il eſt pour me trahir des eſprits aſſés bas,
Ma vertu pour le moins ne me trahira pas.
Vous la verrés brillante au bord des précipices

Se couronner de gloire en bravant les ſupplices,
Rendre Auguſte jaloux du ſang qu'il répandra,
Et le faire trembler, alors qu'il me perdra.
Je deviendrais ſuſpect à tarder davantage,
Adieu, raffermiſſés ce généreux courage.
S'il faut ſubir le coup d'un deſtin rigoureux,
Je mourrai tout enſemble heureux, et malheureux;
Heureux pour vous ſervir de perdre ainſi la vie,
Malheureux, de mourir ſans vous avoir ſervie.

AEMILIE.

Oui, va, n'écoute plus ma voix qui te retient.
Mon trouble ſe diſſipe, et ma raiſon revient.
Pardonne à mon amour cette indigne faibleſſe,
Tu voudrais fuir en vain, Cinna, je le confeſſe;
Si tout eſt découvert, Auguſte a ſu pourvoir
A ne te laiſſer pas ta fuite en ton pouvoir.
Porte, porte chés lui cette mâle aſſûrance
Digne de notre amour, digne de ta naiſſance.
Meurs, s'il y faut mourir, en citoyen Romain,
Et par un beau trépas couronne un beau deſſein.
Ne crains pas qu'après-toi rien ici me retienne,
Ta mort emportera mon ame vers la tienne,
Et mon cœur auſſi-tôt percé des mêmes coups...

CINNA.

Ah! ſouffrés que tout mort je vive encor en vous,
Et du moins en mourant permettés que j'eſpére
Que vous ſaurés venger l'amant avec le père.
Rien n'eſt pour vous à craindre, aucun de nos amis

Ne ſait ni vos deſſeins, ni ce qui m'eſt promis,
Et leur parlant tantôt des miſéres Romaines,
Je leur ai tû la mort qui fait naitre nos haines,
De peur que mon ardeur touchant vos intérêts
D'un ſi parfait amour ne trahît les ſecrets.
Il n'eſt ſu que d'Evandre, et de votre Fulvie.

AEMILIE.

Avec moins de frayeur je vai donc chés Livie,
Puisque dans ton péril il me reſte un moyen
De faire agir pour toi ſon crédit et le mien.
Mais ſi mon amitié par-là ne te délivre,
N'eſpere pas qu'enfin je veuille te ſurvivre;
Je fais de ton deſtin des règles à mon ſort,
Et j'obtiendrai ta vie, ou je ſuivrai ta mort.

CINNA.

Soyés en ma faveur moins cruelle à vous même.

AEMILIE.

Va-t-en, et ſouviens-toi ſeulement que je t'aime.

*Fin du premier acte.*

---

## SCENE PREMIERE.

AUGUSTE, CINNA, MAXIME,
Troupe de Courtisans.

AUGUSTE.

Que chacun se retire, et qu'aucun n'entre ici.
Vous, Cinna, demeurés, et vous, Maxime, aussi.
*Tous se retirent à la reserve de Cinna et de Maxime.*

Cet empire absolu sur la terre et sur l'onde,
Ce pouvoir souverain que j'ai sur tout le monde,
Cette grandeur sans borne, et cet illustre rang
Qui m'a jadis coûté tant de peine et de sang,
Enfin tout ce qu'adore en ma haute fortune
D'un courtisan flateur la présence importune,
N'est que de ces beautés dont l'éclat éblouit,
Et qu'on cesse d'aimer, si-tôt qu'on en jouit.
L'ambition déplait, quand elle est assouvie,
D'une contraire ardeur son ardeur est suivie,
Et comme notre esprit jusqu'au dernier soûpir
Toûjours vers quelque objet pousse quelque desir,
Il se ramene en soi n'ayant plus où se prendre,

Et monté sur le faite il aspire à descendre,
J'ai souhaité l'empire, et j'y suis parvenu.
Mais en le souhaitant je ne l'ai pas connu.
Dans sa possession j'ai trouvé pour tous charmes,
D'effroyables soucis, d'éternelles alarmes,
Mille ennemis secrets, la mort à tous propos,
Point de plaisir sans trouble, et jamais de repos.
Sylla m'a prccédé dans ce pouvoir suprème,
Le grand César mon pére en a joui de même.
D'un œil si different tous deux l'ont regardé,
Que l'un s'en est démis, et l'autre l'a gardé:
Mais l'un cruel, barbare, est mort aimé, tranquille,
Comme un bon citoyen dans le sein de sa ville.
L'autre tout debonnaire, au milieu du senat,
A vu trancher ses jours par un assassinat.
Ces exemples récens suffiraient pour m'instruire,
Si par l'exemple seul on se devait conduire.
L'un m'invite à le suivre, et l'autre me fait peur;
Mais l'éxemple souvent n'est qu'un miroir trompeur,
Et l'ordre du destin qui gêne nos pensées,
N'est pas toûjours écrit dans les choses passées.
Quelquefois l'un se brise, où l'autre s'est sauvé,
Et par où l'un périt, un autre est conservé.
Voilà, mes chers amis, ce qui me met en peine.
Vous qui me tenés lieu d'Agrippe et de Mécène.
Pour résoudre ce point avec eux debatu,
Prenés sur mon esprit le pouvoir qu'ils ont eu.

Ne considérés point cette grandeur suprème,
Odieuse aux Romains, et pesante à moi-même:
Traités-moi comme ami, non comme souverain,
Rome, Auguste, l'etat, tout est en votre main.
Vous mettrés, et l'Europe, et l'Asie, et l'Afrique,
Sous les loix d'un monarque, ou d'une république.
Votre avis est ma regle, et par ce seul moyen
Je veux être empereur, ou simple citoyen.

CINNA.

Malgré notre surprise et mon insuffisance,
Je vous obéirai, seigneur, sans complaisance,
Et mets bas le respect qui pourrait m'empêcher
De combatre un avis où vous semblés pancher.
Souffrés-le d'un esprit jaloux de votre gloire,
Que vous aillés souiller d'une tache trop noire,
Si vous ouvrés votre ame à ces impressions,
Jusques à condamner toutes vos actions.
On ne renonce point aux grandeurs légitimes.
On garde sans remords ce qu'on acquiert sans crimes,
Et plus le bien qu'on quitte est noble, grand, exquis,
Plus qui l'ose quitter le juge mal acquis.
N'imprimés pas, seigneur, cette honteuse marque
A ces rares vertus qui vous ont fait monarque.
Vous l'étes justement, et c'est sans attentat
Que vous avés changé la forme de l'etat.
Rome est dessous vos loix par le droit de la guerre

Qui ſous les loix de Rome a mis toute la terre;
Vos armes l'ont conquiſe, et tous les conqué-
rans,
Pour etré uſurpateurs, ne ſont pas des tyrans.
Quand ils ont ſous leurs loix aſſervi des pro-
vinces,
Gouvernant juſtement ils s'en font juſtes princes.
C'eſt ce que fit Céſar, il vous faut aujourd'hui
Condamner ſa mémoire, ou faire comme lui.
Si le pouvoir ſuprème eſt blâmé par Auguſte,
Céſar fut un tyran, et ſon trépas fut juſte,
Et vous devés aux dieux compte de tout le ſang
Dont vous l'avés vengé pour monter à ſon rang,
N'en craignés point, ſeigneur, les triſtes deſti-
nées.
Un plus puiſſant démon veille ſur vos années,
On a dix fois ſur vous attenté ſans effet,
Et qui l'a voulu perdre au même inſtant l'a fait.
On entreprend aſſés, mais aucun n'éxécute,
Il eſt des aſſaſſins, mais il n'eſt plus de Brute.
Enfin s'il faut attendre un ſemblable revers,
Il eſt beau de mourir maître de l'univers.
C'eſt ce qu'en peu de mots j'oſe dire, et j'eſtime
Que ce peu que j'ai dit eſt l'avis de Maxime.

MAXIME.

Oui, j'accorde qu'Auguſte a droit de conſerver
L'empire où la vertu l'a fait ſeule arriver,
Et qu'au prix de ſon ſang, au pèril de ſa tête,

Il a fait de l'état une juſte conquête.
Mais que ſans ſe noircir il ne puiſſe quitter
Le fardeau que ſa main eſt laſſe de porter,
Qu'il accuſe par-là César de tyrannie,
Qu'il approuve ſa mort, c'eſt ce que je dénie.
Rome eſt à vous, ſeigneur, l'empire eſt votre bien.
Chacun en liberté peut diſpoſer du ſien,
Il le peut à ſon choix garder, ou s'en défaire.
Vous ſeul ne pourriés pas ce que peut le vulgaire,
Et ſeriés devenu, pour avoir tout dompté,
Eſclave des grandeurs où vous êtes monté!
Poſſedés-les, ſeigneur, ſans qu'elles vous poſſédent.
Loin de vous captiver, ſouffrés qu'elles vous cedent,
Et faites hautement connaitre enfin à tous
Que tout ce qu'elles ont eſt au deſſous de vous.
Votre Rome autrefois vous donna la naiſſance,
Vous lui voulés donner votre toute-puiſſance.
Et Cinna vous impute à crime capital,
La libéralité vers le païs natal!
Il appelle remords l'amour de la patrie!
Par la haute vertu la gloire eſt donc flétrie,
Et ce n'eſt qu'un objet digne de nos mépris,
Si de ſes pleins effets l'infamie eſt le prix.
Je veux bien avouer qu'une action ſi belle
Donne à Rome bien plus que vous ne tenés d'elle;

Mais commet-on un crime indigne de pardon,
Quand la reconnaiſſance eſt au deſſus du don?
Suivés, ſuivés, ſeigneur, le ciel qui vous inſpire.
Votre gloire redouble à mépriſer l'empire,
Et vous ſerés fameux chés la poſtérité
Moins pour l'avoir conquis, que pour l'avoir quitté.
Le bonheur peut conduire à la grandeur ſuprème,
Mais pour y renoncer, il faut la vertu même,
Et peu de généreux vont jusqu'à dédaigner,
Après un ſceptre acquis, la douceur de regner.
Conſidérés d'ailleurs que vous regnés dans Rome,
Où, de quelque façon que votre cour vous nomme,
On hait la monarchie, et le nom d'empereur
Cachant celui de roi, ne fait pas moins d'horreur.
Ils paſſent pour tyran quiconque s'y fait maitre,
Qui le ſert, pour eſclave, et qui l'aime, pour traitre.
Qui le ſouffre, a le cœur lâche, mol, abatu,
Et pour s'en affranchir tont s'appelle vertu.
Vous en avés, ſeigneur, des preuves trop certaines.
On a fait contre vous dix entrepriſes vaines,
Peut-être que l'onziéme eſt prête d'éclater,
Et que ce mouvement qui vous vient agiter
N'eſt qu'un avis ſecret que le ciel vous envoye,
Qui pour vous conſerver n'a plus que cette voye.

Ne vous expofés plus à ces fameux revers.
Il eft beau de mourir maitre de l'univers,
Mais la plus belle mort fouille notre mémoire
Quand nous avons pû vivre avecque plus de gloire.

CINNA.

Si l'amour du païs doit ici prévaloir,
C'eft fon bien feulement que vous devés vouloir,
Et cette liberté qui lui femble fi chére,
N'eft pour Rome, feigneur, qu'un bien imaginaire,
Plus nuifible qu'utile, et qui n'approche pas
De celui qu'un bon prince aporte à fes états.
Avec ordre et raifon les honneurs il difpenfe,
Avec difcernement punit et récompenfe,
Et difpofe de tout en jufte poffeffeur,
Sans rien précipiter de peur d'un fucceffeur.
Mais quand le peuple eft maitre, on n'agit qu'en tumulte,
La voix de la raifon jamais ne fe confulte.
Les honneurs font vendus aux plus ambitieux,
L'autorité livrée aux plus féditieux.
Ces petits fouverains qu'il fait pour une année,
Voyant d'un tems fi court leur puiffance bornée,
Des plus heureux deffeins font avorter le fruit,
De peur de le laiffer à celui qui les fuit.
Comme ils ont peu de part au bien dont ils ordonnent,
Dans le champ du public largement ils moiffonnent,

Aſſûrés que chacun leur pardonne aiſément,
Eſpérant à ſon tour un pareil traitement.
Le pire des états c'eſt l'état populaire.

AUGUSTE.

Et toute fois le ſeul qui dans Rome peût plaire.
Cette haine des rois que depuis cinq cens ans
Avec le premier lait ſucent tous ſes enfans,
Pour l'arracher des cœurs, eſt trop enracinée.

MAXIME.

Oui, ſeigneur, dans ſon mal Rome eſt trop obſtinée.
Son peuple qui s'y plait en fuit la guériſon,
Sa coûtume l'emporte, et non pas la raiſon,
Et cette vieille erreur, que Cinna veut abatre,
Eſt une heureuſe erreur dont il eſt idolâtre,
Par qui le monde entier aſſervi ſous ſes loix
L'a vu cent fois marcher ſur la tête des rois,
Son épargne s'enfler du ſac de leurs provinces.
Que lui pouvoient de plus donner les meilleurs princes?

J'oſe dire, ſeigneur, que par tous les climats
Ne ſont pas bien reçus toutes ſortes d'états.
Chaque peuple a le ſien conforme à ſa nature,
Qu'on ne ſaurait changer ſans lui faire une injure.
Telle eſt la loi du ciel, dont la ſage équité
Seme dans l'univers cette diverſité.
Les Macédoniens aiment le monarchique,
Et le reſte des Grecs la liberté publique,

Les Parthes, les Perſans veulent des ſouverains,
Et le ſeul conſulat eſt bon pour les Romains.

CINNA.

Il eſt vrai que du ciel la prudence infinie
Départ à chaque peuple un different génie;
Mais il n'eſt pas moins vrai que cet ordre des cieux
Change ſelon les tems, comme ſelon les lieux.
Rome a reçu des rois ſes murs et ſa naiſſance,
Elle tient des conſuls ſa gloire et ſa puiſſance,
Et reçoit maintenant de vos rares bontés
Le comble ſouverain de ſes proſpérités.
Sous vous l'état n'eſt plus en pillage aux armées,
Les portes de Janus par vos mains ſont fermées,
Ce que ſous ſes conſuls on n'a vu qu'une fois,
Et qu'a fait voir comme eux le ſecond de ſes rois.

MAXIME.

Les changemens d'état que fait l'ordre céleſte,
Ne coûtent point de ſang, n'ont rien qui ſoit funeſte.

CINNA.

C'eſt un ordre des dieux qui jamais ne ſe rompt,
De nous vendre un peu cher les grands biens qu'ils nous font.
L'éxil des Tarquins même enſanglanta nos terres,
Et nos premiers conſuls nous ont coûté des guerres.

MAXIME.

Donc votre ayeul Pompée au ciel a résisté,
Quand il a combatu pour notre liberté?

CINNA.

Si le ciel n'eût voulu que Rome l'eût perdue,
Par les mains de Pompée il l'aurait défendue.
Il a choisi sa mort pour servir dignement
D'une marque éternelle à ce grand changement,
Et devait cette gloire aux manes d'un tel homme,
D'emporter avec eux la liberté de Rome.
Ce nom depuis long-tems ne sert qu'à l'éblouir,
Et sa propre grandeur l'empêche d'en jouir.
Depuis qu'elle se voit la maitresse du monde,
Depuis que la richesse entre ses murs abonde,
Et que son sein fécond en glorieux exploits
Produit des citoyens plus puissans que des rois,
Les grands pour s'affermir achetant les suffrages
Tiennent pompeusement leurs maitres à leurs gages,
Qui par des fers dorés se laissant enchainer,
Reçoivent d'eux les loix, qu'ils pensent leur donner.
Envieux l'un de l'autre, ils menent tout par brigues,
Que leur ambition tourne en sanglantes ligues.
Ainsi de Marius Sylla devint jaloux,
César de mon ayeul, Marc Antoine de vous.
Ainsi la liberté ne peut plus être utile

Qu'à former les fureurs d'une guerre civile,
Lors que par un desordre à l'univers fatal
L'un ne veut point de maitre, et l'autre point d'égal.
Seigneur, pour sauver Rome il faut qu'elle s'unisse
En la main d'un bon chef à qui tout obeïsse.
Si vous aimés encor à la favoriser,
Otés-lui les moyens de se plus diviser.
Sylla quittant la place enfin bien usurpée
N'a fait qu'ouvrir le champ à César et Pompée,
Que le malheur des tems ne nous eût pas fait voir,
S'il eût dans sa famille assûré son pouvoir.
Qu'a fait du grand César le cruel parricide,
Qu'élever contre vous Antoine avec Lépide,
Qui n'eussent pas détruit Rome par les Romains,
Si César eût laissé l'empire entre vos mains?
Vous la replongerés en quittant cet empire,
Dans les maux dont à peine encor elle respire,
Et de ce peu, seigneur, qui lui reste de sang
Une guerre nouvelle épuisera son flanc.
Que l'amour du païs, que la pitié vous touche!
Votre Rome à genoux vous parle par ma bouche.
Considérés le prix que vous avés coûté.
Non pas qu'elle vous croye avoir trop acheté,
Des maux qu'elle a soufferts elle est trop bien payée,
Mais une juste peur tient son ame effrayée.

Si jaloux de ſon heur et las de commander
Vous lui rendés un bien qu'elle ne peut garder,
S'il lui faut à ce prix en acheter un autre,
Si vous ne préférés ſon interêt au vôtre,
Si ce funeſte don la met au deſeſpoir,
Je n'oſe dire ici ce que j'oſe prévoir.
Conſervés-vous, ſeigneur, en lui laiſſant un maitre,
Sous qui ſon vrai bonheur commence de renaitre,
Et pour mieux aſſûrer le bien commun de tous,
Donnés un ſucceſſeur qui ſoit digne de vous.

AUGUSTE.

N'en délibérons plus, cette pitié l'emporte.
Mon repos m'eſt bien cher, mais Rome eſt la plus forte,
Et quelque grand malheur qui m'en puiſſe arriver,
Je conſens à me perdre afin de la ſauver.
Pour ma tranquillité mon cœur en vain ſoûpire.
Cinna, par vos conſeils je retiendrai l'empire,
Mais je le retiendrai pour vous en faire part.
Je voi trop que vos cœurs n'ont point pour moi de fard,
Et que chacun de vous, dans l'avis qu'il me donne,
Regarde ſeulement l'état, et ma perſonne.
Votre amour en tous deux fait ce combat d'eſprits,
Et vous allés tous deux en recevoir le prix.
Maxime, je vous fais gouverneur de Sicile.
Allés donner mes loix à ce terroir fertile.
Songés que c'eſt pour moi que vous gouvernerés,

Et que je répondrai de ce que vous ferés.
Pour épouse, Cinna, je vous donne Aemilie.
Vous savés qu'elle tient la place de Julie,
Et que si nos malheurs et la nécessité
M'ont fait traiter son pére avec sévérité,
Mon épargne depuis en sa faveur ouverte
Doit avoir adouci l'aigreur de cette perte.
Voyés-la de ma part, tâchés de la gagner;
Vous n'étes point pour elle un homme à dédaigner,
De l'offre de vos vœux elle sera ravie.
Adieu, j'en veux porter la nouvelle à Livie.

---

## *SCENE* II.

### CINNA, MAXIME.

MAXIME.

Quel est votre dessein après ces beaux discours?

CINNA.

Le même que j'avais, et que j'aurai toûjours.

MAXIME.

Un chef de conjurés flate la tyrannie!

CINNA.

Un chef de conjurés la veut voir impunie!

MAXIME.

Je veux voir Rome libre,

CINNA.

Et vous pouvés juger,
Que je veux l'affranchir enſemble et la venger.
Octave aura donc vu ſes fureurs aſſouvies,
Pillé jusqu'aux autels, ſacrifié nos vies,
Rempli les champs d'horreur, comblé Rome de morts,
Et ſera quitte après pour l'effet d'un remords!
Quand le ciel par nos mains à le punir s'aprête,
Un lâche repentir garantira ſa tête!
C'eſt trop ſemer d'appas, et c'eſt trop inviter,
Par ſon impunité, quelqu'autre à l'imiter.
Vengeons nos citoyens, et que ſa peine étonne
Quiconque après ſa mort aſpire à la couronne;
Que le peuple aux tyrans ne ſoit plus expoſé.
S'il eût pûni Sylla, Céſar eût moins oſé.

MAXIME.

Mais la mort de Céſar que vous trouvés ſi juſte,
A ſervi de prétexte aux cruautés d'Auguſte.
Voulant nous affranchir Brute s'eſt abuſé;
S'il n'eût puni Céſar, Auguſte eût moins oſé.

CINNA.

La faute de Caſſie, et ſes terreurs paniques
Ont fait rentrer l'état ſous des loix tyranniques.
Mais nous ne verrons point de pareils accidens
Lorsque Rome ſuivra des chefs moins imprudens.

MAXIME.

Nous ſommes encor loin de mettre en évidence

Si nous nous conduirons avec plus de prudence.
Cependant c'en eſt peu, que de n'accepter pas
Le bonheur qu'on recherche au péril du trépas.

CINNA.

C'en eſt encor bien moins alors qu'on s'imagine
Guérir un mal ſi grand ſans couper la racine.
Employer la douceur à cette guériſon,
C'eſt en fermant la playe y verſer du poiſon.

MAXIME.

Vous la voulés ſanglante, et la rendés douteuſe.

CINNA.

Vous la voulés ſans peine, et la rendés honteuſe.

MAXIME.

Pour ſortir de ſes fers, jamais on ne rougit.

CINNA.

On en ſort lâchement ſi la vertu n'agit.

MAXIME.

Jamais la liberté ne ceſſe d'être aimable,
Et c'eſt toûjours pour Rome un bien ineſtimable.

CINNA.

Ce ne peut être un bien qu'elle daigne eſtimer
Quand il vient d'une main laſſe de l'opprimer.
Elle a le cœur trop bon pour ſe voir avec joie
Le rebut du tyran dont elle fut la proie,
Et tout ce que la gloire a de vrais partiſans
Le hait trop puiſſamment, pour aimer ſes préſens.

MAXIME.

Donc pour vous Aemilie eſt un objet de haine?

CINNA.

La recevoir de lui me ferait une gêne,
Mais quand j'aurai vengé Rome des maux fouf-
ferts,
Je faurai le braver jusque dans les enfers.
Oui, quand par fon trépas je l'aurai méritée,
Je veux joindre à fa main ma main enfanglantée.
L'époufer fur fa cendre, et qu'après notre effort
Les prefens du tyran foient le prix de fa mort.

MAXIME.

Mais l'apparence, ami, que vous puiffiés lui
plaire,
Teint du fang de celui qu'elle aime comme un
pére?
Car vous n'etes pas homme à la violenter.

CINNA.

Ami, dans ce Palais on peut nous écouter,
Et nous parlons peut-être avec trop d'imprudence
Dans un lieu fi mal propre à notre confidence.
Sortons, qu'en fûreté j'examine avec vous,
Pour en venir à bout, les moyens les plus doux.

*Fin du fecond Acte.*

---

# ACTE III.

## SCENE PREMIERE.

### MAXIME, EUPHORBE.

MAXIME.

Lui-même il m'a tout dit, leur flame eſt mutuelle.
Il adore Aemilie, il eſt adoré d'elle ;
Mais ſans venger ſon père il n'y peut aſpirer,
Et c'eſt pour l'acquérir qu'il nous fait conſpirer.

EUPHROBE.

Je ne m'étonne point de cette violence,
Dont il contraint Auguſte à garder ſa puiſſance ;
La ligue ſe romprait s'il s'en était démis.
Et tous vos conjurés deviendraient ſes amis.

MAXIME.

Ils ſervent à l'envi la paſſion d'un homme,
Qui n'agit que pour ſoi, feignant d'agir pour Rome ;
Et moi, par un malheur qui n'eut jamais d'égal,
Je penſe ſervir Rome, et je ſers mon rival.

EUPHORBE.

Vous étes ſon rival !

MAXIME.

Oui, j'aime ſa maitreſſe,
Et l'ai caché toûjours avec aſſés d'adreſſe,
Mon ardeur inconnue, avant que d'éclater,
Par quelque grand exploit la voulait mériter.
Cependant par mes mains je voi qu'il me l'enlève,
Son deſſein fait ma perte, et c'eſt moi qui l'achève.
J'avance des ſuccès dont j'attens le trépas,
Et pour m'aſſaſſiner je lui prète mon bras.
Que l'amitié me plonge en un malheur extrème!

EUPHORBE.

L'iſſue en eſt aiſée, agiſſés pour vous-même;
D'un deſſein qui vous perd rompés le coup fatal,
Gagnés une maitreſſe accuſant un rival.
Auguſte à qui par là vous ſauverés la vie,
Ne vous pourra jamais refuſer Aemilie.

MAXIME.

Quoi, trahir mon ami!

EUPHORBE.

L'amour rend tout permis.
Un véritable amant ne connait point d'amis;
Et même avec juſtice on peut trahir un traitre,
Qui pour une maitreſſe oſe trahir ſon maitre.
Oubliés l'amitié, comme lui les bien-faits.

MAXIME.

C'eſt un éxemple à fuir que celui des forfaits.

EUPHORBE.

Contre un ſi noir deſſein tout devient légitime,
On n'eſt point criminel, quand on punit un crime.

MAXIME.

Un crime, par qui Rome obtient ſa liberté!

EUPHORBE.

Craignés tout d'un eſprit ſi plein de lâcheté.
L'intérêt du païs n'eſt point ce qui l'engage,
Le ſien, et non la gloire, anime ſon courage;
Il aimerait Céſar s'il n'etait amoureux,
Et n'eſt enfin qu'ingrat, et non pas généreux.
    Penſés-vous avoir lu jusqu'au fond de ſon ame?
Sous la cauſe publique il vous cachait ſa flame,
Et peut cacher encor ſous cette paſſion
Les déteſtables feux de ſon ambition.
Peut-être qu'il prétend après la mort d'Octave,
Au lieu d'affranchir Rome, en faire ſon eſclave,
Qu'il vous compte déja pour un de ſes ſujets,
Ou que ſur votre perte il fonde ſes projets.

MAXIME.

Mais comment l'accuſer ſans nommer tout le reſte?
A tous nos conjurés l'âvis ſerait funeſte,
Et par là nous verrions indignement trahis
Ceux qu'engage avec nous le ſeul bien du païs.
D'un ſi lâche deſſein mon ame eſt incapable.
Il perd trop d'innocens pour punir un coupable.
J'oſe tout contre lui, mais je crains tout pour eux.

EUPHORBE.

Auguſte c'eſt laſſé d'être ſi rigoureux.
En ces occaſions ennuyé de ſupplices,
Ayant puni les chefs, il pardonne aux complices.
Si toutefois pour eux vous craignés ſon courroux,
Quand vous lui parlerés, parlés au nom de tous.

MAXIME.

Nous diſputons en vain, et ce n'eſt que folie
De vouloir par ſa perte acquérir Aemilie.
Ce n'eſt pas le moyen de plaire à ſes beaux yeux
Que de priver du jour ce qu'elle aime le mieux.
Pour moi, j'eſtime peu qu'Auguſte me la donne,
Je veux gagner ſon cœur, plûtôt que ſa perſonne,
Et ne fais point d'état de ſa poſſeſſion,
Si je n'ai point de part à ſon affection.
Puis-je la mériter par une triple offenſe?
Je trahis ſon amant, je détruis ſa vengeance,
Je conſerve le ſang qu'elle veut voir périr,
Et j'aurais quelque eſpoir qu'elle me pût chérir?

EUPHORBE.

C'eſt ce qu'à dire vrai je voi fort difficile;
L'artifice pourtant vous y peut être utile.
Il en faut trouver un qui la puiſſe abuſer,
Et du reſte, le tems en pourra diſpoſer.

MAXIME.

Mais ſi pour s'excuſer il nomme ſa complice?
S'il arrive qu'Auguſte avec lui la puniſſe?

Puis-je lui demander pour prix de mon rapport
Celle qui nous oblige à conſpirer ſa mort?

EUPHORBE.

Vous pourriés m'oppoſer tant et de tels obſtacles,
Que pour les ſurmonter il faudrait des miracles.
J'eſpére toutefois qu'à force d'y rêver...

MAXIME.

Eloigne-toi, dans peu j'irai te retrouver.
Cinna vient, et je veux en tirer quelque choſe,
Pour mieux réſoudre après ce que je me propoſe.

---

## SCENE II.

### CINNA, MAXIME.

MAXIME.

Vous me ſemblés penſif.

CINNA.

Ce n'eſt pas ſans ſujet.

MAXIME.

Puis-je d'un tel chagrin ſavoir quel eſt l'objet?

CINNA.

Aemilie, et Céſar. L'un et l'autre me gêne,
L'un me ſemble trop bon, l'autre trop inhumaine.
Plût aux Dieux que Céſar employât mieux ſes ſoins,

Et s'en fît plus aimer, ou m'aimât un peu moins,
Que sa bonté touchât la beauté qui me charme,
Et la pût adoucir, comme elle me desarme,
Je sens au fond du cœur mille remords cuisans
Qui rendent à mes yeux tous ses bienfaits presens.
Cette faveur si pleine, et si mal reconnue,
Par un mortel reproche à tous momens me tue.
Il me semble sur tout incessamment le voir
Déposer en nos mains son absolu pouvoir,
Ecouter nos avis, m'applaudir, et me dire;
*Cinna, par vos conseils je retiendrai l'empire,*
*Mais je le retiendrai pour vous en faire part.*
Et je puis dans son sein enfoncer un poignard!
Ah plûtôt... Mais hélas! j'idolatre Aemilie,
Un serment éxécrable à sa haine me lie;
L'horreur qu'elle a de lui me le rend odieux,
Des deux côtés j'offense et ma gloire, et les dieux;
Je deviens sacrilege, ou je suis parricide,
Et vers l'un, ou vers l'autre il faut être perfide.

MAXIME.

Vous n'aviés point tantôt ces agitations.
Vous paraissiés plus ferme en vos intentions,
Vous ne sentiés au cœur, ni remords, ni reproche.

CINNA.

On ne les sent aussi que quand le coup approche,
Et l'on ne reconnait de semblables forfaits
Que quand la mains s'aprête à venir aux effets.
L'ame de son dessein jusque-là possedée,

S'attache aveuglément à sa prémiere idée;
Mais alors, quel esprit n'en devient point troublé?
Ou plûtôt quel esprit n'en est point accablé?
Je croi que Brute même, à tel point qu'on le prise,
Voulut plus d'une fois rompre son entreprise,
Qu'avant que de fraper elle lui fit sentir
Plus d'un remords en l'ame, et plus d'un repentir.

MAXIME.

Il eut trop de vertu pour tant d'inquiétude;
Il ne soupçonna point sa main d'ingratitude;
Et fut contre un tyran d'autant plus animé,
Qu'il en reçut de biens, et qu'il s'en vit aimé.
Comme vous l'imités, faites la même chose,
Et formés vos remords d'une plus juste cause,
De vos lâches conseils, qui seuls ont arrété
Le bonheur renaissant de notre liberté.
C'est vous seul aujourd'hui qui nous l'avés ôtée.
De la main de César Brute l'eût acceptée,
Et n'eût jamais souffert qu'un intérêt léger
De vangeance ou d'amour l'eût remise en danger.
N'écoutés plus la voix d'un tyran qui vous aime,
Et vous veut faire part de son pouvoir suprème;
Mais entendés crier Rome à votre côté:
*Rens-moi, rens-moi, Cinna, ce que tu m'as ôté,*
*Et si tu m'as tantôt préféré ta maîtresse,*
*Ne me préfére pas le tyran qui m'oppresse.*

CINNA.

Ami, n'accable plus un esprit malheureux,
Qui ne forme qu'en lâche un dessein généreux.
Envers nos citoyens je sai quelle est ma faute,
Et leur rendrai bien-tôt tout ce que je leur ôte:
Mais pardonne aux abois d'une vieille amitié
Qui ne peut expirer sans me faire pitié,
Et laisse-moi, de grace, attendant Aemilie
Donner un libre cours à ma melancolie.
Mon chagrin t'importune, et le trouble où je suis
Veut de la solitude à calmer tant d'ennuis.

MAXIME.

Vous voulés rendre compte à l'objet qui vous blesse,
De la bonté d'Octave, et de votre faiblesse;
L'entretien des amans veut un entien secret.
Adieu, je me retire en confident discret.

---

## *SCENE* III.

CINNA.

Donne un plus digne nom au glorieux empire,
Du noble sentiment dont la vertu m'inspire,
Et que l'honneur oppose au coup précipité
De mon ingratitude, et de ma lâcheté.
Mais plûtôt continue à le nommer faiblesse,
Puisqu'il devient si faible auprès d'une maitresse,

Qu'il respecte un amour, qu'il devrait étouffer,
Ou que s'il le combat, il n'ose en triompher.
En ces extrémités quel conseil doi-je prendre ?
De quel coté pancher ? à quel parti me rendre ?
Qu'une ame généreuse a de peine à faillir !
Quelque fruit que par là j'espére de cueillir,
Les douceurs de l'amour, celles de la vengeance,
La gloire d'affranchir le lieu de ma naissance,
N'ont peint assés d'appas pour flater ma raison,
S'il les faut acquérir par une trahison;
S'il faut percer le flanc d'un prince magnanime,
Qui du peu que je suis fait une telle estime
Qui me comble d'honneurs, qui m'accable de biens,
Qui ne prend pour régner de conseils que les miens.
O coup, ô trahison trop indigne d'un homme !
Dure, dure à jamais l'esclavage de Rome,
Périsse mon amour, périsse mon espoir,
Plûtôt que de ma main parte un crime si noir.
Quoi ! ne m'offre-t'il pas tout ce que je souhaite,
Et qu'au prix de son sang ma passion achéte ?
Pour jouir de ses dons faut-il l'assassiner ?
Et faut-il lui ravir ce qu'il me veut donner ?
Mais je dépens de vous, ô serment téméraire,
O haine d'Aemilie, ô souvenir d'un pére,
Ma foi, mon cœur, mon bras, tout vous est engagé,
Et je ne puis plus rien que par votre congé.

C'eſt à vous à régler ce qu'il faut que je faſſe,
C'eſt à vous, Aemilie, à lui donner ſa grace.
Vos ſeules volontés préſident à ſon ſort,
Et tiennent en mes mains, et ſa vie, et ſa mort.
O dieux, qui comme vous la rendés adorable,
Rendés-la comme vous à mes vœux éxorable,
Et puisque de ſes loix je ne puis m'affranchir,
Faites qu'à mes deſirs je la puiſſe fléchir.
Mais voici de retour cette aimable inhumaine.

---

## SCENE IV.

### AEMILIE, CINNA, FULVIE.

AEMILIE.

Graces aux dieux, Cinna, ma frayeur était vaine,
Aucun de tes amis ne t'a manqué de foi,
Et je n'ai point eu lieu de m'employer pour toi.
Octave en ma préſence a tout dit à Livie,
Et par cette nouvelle il m'a rendu la vie.

CINNA.

Le deſavoûrés-vous, et du don qu'il me fait
Voudrés-vous retarder le bien-heureux effet?

AEMILIE.

L'effet eſt en ta main.

CINNA.

Mais plûtôt en la vôtre.

AEMILIE.

Je ſuis toûjours moi-même, et mon cœur n'eſt point autre ;
Me donner à Cinna c'eſt ne lui donner rien,
C'eſt ſeulement lui faire un préſent de ſon bien.

CINNA.

Vous pouvés toutefois. _ O Ciel ! l'oſai-je dire !

AEMILIE.

Que puis-je, et que crains-tu ?

CINNA.

Je tremble, je ſoûpire,
Et voi que ſi nos cœurs avaient mêmes deſirs,
Je n'aurais pas beſoin d'expliquer mes ſoûpirs.
Ainſi je ſuis trop ſûr que je vai vous déplaire,
Mais je n'oſe parler, et je ne puis me taire.

AEMILIE.

C'eſt trop me gêner, parle.

CINNA.

Il faut vous obéïr,
Je vai donc vous déplaire, et vous m'allés haïr.
Je vous aime, Aemilie, et le ciel me foudroie,
Si cette paſſion ne fait toute ma joie,
Et ſi je ne vous aime avec toute l'ardeur
Que peut un digne objet attendre d'un grand cœur ;
Mais voyés à quel prix vous me donnés votre ame;
En me rendant heureux, vous me rendés infame.
Cette bonté d'Auguſte...

AEMILIE.

Il ſuffit je t'entens,
Je voi ton repentir et tes vœux inconſtans.
Les faveurs du tyran emportent tes promeſſes,
Tes feux et tes ſermens cedent à ſes careſſes,
Et ton eſprit crédule oſe s'imaginer
Qu'Auguſte pouvant tout, peut auſſi me donner,
Tu me veux de ſa main, plûtôt que de la mienne;
Mais ne croi pas qu'ainſi jamais je t'appartienne.
Il peut faire trembler la terre ſous ſes pas,
Mettre un roi hors du trône, et donner ſes états,
De ſes proſcriptions rougir la terre et l'onde,
Et changer à ſon gré l'ordre de tout le monde;
Mais le cœur d'Aemilie eſt hors de ſon pouvoir.

CINNA.

Auſſi n'eſt-ce qu'à vous que je veux le devoir;
Je ſuis toûjours moi-même, et ma foi toûjours pure.
La pitié que je ſens ne me rend point parjure;
J'obeïs ſans réſerve à tous vos ſentimens,
Et prens vos intérêts par-de-là mes ſermens.
J'ai pû, vous le ſavés, ſans parjure et ſans crime
Vous laiſſer échaper cette illuſtre victime.
Céſar ſe dépoüillant du pouvoir ſouverain
Nous ôtait tout prétexte à lui percer le ſein.
La conjuration s'en allait diſſipée,
Vos deſſeins avortés, votre haine trompée.
Moi ſeul j'ai raffermi ſon eſprit étonné,
Et pour vous l'immoler ma main l'a couronné.

AEMILIE.

Pour me l'immoler, traître! et tu veux que moi-
même
Je retienne ta main! qu'il vive, et que je l'aime!
Que je fois le butin de qui l'ofe ěpargner,
Et le prix du confeil qui le force à regner!

CINNA.

Ne me condamnés point quand je vous ai fervie.
Sans moi vous n'auriés plus de pouvoir fur fa vie,
Et malgré fes bienfaits je rens tout à l'amour,
Quand je veux qu'il périffe, ou vous doive le
jour.
Avec les premiers voeux de mon obéïffance
Souffrés ce faible effort de ma reconnaiffance;
Que je tâche de vaincre un indigne courroux,
Et vous donner pour lui l'amour qu'il a pour vous.
Une ame généreufe et que la vertu guide
Fuit la honte des noms d'ingrate, et de perfide;
Elle en hait l'infamie attachée au bonheur,
Et n'accepte aucun bien aux dépens de l'honneur.

AEMILIE.

Je fais gloire pour moi de cette ignominie.
La perfidie eft noble envers la tyrannie,
Et quand on rompt le cours d'un fort fi malheu-
reux,
Les cœurs les plus ingrats font les plus généreux.

CINNA.

Vous faites des vertus au gré de votre haine.

AEMILIE.

Je me fais des vertus dignes d'une Romaine.

CINNA.

Un cœur vraîment Romain....

AEMILIE.

Ofe tout pour ravir
Une odieufe vie à qui le fait fervir;
Il fuit plus que la mort la honte d'être efclave.

CINNA.

C'eft l'être avec honneur que de l'être d'Octave;
Et nous voyons fouvent des rois à nos genoux
Implorer la faveur d'efclaves tels que nous.
Il abaiffe à nos pieds l'orgueil des diadèmes,
Il nous fait fouverains fur leurs grandeurs fuprèmes.
Il prend d'eux les tributs dont il nous enrichit,
Et leur impofe un joug dont il nous affranchir.

AEMILIE.

L'indigne ambition que ton cœur fe propofe!
Pour être plus qu'un roi tu te crois quelque chofe!
Aux deux bouts de la terre en eft-il un fi vain
Qu'il prétende égaler un citoïen Romain?
Antoine fur fa tête attira notre haine,
En fe deshonorant par l'amour d'une reine.
Attale, ce grand roi dans la pourpre blanchi,
Qui du peuple Romain fe nommait l'affranchi,
Quand de toute l'Afie il fe fût vu l'abritre,

Eut encor moins prisé son trône, que ce titre.
Souviens-toi de ton nom, soûtiens sa dignité,
Et prenant d'un Romain la génerosité,
Sache qu'il n'en est point que le ciel n'ait fait naitre,
Pour commander aux rois, et pour vivre sans maitre.

CINNA.

Le ciel a trop fait voir en de tels attentats
Qu'il hait les assassins, et punit les ingrats;
Et quoi qu'on entreprenne, et quoi qu'on éxécute,
Quand il éleve un trône, il en venge la chute.
Il se met du parti de ceux qu'il fait régner;
Le coup dont on les tue est long tems à saigner,
Et quand à les punir il a pû se résoudre,
De pareils châtimens n'appartiennent qu'au foudre.

AEMILIE,

Dis que de leur parti toi-même tu te rens,
De te remettre au foudre à punir les tyrans.*)
Je ne t'en parle plus, va, sers la tyrannie,
Abandonne ton ame à son lâche génie,
Et pour rendre le calme à ton esprit flotant,
Oublie, et ta naissance, et le prix qui t'attend.
Sans emprunter ta main pour servir ma colère,
Je saurai bien venger mon païs et mon père.
J'aurais déja l'honneur d'un si fameux trépas,
Si l'amour jusqu'ici neût arrêté mon bras.

*) Weil du es dem Donner überlässest die Tyrannen zu strafen.

C'eſt lui qui ſous tes loix me tenant aſſervie
M'a fait en ta faveur prendre ſoin de ma vie;
Seule contre un tyran en le faiſant périr,
Par les mains de ſa garde il me fallait mourir.
Je t'euſſe par ma mort dérobé ta captive;
Et comme pour toi ſeul l'amour veut que je vive,
J'ai voulu, mais en vain, me conſerver pour toi,
Et te donner moïen d'être digne de moi.
   Pardonnés-moi, grands dieux, ſi je me ſuis trompée,
Quand j'ai penſé chérir un neveu de Pompée;
Et ſi d'un faux ſemblant mon eſprit abuſé
A fait choix d'un eſclave en ſon lieu ſuppoſé.
Je t'aime toutefois, quel que tu puiſſes être,
Et ſi pour me gagner il faut trahir ton maitre,
Mille autres à l'envi recevraient cette loi,
S'ils pouvaient m'acquérir à même prix que toi.
Mais n'appréhende pas qu'un autre ainſi m'obtienne;
Vis pour ton cher tyran tandis que je meurs tienne!
Mes jours avec les ſiens ſe vont précipiter,
Puisque ta lâcheté n'oſe me mériter.
Viens me voir dans ſon ſang, et dans le mien baignée,
De ma ſeule vertu mourir accompagnée,
Et te dire en mourrant d'un eſprit ſatisfait:
*N'accuſe point mon ſort, c'eſt toi ſeul qui l'as fait.*
*Je deſcens dans la tombe, où tu m'as condamnée;*

*Où la gloire me ſuit qui t'était deſtinée ;*
*Je meurs en détruiſant un pouvoir abſolu,*
*Mais je vivrais à toi, ſi tu l'avais voulu.*

CINNA.

Et bien, vous le voulés, il faut vous ſatisfaire,
Il faut affranchir Rome, il faut venger un pére,
Il faut ſur un tyran porter de juſtes coups ;
Mais apprenés qu'Auguſte eſt moins tyran que vous.
S'il nous ote à ſon gré nos biens, nos jours, nos femmes,
Il n'a point jusqu'ici tyranniſé nos ames ;
Mais l'empire inhumain qu'éxercent vos beautés
Force jusqu'aux eſprits, et jusqu'aux volontés.
Vous me faites priſer ce qui me deshonore,
Vous me faites haïr ce que mon ame adore,
Vous me faites répandre un ſang pour qui je dois
Expoſer tout le mien, et mille, et mille fois ;
Vous le voulés, j'y cours ; ma parole eſt donnée,
Mais ma main auſſi-tôt contre mon ſein tournée,
Aux manes d'un tel prince immolant votre amant,
A mon crime forcé joindra mon châtiment ;
Et par cette action dans l'autre confondue,
Recouvrera ma gloire auſſi-tôt que perdue.
Adieu.

## SCENE V.

### AEMILIE, FULVIE.

FULVIE.

Vous avés mis ſon ame au déſeſpoir.

AEMILIE.

Qu'il ceſſe de m'aimer, ou ſuive ſon devoir.

FULVIE.

Il va vous obeïr aux dépens de ſa vie.
Vous en pleurés!

AEMILIE.

Hélas! cours après lui, Fulvie,
Et ſi ton amitié daigne me ſecourir,
Arrache-lui du cœur ce deſſein de mourir.
Dis-lui....

FULVIE.

Ah! c'eſt faire à ma haine une loi trop injuſte.

FULVIE.

Et quoi donc?

AEMILIE.

Qu'il achève, et dégage ſa foi,
Et qu'il choiſiſſe après, de la mort, ou de moi.

*Fin du troiſiéme Acte.*

# ACTE IV.

## SCENE PREMIERE.

AUGUSTE, EUPHROBE, POLYCLETE, Gardes,

AUGUSTE.

Tout ce que tu me dis, Euphorbe, eſt incroyable.

EUPHORBE.

Seigneur, le récit même en paraît effroyable;
On ne conçoit qu'à peine une telle fureur,
Et la ſeule penſée en fait fremir d'horreur.

AUGUSTE.

Quoi, mes plus chers amis! quoi, Cinna! quoi, Maxime!
Les deux que j'honorais d'une ſi haute eſtime,
A qui j'ouvrais mon cœur, et dont j'avais fait choix
Pour les plus importans, et plus nobles emplois?
Après qu'entre leurs mains j'ai remis mon Empire,
Pour m'arracher le jour l'un et l'autre conſpire!
Maxime a vû ſa faute, il m'en fait avertir,

Et montre un cœur touché d'un juſte repentir;
Mais Cinna!

EUPHORBE.

Cinna ſeul dans ſa rage s'obſtine,
Et contre vos bontés d'autant plus ſe mutine.
Lui ſeul combat encor les vertueux efforts
Que ſur les conjurés fait ce juſte remords,
Et malgré les frayeurs à leurs regrets mêlées,
Il tâche à r'affermir leurs ames ébranlées.

AUGUSTE.

Lui ſeul les encourage, et lui ſeul les ſéduit!
O le plus déloyal que la terre ait produit!
O trahiſon conçue au ſein d'une furie!
O trop ſenſible coup d'une main ſi chérie!
Cinna, tu me trahis! Polycléte, écoutés.

*Il lui parle à l'oreille.*

POLYCLETE.

Tous vos ordres, ſeigneur, ſeront éxécutés.

AUGUSTE.

Qu'Eraſte en même tems aille dire à Maxime
Qu'il vienne recevoir le pardon de ſon crime.

*Polycléte rentre.*

EUPHORBE.

Il l'a jugé trop grand pour ne pas s'en punir.
A peine du palais il a pû revenir,
Que les yeux égarés et le regard farouche,
Le cœur gros de ſoûpirs, les ſanglots à la bouche,
Il déteſte ſa vie et ce complot maudit,

M'en apprend l'ordre entier tel que je vous l'ai dit,
Et m'ayant commandé que je vous avertiſſe,
Il ajoûte: *Di-lui que je me fais juſtice,*
*Que je n'ignore point ce que j'ai mérité;*
Puis ſoudain dans le Tibre il s'eſt précipité,
Et l'eau groſſe et rapide, et la nuit aſſés noire
M'ont derobé la fin de ſa tragique hiſtoire.

AUGUSTE.

Sous ce preſſant remords il a trop ſuccombé,
Et s'eſt à mes bontés lui-méme dérobé.
Il n'eſt crime envers moi qu'un repentir n'efface;
Mais puisqu'il a voulu renoncer à ma grace,
Allés pourvoir au reſte, et faites qu'on ait ſoin
De tenir en lieu ſûr ce fidelle témoin.

---

## SCENE II.

AUGUSTE.

Ciel, à qui voulés-vous deſormais que je fie
Les ſecrets de mon ame, et le ſoin de ma vie?
Reprenés le pouvoir que vous m'avés commis,
Si donnant des ſujets, il ote les amis,
Si tel eſt le deſtin des grandeurs ſouveraines,
Que leurs plus grands bienfaits n'attirent que des haines,

Et ſi votre rigueur les condamne à chérir
Ceux que vous animés à les faire périr.
Pour elles rien n'eſt ſûr, qui peut tout, doit tout craindre.
Rentre en toi-même, Octave, et ceſſe de te plaindre.
Quoi, tu veux qu'on t'épargne, et n'as rien épargné!
Songe aux fleuves de ſang où ton bras s'eſt baigné,
De combien ont rougi les champs de Macédoine;
Combien en a verſé la défaite d'Antoine,
Combien celle de Sexte, et revoi tout d'un tems
Pérouſe au ſien noyée, et tous ſes habitans.
Remets dans ton eſprit, après tant de carnages,
De tes proſcriptions les ſanglantes images,
Où toi-même des tiens devenu le bourreau
Au ſein de ton tuteur enfonças le coûteau,
Et puis, oſe accuſer le deſtin d'injuſtice
Quand tu vois que les tiens s'arment pour ton ſupplice,
Et que par ton exemple à ta perte guidés
Ils violent des droits que tu n'as pas gardés.
Leur trahiſon eſt juſte, et le ciel l'autoriſe.
Quitte ta dignité comme tu l'as acquiſe,
Rens un ſang infidele à l'infidelité,
Et ſoufre des ingrats après l'avoir été,
Mais que mon jugement au beſoin m'abandonne!
Quelle fureur, Cinna, m'accuſe et te pardonne?

Toi, dont la trahiſon me force à retenir
Ce pouvoir ſouverain dont tu me veux punir,
Me traite en criminel, et fait ſeule mon crime,
Releve, pour l'abatre, un trône illégitime,
Et d'un zele effronté couvrant ſon attentat,
S'oppoſe, pour me perdre, au bonheur de l'état?
Donc jusqu'à l'oublier je pourrais me contraindre!
Tu vivrais en repos après m'avoir fait craindre!
Non, non, je me trahis moi-même d'y penſer;
Qui pardonne aiſément invite à l'offenſer.
Puniſſons l'aſſaſſin, proſcrivons les complices,
Mais quoi! toûjours du ſang, et toûjours des ſupplices!
Ma cruauté ſe laſſe, et ne peut s'arrêter,
Je veux me faire craindre, et ne fais qu'irriter.
Rome a pour ma ruine une hydre trop fertile,
Une tête coupée en fait renaitre mille,
Et le ſang répandu de mille conjurés
Rend mes jours plus maudits, et non plus aſſûrés.
Octave, n'attens plus le coup d'un nouveau Brute,
Meurs, et dérobe-lui la gloire de ta chûte;
Meurs, tu ferais pour vivre un lâche et vain effort,
Si tant de gens de cœur font des vœux pour ta mort,
Et ſi tout ce que Rome a d'illuſtre jeuneſſe,
Pour te faire périr tour à tour s'intéreſſe.
Meurs, puisque c'eſt un mal que tu ne peux guérir,

Meurs enfin puisqu'il faut, ou tout perdre, ou mourir.
La vie eſt peu de choſe, et le peu qui t'en reſte
Ne vaut pas l'acheter par un prix ſi funeſte.
Meurs. Mais quitte du moins la vie avec éclat.
Eteins-en le flambeau dans le ſang de l'ingrat.
A toi-même en mourant immole ce perfide,
Contentant ſes deſirs, puni ſon parricide,
Fais un tourment pour lui de ton propre trépas,
En faiſant qu'il le voye, et n'en joüiſſe pas.
Mais joüiſſons plûtôt nous-mêmes de ſa peine,
Et ſi Rome nous hait, triomphons de ſa haine.
O Romains, ô vengeance, ô pouvoir abſolu,
O rigoureux combat d'un cœur irréſolu,
Qui fuit en même tems tout ce qu'il ſe propoſe,
D'un prince malheureux ordonnés quelque choſe.
Qui des deux dois-je ſuivre, et duquel m'éloigner?
Ou laiſſés-moi périr, ou laiſſés-moi régner.

---

## SCENE III.

### AUGUSTE, LIVIE.

AUGUSTE.

Madame, on me trahit, et la main qui me tue
Rend ſous mes déplaiſirs ma conſtance abatue.
Cinna, Cinna le traitre...

LIVIE.

Euphorbe m'a tout dit,
Seigneur, et j'ai pali cent fois à ce recit.
Mais écouteriés-vous les conſeils d'une femme!

AUGUSTE.

Hélas! de quel conſeil eſt capable mon ame?

LIVIE.

Votre ſévérité ſans produire aucun fruit,
Seigneur, jusqu'à préſent a fait beaucoup de bruit.
Par les peines d'un autre aucun ne s'intimide,
Salvidien à bas a ſoûlevé Lépide,
Muréne a ſuccédé, Cépion l'a ſuivi;
Le jour à tous les deux dans les tourmens ravi
N'a point mêlé de crainte à la fureur d'Egnace,
Dont Cinna maintenant oſe prendre la place,
Et dans les plus bas rangs les noms les plus abjets
Ont voulu s'ennoblir par de ſi hauts projets.
Après avoir en vain puni leur inſolence,
Eſſayés ſur Cinna ce que peut la clémence,
Faites ſon châtiment de ſa confuſion,
Cherchés le plus utile en cette occaſion.
Sa peine peut aigrir une ville animée,
Son pardon peut ſervir à votre renommée,
Et ceux que vos rigueurs ne font qu'effaroucher,
Peut-être à vos bontés ſe laiſſeront toucher.

AUGUSTE.

Gagnons-les tout à fait en quittant cet empire,
Qui nous rend odieux, contre qui l'on conſpire.
J'ai trop par vos avis conſulté là-deſſus,
Ne m'en parlés jamais, je ne conſulte plus.
Ceſſe de ſoûpirer, Rome, pour ta franchiſe,
Si je t'ai miſe aux fers, moi-même je les briſe,
Et te rens ton état, après l'avoir conquis,
Plus paiſible et plus grand que je ne te l'ai pris.
Si tu me veux haïr, hai-moi ſans plus rien feindre,
Si tu me veux aimer, aime-moi ſans me craindre.
De tout ce qu'eut Sylla de puiſſance et d'honneur,
Laſſé comme il en fut, j'aſpire à ſon bonheur.

LIVIE.

Aſſés et trop long-tems ſon éxemple vous flate;
Mais gardés que ſur vous le contraire n'éclate.
Ce bonheur ſans pareil qui conſerva ſes jours
Ne ſerait pas bonheur, s'il arrivait toûjours.

AUGUSTE.

Et bien, s'il eſt trop grand, ſi j'ai tort d'y prétendre,
J'abandonne mon ſang à qui voudra l'épandre.
Après un long orage il faut trouver un port,
Et je n'en vois que deux, le repos, ou la mort.

LIVIE.

Quoi! vous voulés quitter le fruit de tant de peines?

AUGUSTE.

Quoi! vous voulés garder l'objet de tant de haines!

LIVIE.

Seigneur, vous emporter à cette extrémité,
C'eſt plûtôt deſeſpoir, que générofité.

AUGUSTE.

Regner, et careſſer une main ſi traitreſſe,
Au lieu de ſa vertu, c'eſt montrer ſa faibleſſe.

LIVIE.

C'eſt regner ſur vous-même, et par un noble choix
Pratiquer la vertu la plus digne des Rois.

AUGUSTE.

Vous m'aviés bien promis des conſeils d'une femme,
Vous me tenés parole, et c'en ſont là, Madame.
Après tant d'ennemis à mes pieds abatus,
Depuis vingt ans je regne, et j'en ſai les vertus;
Je ſai leur divers ordre, et de quelle nature
Sont les devoirs d'un prince en cette conjoncture.
Tout ſon peuple eſt bleſſé par un tel attentat,
Et la ſeule penſée eſt un crime d'état,
Une offenſe qu'on fait à toute ſa province,
Dont il faut qu'il la venge, ou ceſſe d'être prince.

LIVIE.

Donnés moins de croyance à votre paſſion.

AUGURTE,

Ayés moins de faiblesse, ou moins d'ambition.

LIVIE.

Ne traités plus si mal un conseil salutaire.

AUGUSTE.

Le ciel m'inspirera ce qu'ici je dois faire,
Adieu, nous perdons tems.

LIVIE.

Je ne vous quitte point,
Seigneur, que mon amour n'ait obtenu ce point.

AUGUSTE.

C'est l'amour des grandeurs qui vous rend importune.

LIVIE.

J'aime votre personne, et non votre fortune.

seule.

Il m'échape; suivons, et forçons-le de voir
Qu'il peut en faisant grace affermir son pouvoir,
Et qu'enfin la clémence est la plus belle marque
Qui fasse à l'univers connaitre un vrai monarque.

---

## SCENE IV.

### AEMILIE, FULVIE.

AEMILIE.

D'où me vient cette joye, et que mal à propos
Mon esprit malgré moi goûte un entier repos!
César mande Cinna sans me donner d'alarmes!
Mon cœur est sans soûpirs, mes yeux n'ont point de larmes,
Comme si j'apprenais d'un secret mouvement
Que tout doit succéder à mon contentement!
Ai-je bien entendu? me l'as-tu dit, Fulvie?

FULVIE.

J'avais gagné sur lui qu'il aimerait la vie,
Et je vous l'amenais plus traitable et plus doux
Faire un second effort contre votre courroux.
Je m'en applaudissais, quand soudain Polyclète,
Des volontés d'Auguste ordinaire interprète,
Est venu l'aborder, et sans suite, et sans bruit,
Et de sa part sur l'heure au Palais l'a conduit.
Auguste est fort troublé, l'on ignore la cause,
Chacun diversement soupçonne quelque chose;
Tous présument qu'il ait un grand sujet d'ennui,
Et qu'il mande Cinna, pour prendre avis de lui.

Mais ce qui m'embarasse, et que je viens d'apprendre,
C'est que deux Inconnus se sont saisis d'Evandre,
Qu'Euphorbe est arrété, sans qu'on sache pourquoi,
Que même de son maitre on dit je ne sai quoi.
On lui veut imputer un desespoir funeste,
On parle d'eaux, de Tibre, et l'on se tait du reste,

AEMILIE.

Que de sujets de craindre et de desespérer,
Sans que mon triste cœur en daigne murmurer!
A chaque occasion le ciel y fait descendre
Un sentiment contraire à celui qu'il doit prendre.
Une vaine frayeur tantôt m'a pû troubler,
Et je suis insensible alors qu'il faut trembler.
Je vous entens, grand Dieux; vos bontes que j'adore
Ne peuvent consentir que je me deshonore,
Et ne me permettant soûpirs, sanglots, ni pleurs,
Soûtiennent ma vertu contre de tels malheurs.
Vous voulés que je meure avec ce grand courage
Qui m'a fait entreprendre un si fameux ouvrage,
Et je veux bien perir comme vous l'ordonnés,
Et dans la même assiette où vous me retenés.
O liberté de Rome, ô manes de mon père,
J'ai fait de mon coté tout ce que j'ai pû faire,
Contre votre tyran j'ai ligué ses amis,
Et plus osé pour vous qu'il ne m'etait permis.

Si l'effet a manqué, ma gloire n'eſt pas moindre,
N'ayant pû vous vanger je vous irai réjoindre ;
Mais ſi fumante encor d'un généreux courroux,
Par un trépas ſi noble, et ſi digne de vous,
Qu'il vous fera ſur l'heure aiſément reconnaitre
Le ſang des grands héros dont vous m'avés fait naitre.

---

## SCENE V.

### MAXIME, AEMILIE, FULVIE.

AEMILIE.

Mais, je vous voi, Maxime, et l'on vous faiſait mort !

MAXIME.

Euphorbe trompe Auguſte avec ce faux rapport.
Se voyant arrété, la trame découverte,
Il a feint ce trépas pour empêcher ma perte.

AEMILIE.

Que dit-on de Cinna?

MAXIME.

Que ſon plus grand regret,
C'eſt de voir que Céſar ſait tout votre ſecret.
En vain il le dénie, et le veut méconnaitre,
Evandre a tout conté pour excuſer ſon maitre.
Et par l'ordre d'Auguſte on vient vous arréter.

AEMILIE.

Celui qui l'a reçu tarde à l'éxécuter,
Je fuis préte à le fuivre, et laffe de l'attendre.

MAXIME.

Il vous attend chés moi

AEMILIE.

Chés vous?

MAXIME.

C'eft vous furprendre,
Mais apprenés le foin que le ciel a de vous;
C'eft un des conjurés qui va fuir avec nous.
Prenons notre avantage avant qu'on nous pour-
fuive,
Nous avons pour partir un vaiffeau fur la rive.

AEMILIE.

Me connais-tu, Maxime, et fais-tu qui je fuis?

MAXIME.

En faveur de Cinna je fais ce que je puis,
Et tâche à garantir de ce malheur extrème
La plus belle moitié qui refte de lui-même.
Sauvons-nous, Aemilie, et confervons le jour
Afin de le venger par un heureux retour.

AEMILIE.

Cinna dans fon malheur eft de ceux qu'il faut
fuivre,
Qu'il ne faut pas venger de peur de leur furvivre.
Quiconque après fa perte afpire à fe fauver,
Eft indigne du jour qu'il tâche à conferver.

MAXIME.

Quel desespoir aveugle à ces fureurs vous porte?
O dieux! que de faiblesse en une ame si forte!
Ce cœur si généreux rend si peu de combat,
Et du prémier revers la fortune l'abat!
Rappellés, rappellés cette vertu sublime,
Ouvrés enfin les yeux, et connaissés Maxime.
C'est un autre Cinna qu'en lui vous regardés.
Le ciel vous rend en lui l'amant que vous perdés,
Et puisque l'amitié n'en faisait plus qu'une ame,
Aimés en cet ami l'objet de votre flame.
Avec la même ardeur il saura vous chérir,
Que...

AEMILIE.

Tu m'oses aimer, et tu n'oses mourir!
Tu prétens un peu trop, mais quoi que tu prétendes,
Rens toi digne du moins de ce que tu demandes.
Cesse de fuir en lâche un glorieux trépas,
Ou de m'offrir un cœur que tu fais voir si bas.
Fai que je porte envie à ta vertu parfaite,
Ne te pouvant aimer, fai que je te regrette,
Montre d'un vrai Romain la derniére vigueur,
Et mérite mes pleurs au defaut de mon cœur.
Quoi? si ton amitié pour Cinna s'intéresse,
Crois-tu qu'elle consiste à flater sa maitresse?
Apprens, apprens de moi quel en est le devoir,
Et donne-m'en l'éxemple, ou viens le recevoir.

MAXIME.

Votre juſte douleur eſt trop impetueuſe.

AEMILIE.

La tienne en ta faveur eſt trop ingénieuſe.
Tu me parles déja d'un bien-heureux retour,
Et dans tes déplaiſirs tu conçois de l'amour!

MAXIME.

Cet amour en naiſſant eſt toutefois extrème.
C'eſt votre amant en vous, c'eſt mon ami que j'aime,
Et des mêmes ardeurs dont il fut embraſé....

AEMILIE.

Maxime, en voilà trop pour un homme aviſé.
Ma perte m'a ſurpriſe, et ne m'a point troublée,
Mon noble deſeſpoir ne m'a point aveuglée,
Ma vertu toute entiére agit ſans s'émouvoir,
Et je voi malgré moi plus que je ne veux voir.

MAXIME.

Quoi? vous ſuis-je ſuſpect de quelque perfidie?

AEMILIE.

Oui, tu l'ès, puis qu'enfin tu veux que je le die.
L'ordre de notre fuite eſt trop bien concerté
Pour ne te ſoupçonner d'aucune lâcheté.
Les dieux feraient pour nous prodigues en miracles,
S'ils en avaient ſans toi levé tous les obſtacles;
Fui ſans moi, tes amours ſont ici ſuperflus.

MAXIME.

Ah ! vous m'en dites trop.

AEMILIE.

J'en préſume encor plus.
Ne crains pas toutefois que j'éclate en injures,
Mais n'eſpére non plus m'éblouïr de parjures.
Si c'eſt te faire tort que de m'en défier,
Viens mourir avec moi pour te juſtifier.

MAXIME.

Vivés, belle Aemilie, et ſouffrés qu'un eſclave. . .

AEMILIE.

Je ne t'écoute plus qu'en preſence d'Octave.
Allons, Fulvie, allons.

---

## SCENE VI.

MAXIME.

Deſeſperé, confus,
Et digne, s'il ſe peut, d'un plus cruel refus,
Que réſous-tu, Maxime, et quel eſt le ſuplice
Que ta vertu prépare à ton vain artifice ?
Aucune illuſion ne te doit plus flater,
Aemilie en mourant va tout faire éclater.
Sur un même échaffaut la perte de ſa vie
Etalera ſa gloire, et ton ignominie,
Et ſa mort va laiſſer à la poſtérité

L'infame ſouvenir de ta déloyauté,
Un même jour t'a vu par une fauſſe adreſſe,
Trahir ton ſouverain, ton ami, ta maitreſſe,
Sans que de tant de droits en un jour violés,
Sans que de deux amans au tyran immolés,
Il te reſte aucun fruit, que la honte, et la rage
Qu'un remords inutile allume en ton courage.
Euphorbe, c'eſt l'effet de tes lâches conſeils,
Mais que peut-on attendre enfin de tes pareils?
Jamais un affranchi n'eſt qu'un eſclave infame,
Bien qu'il change d'état, il ne change point d'ame;
La tienne encor ſervile avec la liberté
N'a pû prendre un rayon de généroſité.
Tu m'as fait relever une injuſte puiſſance,
Tu m'as fait dementir l'honneur de ma naiſſance.
Mon cœur te reſiſtait, et tu l'as combatu
Jusqu'à ce que ta fourbe ait ſouillé ma vertu.
Il m'en coûte la vie, il m'en coûte la gloire,
Et j'ai tout mérité pour t'avoir voulu croire.
Mais les dieux permettront à mes reſſentimens,
De te ſacrifier aux yeux des deux amans,
Et j'oſe m'aſſûrer qu'en dépit de mon crime
Mon ſang leur ſervira d'aſſés pure victime,
Si dans le tien mon bras juſtement irrité
Peut laver le forfait de t'avoir écouté.

*Fin du quatrième Acte.*

---

# ACTE V.

## SCENE PREMIERE.

### AUGUSTE, CINNA

AUGUSTE.

Prens un siege, Cinna, prens, et sur toute chose
Observe éxactement la loi que je t'impose.
Prete sans me troubler l'oreille à mes discours,
D'aucun mot, d'aucun cri n'en interromps le cours.
Tiens ta langue captive et si ce grand silence
A ton émotion fait quelque violence,
Tu pourras me répondre aprés tout à loisir,
Sur ce point seulement contente mon desir.

CINNA.

Je vous obéïrai, seigneur.

AUGUSTE.

Qu'il te souvienne
De garder ta parole, et je tiendrai la mienne.
Tu vois le jour, Cinna, mais ceux dont tu le tiens
Furent les ennemis de mon pere et les miens.
Au milieu de leur camp tu reçus la naissance,

Et lors qu'après leur mort tu vins en ma puis-
sance,
Leur haine enracinée au milieu de ton sein,
T'avait mis contre moi lés armes à la main.
Tu fus mon ennemi, même avant que de naitre,
Et tu le fus encor, quand tu me pûs connaitre,
Et l'inclination jamais n'a dementi
Ce sang qui t'avait fait du contraire parti;
Autant que tu l'as pû, les effets l'ont suivie.
Je ne m'en suis vengé qu'en te donnant la vie.
Je te fis prisonnier pour te combler de biens,
Ma cour fut ta prison, mes faveurs tes liens.
Je te restituai d'abord ton patrimoine,
Je t'enrichis après des dépouilles d'Antoine,
Et tu sais que depuis à chaque occasion
Je suis tombé pour toi dans la profusion.
Toutes les dignités que tu m'as demandées,
Je te les ai sur l'heure, et sans peine accordées;
Je t'ai preferé même à ceux dont les parens
Ont jadis dans mon camp tenu les premiers rangs,
A ceux qui de leur sang m'ont acheté l'empire,
Et qui m'ont conservé le jour que je respire.
De la façon enfin qu'avec toi j'ai vécu,
Les vainqeurs sont jaloux du bonheur du vaincu.
Quand le ciel me voulut, en rappellant Mécène,
Après tant de faveur montrer un peu de haine,
Je te donnai sa place en ce triste accident,
Et te fis après lui mon plus cher confident.

Aujourd'hui même encor, mon ame irresolue
Me pressant de quitter ma puissance absolue,
De Maxime et de toi j'ai pris les seuls avis,
Et ce sont malgré lui les tiens que j'ai suivis.
Bien plus, ce même jour je te donne Aemilie,
Le digne objet des vœux de toute l'Italie,
Et qu'ont mise si haut mon amour et mes soins,
Qu'en te couronnant roi, je t'aurais donné moins.
Tu t'en souviens, Cinna, tant d'heur et tant de gloire
Ne peuvent pas si-tôt sortir de ta mémoire.
Mais ce qu'on ne pourrait jamais s'imaginer,
Cinna, tu t'en souviens, et veux m'assassiner.

CINNA.

Moi, Seigneur, moi que j'eusse une ame si traîtresse!
Qu'un si lâche dessein...

AUGUSTE.

Tu tiens mal ta promesse,
Sieds-toi, je n'ai pas dit encor ce que je veux.
Tu te justifiras après si tu le peux.
Ecoute cependant, et tiens mieux ta parole.
Tu veux m'assassiner, demain, au capitole,
Pendant le sacrifice, et ta main pour signal
Me doit au lieu d'encens donner le coup fatal.
La moitié de tes gens doit occuper la porte,
L'autre moitié te suivre, et te prêter main forte.
Ai-je de bons avis, ou de mauvais soupçons?

De tous ces meurtriers te dirai-je les noms?
Procule, Glabrion, Virginian, Rutile,
Marcel, Plaute, Lénas, Pompone, Albin, Icile
Maxime, qu'après toi j'avais le plus aimé.
Le reste ne vaut pas l'honneur d'être nommé;
Un tas d'hommes perdus de dettes, et de crimes,
Que pressent de mes loix les ordres légitimes,
Et qui desespérant de les plus éviter,
Si tout n'est renversé, ne sauraient subsister.
Tu te tais maintenant, et gardes le silence
Plus par confusion, que par obeïssance.
Quel était ton dessein, et que prétendais-tu
Après m'avoir au temple à tes pieds abatu?
Affranchir ton païs d'un pouvoir monarchique?
Si j'ai bien entendu tantôt ta politique,
Son salut desormais dépend d'un souverain
Qui pour tout conserver tienne tout en sa main;
Et si sa liberté te faisait entreprendre,
Tu ne m'eusses jamais empêché de la rendre,
Tu l'aurais acceptée au nom de tout l'état,
Sans vouloir l'acquerir par un assassinat.
Quel était donc ton but? d'y regner en ma place?
D'un étrange malheur son destin le menace,
Si pour monter au trone et lui donner la loi
Tu ne trouves dans Rome autre obstacle que moi,
Si jusques à ce point son sort est déplorable,
Que tu sois après moi le plus considerable,

Et que ce grand fardeau de l'empire Romain
Ne puiſſe après ma mort tomber mieux qu'en ta main.

Apprens à te connaitre, et deſcens en toi-même.
On t'honore dans Rome, on te courtiſe, on t'aime,
Chacun tremble ſous toi, chacun t'offre des vœux,
Ta fortune eſt bien haut, tu peux ce que tu veux.
Mais tu ferais pitié, même à ceux qu'elle irrite,
Si je t'abandonnais à ton peu de mérite.
Oſe me démentir, di-moi ce que tu vaux,
Conte-moi tes vertus, tes glorieux travaux,
Les rares qualités par où tu m'as dû plaire,
Et tout ce qui t'éléve au deſſus du vulgaire.
Ma faveur fait ta gloire, et ton pouvoir en vient,
Elle ſeule t'éleve, et ſeule te ſoûtient.
C'eſt elle qu'on adore, et non-pas ta perſonne;
Tu n'as credit, ni rang, qu'autant qu'elle t'en donne;
Et pour te faire choir, je n'aurais aujourd'hui
Qu'à retirer la main qui ſeule eſt ton appui.
J'aime mieux toutefois ceder à ton envie.
Regne, ſi tu le peux, aux depens de ma vie;
Mais oſes-tu penſer que les Serviliens,
Les Coſſes, les Métels, les Pauls, les Fabiens,
Et tant d'autres enfin de qui les grands courages
Des héros de leur ſang ſont les vives images,
Quittent le noble orgueil d'un ſang ſi généreux,

Jusqu'à pouvoir souffrir que tu regnes sur eux ?
Parle, parle, il est tems.

CINNA.

Je demeure stupide;
Non que votre colére ou la mort m'intimide,
Je voi qu'on m'a trahi, vous m'y voyés rêver,
Et j'en cherche l'auteur sans le pouvoir trouver.
Cette stupidité s'est enfin dissipée.
Seigneur, je suis Romain, et du sang de Pompée.
Le père et les deux fils lâchement égorgés
Par la mort de César étaient trop peu vengés.
C'est là d'un beau dessein l'illustre et seule cause,
Et puisqu'à vos rigueurs la trahison m'expose,
N'attendés point de moi d'infames repentirs,
D'inutiles regrets, ni de honteux soûpirs.
Le sort vous est propice, autant qu'il m'est contraire.
Je sai ce que j'ai fait, et ce qu'il vous faut faire.
Vous devés un éxemple à la posterité,
Et mon trépas importe a votre sûreté.

AUGUSTE.

Tu me braves, Cinna, tu fais le magnanime,
Et loin de t'excuser, tu couronnes ton crime;
Voyons si ta constance ira jusques au bout.
Tu sais ce qui t'est du, tu vois que je sai tout,
Fai ton arrêt toi-même, et choisi tes supplices.

## SCENE II.

### AUGUSTE, LIVIE, CINNA, AEMILIE, FULVIE.

LIVIE.

Vous ne connaissés pas encor tous les complices.
Votre Aemilie en est, seigneur, et la voici.

CINNA.

C'est elle-même, ô dieux!

AUGUSTE.

Et toi, ma fille, aussi!

AEMILIE.

Oui, tout ce qu'il a fait, il l'a fait pour me plaire,
Et j'en etais, seigneur, la cause, et le salaire.

AUGUSTE.

Quoi! l'amour qu'en ton cœur j'ai fait naitre aujourd'hui
T'emporte-t'il déja jusqu'à mourir pour lui?
Ton ame à ces transports un peu trop s'abandonne,
Et c'est trôp tôt aimer l'amant que je te donne.

AEMILIE.

Cet amour qui m'expose à vos ressentimens
N'est point le prompt effet de vos commandemens.

Ces flames dans nos cœurs sans votre ordre étaient nées,
Et ce sont des secrets de plus de quatre années.
Mais quoi que je l'aimasse, et qu'il brulât pour moi,
Une haine plus forte à tous deux fit la loi.
Je ne voulus jamais lui donner d'espérance
Qu'il ne m'eût de mon père assûré la vengeance,
Je la lui fis jurer, il chercha des amis.
Le ciel rompt le succès que je m'etais promis,
Et je vous viens, seigneur, offrir une victime,
Non pour sauver sa vie, en me chargeant du crime,
Son trépas est trop juste après son attentat,
Et toute excuse est vaine en un crime d'état.
Mourir en sa présence, et rejoindre mon père,
C'est tout ce qui m'améne et tout ce que j'espére.

AUGUSTE.

Jusques à quand, ô ciel, et par quelle raison
Prendrés-vous contre moi des traits dans ma maison!
Pour ses debordemens j'en ai chassé Julie,*)
Mon amour en sa place a fait choix d'Aemilie,
Et je la voi comme elle indigne de ce rang.
L'une m'ôtait l'honneur, l'autre a soif de mon sang,
Et prenant toutes deux leur passion pour guide,

*) Seine Tochter, die groben Ausschweifungen ergeben war.

L'une fut impudique, et l'autre eſt parricide.
O ma fille, eſt-ce-là le prix de mes bienfaits?

AEMILIE.

Ceux de mon père en vous firent mêmes effets.

AUGUSTE.

Songe avec quel amour j'élevai ta jeuneſſe.

AEMILIE.

Il éleva la vôtre avec même tendreſſe;
Il fut votre tuteur, et vous ſon aſſaſſin,
Et vous m'avés au crime enſeigné le chemin.
Le mien d'avec le vôtre en ce point ſeul diffère,
Que votre ambition s'eſt immolé mon père,
Et qu'un juſte couroux dont je me ſens brûler,
A ſon ſang innocent voulait vous immoler.

LIVIE.

C'en eſt trop, Aemilie, arrête, et conſidere
Qu'il t'a trop bien payé les bienfaits de ton père.
Sa mort dont la memoire allume ta fureur
Fut un crime d'Octave, et non de l'empereur.
Tous ces crimes d'état qu'on fait pour la couronne,
Le ciel nous en abſout, alors qu'il nous la donne,
Et dans le ſacré rang où ſa faveur l'a mis,
Le paſſé devient juſte, et l'avenir permis.
Qui peut y parvenir ne peut être coupable,
Quoi qu'il ait fait, ou faſſe, il eſt inviolable,

Nous lui devons nos biens, nos jours font en fa
main,
Et jamais on n'a droit fur ceux du fouverain.

AEMILIE.

Auffi dans le discours que vous venés d'entendre,
Je parlais pour l'aigrir, et non pour me défendre.
Puniffés-donc, feigneur, ces criminels appas,
Qui de vos favoris font d'illuftres ingrats.
Tranchés mes triftes jours pour affûrer les vô-
tres.
Si j'ai féduit Cinna, j'en féduirai bien d'autres,
Et je fuis plus à craindre, et vous plus en danger,
Si j'ai l'amour enfemble et le fang à venger.

CINNA.

Que vous m'ayés féduit, et que je fouffre en-
core
D'être deshonoré par celle que j'adore!
Seigneur, la vérité doit ici s'exprimer.
J'avais fait ce deffein avant que de l'aimer;
A mes plus faints defirs la trouvant inflexible,
Je crus qu'à d'autres foins elle ferait fenfible,
Je parlai de fon père, et de votre rigueur,
Et l'offre de mon bras fuivit celle du cœur.
Que la vengeance eft douce à l'efprit d'une fem-
me!
Je l'attaquai par là, par là je pris fon ame.
Dans mon peu de mérite elle me négligeait,
Et ne put négliger le bras qui la vengeait.

Elle n'a conſpiré que par mon artifice,
J'en ſuis le ſeul auteur, elle n'eſt que complice.

AEMILIE.

Cinna, qu'oſes-tu dire? eſt-ce là me chérir,
Que de m'ôter l'honneur, quand il me faut mourir?

CINNA.

Mourés, mais en mourant ne ſouillés point ma gloire.

AEMILIE.

La mienne ſe flétrit, ſi Céſar te veut croire.

CINNA.

Et la mienne ſe perd, ſi vous tirés à vous
Toute celle qui ſuit de ſi généreux coups.

AEMILIE.

Et bien, prens-en ta part, et me laiſſe la mienne;
Ce ſerait l'affaiblir que d'affaiblir la tienne.
La gloire et le plaiſir, la honte et les tourmens,
Tout doit être commun entre de vrais amans.
Nos deux ames, ſeigneur, ſont deux ames Romaines,
Uniſſant nos deſirs nous unîmes nos haines.
De nos parens perdus le vif reſſentiment
Nous apprit nos devoirs en un même moment.
En ce noble deſſein nos cœurs ſe rencontrérent,
Nos eſprits généreux enſemble le formérent,

Enſemble nous cherchons l'honneur d'un beau trépas.
Vous vouliés nous unir, ne nous ſéparés pas.

AUGUSTE.

Oui, je vous unirai, couple ingrat et perfide,
Et plus mon ennemi qu'Antoine ni Lépide.
Oui, je vous unirai puisque vous le voulés;
Il faut bien ſatisfaire aux feux dont vous brûlés,
Et que tout l'univers ſachant ce qui m'anime,
S'étonne du ſupplice auſſi-bien que du crime.
Mais enfin de ciel m'aime, et ſes bien-faits nouveaux
Ont arraché Maxime à la fureur des eaux.

---

## SCENE III.

AUGUSTE, LIVIE, CINNA, MAXIME. AEMILIE, FULVIE.

AUGUSTE.

Approche, ſeul ami que j'éprouve fidelle.

MAXIME.

Honorés moins, ſeigneur, une âme criminelle.

AUGUSTE.

Ne parlons plus de crime après ton repentir,
Après que du péril tu m'as ſu garantir.
C'eſt à toi que je dois, et le jour, et l'empire.

MAXIME.

De tous vos ennemis connaiſſés mieux le pire.
Si vous régnés encor, ſeigneur, ſi vous vivés,
C'eſt ma jalouſe rage à qui vous le devés.
Un vertueux remords n'a point touché mon ame,
Pour perdre mon rival j'ai découvert ſa trame.
Euphorbe vous a feint que je m'étais noyé,
De crainte qu'après moi vous n'euſſiés envoyé.
Je voulais avoir lieu d'abuſer Aemilie,
Effrayer ſon eſprit, la tirer d'Italie,
Et penſais la reſoudre à cet enlevément
Sous l'eſpoir du retour pour venger ſon amant.
Mais au lieu de goûter ces groſſieres amorces,
Sa vertu combatue a redoublé ſes forces.
Elle a lû dans mon cœur. Vous ſavés le ſurplus,
Et je vous en ferais des récits ſuperflus.
Vous voyés le ſuccès de mon lâche artifice.
Si pourtant quelque grace eſt due à mon indice,
A vos bontés, ſeigneur, j'en demanderai deux,
Le ſupplice d'Euphorbe, et ma mort à leurs yeux.
J'ai trahi mon ami, ma maitreſſe, mon maitre,
Ma gloire, mon païs, par l'avis de ce traitre,
Et croirai toutefois mon bonheur infini,
Si je puis m'en punir, après l'avoir puni.

AUGUSTE.

En eſt-ce aſſés, ô ciel, et le ſort pour me nuire
At-il quelqu'un des miens qu'il veuille encor
féduire?
Qu'il joigne à ſes efforts le ſecours des enfers,
Je ſuis maitre de moi comme de l'univers.
Je le ſuis, je veux l'être. O ſiécles, ô mémoire,
Conſervés à jamais ma derniére victoire.
Je triomphe aujourd'hui du plus juſte courroux
De qui le ſouvenir puiſſe aller jusqu'à vous.
Soyons amis, Cinna, c'eſt moi qui t'en convie,
Comme à mon ennemi je t'ai donné la vie,
Et malgre la fureur de ton lâche deſſin,
Je te la donne encor comme à mon aſſaſſin.
Commençons un combat qui montre par l'iſſue,
Qui l'aura mieux de nous, ou donnée, ou reçue.
Tu trahis mes bienfaits, je les veux redoubler;
Je t'en avais comblé, je t'en veux accabler.
Avec cette beauté que je t'avais donnée
Reçoi le conſulat pour la prochaine année.
Aime Cinna, ma fille, en cet illuſtre rang,
Preféres-en la pourpre à celle de mon ſang,
Apprens ſur mon éxemple à vaincre ta colére.
Te rendant un époux, je te rens plus qu'un pére.

AEMILIE.

Et je me rens, ſeigneur, à ces hautes bontés.
Je recouvre la vue auprès de leurs clartés.
Je connois mon forfait qui me ſemblait juſtice,

Et ce que n'avait pû la terreur du ſupplice,
Je ſens nâitre en mon ame un repentir puiſſant,
Et mon cœur en ſecret me dit qu'il y conſent.
Le ciel a reſolu votre grandeur ſuprème,
Et pour preuve, ſeigneur, je n'en veux que moi-même.
J'oſe avec vanité me donner cet éclat,
Puisqu'il change mon cœur, qu'il veut changer l'état.
Ma haine va mourir que j'ai crue immortelle.
Elle eſt morte, et ce cœur devient ſujet fidelle,
Et prenant deſormais cette haine en horreur,
L'ardeur de vous ſervir ſuccede à ſa fureur.

CINNA.

Seigneur, que vous dirai-je, après que nos offenſes,
Au lieu de châtimens trouvent des recompenſes?
O vertu ſans exemple! ô clémence qui rend
Votre pouvoir plus juſte, et mon crime plus grand.

AUGUTTE.

Ceſſe d'en retarder un oubli magnanime,
Et tous deux avec moi faites grace à Maxime.
Il nous a trahis tous, mais ce qu'il a commis
Vous conſerve innocens et me rend mes amis.

(à Maxime.)

Reprens auprès de moi ta place accoûtumée,
Rentre dans ton crédit, et dans ta renommée.
Qu'Euphorbe de tous trois ait ſa grace à ſon tour,

Et que demain l'hymen couronne leur amour.
Si tu l'aimes encor, ce ſera ton ſupplice.

MAXIME.

Je n'en murmure point, il a trop de juſtice
Et je ſuis plus confus ſeigneur, de vos bontés,
Que je ne ſuis jaloux du bien que vous m'ôtés.

CINNA.

Souffrés que ma vertu dans mon cœur rapellée
Vous conſacre une foi lâchement violée,
Mais ſi ferme â préſent, ſi loin de chanceler.
Que la chûte du ciel ne pourrait l'ébranler.
Puiſſe le grand moteur des belles deſtinées,
Pour prolonger vos jours, retrancher nos années,
Et moi, par un bonheur dont chacun ſoit jaloux,
Perdre pour vous cent fois ce que je tiens de vous.

LIVIE.

Ce n'eſt pas tout, ſeigneur, une céleſte flame
D'un rayon prophetique illumine mon ame.
Oyés *) ce que les dieux vous font ſavoir par moi.
De votre heureux deſtin c'eſt l'immuable loi.
Après cette action vous n'avés rien à craindre.
On portera le joug deſormais ſans ſe plaindre,
Et les plus indomtés renverſant leurs projets
Mettront toute leur gloire à mourir vos ſujets.
Aucun lâche deſſein, aucune ingrate envie
N'attaquera le cours d'une ſi belle vie.
Jamais plus d'aſſaſſins, ni de conſpirateurs;

*) Anſtatt entendés.

Vous avés trouvé l'art d'être maitre des cœurs,
Rome avec une joye, et ſenſible, et profonde,
Se démet en vos mains de l'empire du monde.
Vos royales vertus lui vont trop enſeigner
Que ſon bonheur conſiſte à vous faire regner.
D'une ſi longue erreur pleinement affranchie
Elle n'a plus de vœux que pour la monarchie,
Vous prepare déja des temples, des autels,
Et le ciel une place entre les immortels;
Et la poſtérité dans toutes les provinces
Donnera votre éxemple aux plus généreux prin-
ces.

AUGUSTE.

J'en accepte l'augure, et j'oſe l'eſpérer.
Ainſi toûjours les dieux vous daignent inſpirer.
Qu'on redouble demain les heureux ſacrifices
Que nous leur offrirons ſous de meilleurs auſpi-
ces,
Et que vos conjurés entendent publier,
Qu'Auguſte a tout appris, et veut tout oublier.

*Fin du cinquiéme et dernier Acte.*

# EXAMEN DE CINNA.

Ce poeme a tant d'illuſtres ſuffrages qui lui donnent le premier rang parmi les miens, que je me ferais trop d'importans ennemis, ſi j'en diſais du mal. Je ne le ſuis pas aſſés de moi-même pour chercher des defauts où ils n'en ont point voulu voir, et accuſer le jugement qu'ils en ont fait, pour obſcurcir la gloire qu'ils m'en ont donnée. Cette approbation ſi forte et ſi générale vient ſans doute de ce que la vraiſemblance s'y trouve ſi heureuſement conſervée aux endroits où la verite lui manque, qu'il n'a jamais beſoin de recourir au neceſſaire. Rien n'y contredit l'hiſtoire, bien que beaucoup de choſes y ſoient ajoutées; rien n'y eſt violenté par les incommodités de la repreſentation, ni par l'unité de jour, ni par celle de lieu.

Il eſt vrai qu'il s'y rencontre une duplicité de lieu particulier. La moitié de la piéce ſe paſſe chés Aemilie, et l'autre dans le cabinet d'Auguſte. J'aurais été redicule ſi j'avais prétendu que cet empereur déliberât avec Maxime et Cinna, s'il quitterait l'empire, où ce dernier vient de rendre compte à Aemilie de la conſpiration qu'il a formée contre lui. C'eſt ce qui m'a fait rompre la liaiſon des ſcénes au quatrième acte, n'ayant pû me reſoudre à faire que Maxime vint donner l'alarme à Aemilie de la conjuration découverte, au lieu méme où Auguſte en venait de recevoir l'avis par ſon ordre, et dont il ne faiſait que de ſortir avec tant d'inquiétude et d'irreſolution. C'eût été une impudence extraordinaire, et tout-à-fait hors du vraiſemblable, de ſe préſenter dans ſon cabinet un moment après qu'il lui avait fait révéler le ſecret de cette entrepriſe, et porter la nouvelle de ſa fauſſe mort. Bien loin de pouvoir ſurprendre Aemilie par la peur de ſe voir arrêtée, c'eût été ſe faire arrèter lui même, et ſe précipiter dans un obſtacle invincible au deſſein qu'il voulait exécuter. Aemilie ne parle donc pas où parle Auguſte, à la reſerve du cinquième acte: mais cela n'empêche pas qu'à conſidérer tout le poeme enſemble, il n'ait ſon unité de lieu, puiſque tout s'y peut paſſer non ſeulement dans Rome, ou dans un quartier de Rome, mais dans le ſeul palais d'Auguſte, pourvu que vous y vouliés donner un apartement à Aemilie, qui ſoit éloigné du ſien.

Le compte que Cinna lui rend de ſa conſpiration juſtifie ce que j'ai dit ailleurs, que pour faire ſouffrir une narration ornée, il faut que celui qui la fait, et celui qui l'écoute, ayent l'eſprit aſſés tranquille et s'y plaiſent aſſés pour lui prêter toute la patience qui lui eſt neceſſaire. Aemilie a de la joye d'apprendre de la bouche de ſon amant avec quelle chaleur il a ſuivi ſes intentions, et Cinna n'en a pas moins de lui pouvoir donner de ſi belles eſpérances de l'effet qu'elle en ſouhaite. C'eſt pourquoi, quelque longue que ſoit cette narration ſans interruption aucune, elle n'ennuye point. Les ornemens de rhétorique dont j'ai tâché de l'enrichir ne la font point condamner de trop d'artifice, et la diverſité de ſes figures ne fait point regretter le temps que j'y perds; mais ſi j'avais attendu à la commencer qu'Evandre eût troublé ces deux amans par la nouvelle qu'il leur aporte, Cinna eût été obligé de s'en taire: ou de la conclurre en ſix vers, et Aemilie n'en eût pû ſupporter d'avantage.

Comme les vers d'Horace ont quelque choſe de plus net et de moins guindé pour les penſées que ceux du Cid, on peut dire que ceux de cette piéce ont quelque chose de plus achevé que ceux d'Horace, et qu'enfin la facilité de concevoir le sujet, qui n'est ni trop chargé d'incidens, ni trop embarrassé des récits de ce qui s'est passé avant le commencement de la piece, est une des causes sans doute de la grande approbation qu'il a reçue. L'auditeur aime à s'abandonner à l'action présente, et à n'être point obligé pour l'intelligence de ce qu'il voit, de reflèchir sur ce qu'il a déja vu, et de fixer sa mémoire sur les premiers actes, pendant que les derniers sont devant ses yeux. C'est l'incommodité des piéces embarrassées, qu'en termes de l'art on nomme *implexes*, par un mot emprunté du latin, telles que sont Rodogune et Heraclius. *) Elle ne se rencontre pas dans les simples, mais comme celles là ont sans doute besoin de plus d'esprit pour les imaginer, et de plus d'art pour les conduire, celles-ci n'ayant pas le même secours du côté du sujet, dèmandent plus de force de vers, de raisonnement, et de sentimens, pour les soûtenir.

*) Zwei Trauerspiele von unserm Verfasser.